· 南开大学亚洲研究中心资助

品牌价值
评估理论与方法研究

Research on the Theory and Method of
BRAND VALUE
EVALUATION

李桂华◎著

经济管理出版社
ECONOMY & MANAGEMENT PUBLISHING HOUSE

图书在版编目（CIP）数据

品牌价值评估理论与方法研究/李桂华著. —北京：经济管理出版社，2020. 5
ISBN 978 - 7 - 5096 - 7100 - 9

Ⅰ. ①品… Ⅱ. ①李… Ⅲ. ①品牌—企业管理—研究—中国 Ⅳ. ①F273. 2

中国版本图书馆 CIP 数据核字(2020)第 072393 号

组稿编辑：梁植睿
责任编辑：梁植睿
责任印制：黄章平
责任校对：陈晓霞

出版发行：经济管理出版社
（北京市海淀区北蜂窝 8 号中雅大厦 A 座 11 层 100038）
网 址：www. E - mp. com. cn
电 话：（010）51915602
印 刷：三河市延风印装有限公司
经 销：新华书店
开 本：720mm × 1000mm/16
印 张：17. 75
字 数：319 千字
版 次：2020 年 5 月第 1 版 2020 年 5 月第 1 次印刷
书 号：ISBN 978 - 7 - 5096 - 7100 - 9
定 价：78. 00 元

前　言

经历70多年的发展，中国经济取得了举世瞩目的成就，2020年是全面进入小康阶段的收官之年，我国即将实现“两个一百年”奋斗目标的第一个百年目标。

回顾我国社会经济发展历程，总体经济发展和市场主体战略思维大体演进逻辑是：计划导向—市场导向—市场-品牌导向—品牌-市场导向。其中前两者是单一导向，后两者是混合导向。我国在改革开放之前属于计划导向阶段，改革开放中前期逐渐进入市场导向阶段，改革开放中后期基本属于“市场-品牌”混合导向阶段，即在延续市场导向的同时有意识地加强品牌建设的阶段，这主要表现在我国尽管已经成为世界第二大经济体，是制造业大国，但仍然是品牌弱国。在进入中国特色社会主义新时代之后，我国企业亟须转向“品牌-市场”混合导向阶段，即在坚持市场导向的同时更加重视品牌导向作用，重视品牌建设，以期尽快进入品牌强国行列。为此，首先，企业应将品牌建设提升到组织战略层面进行整体规划，即企业应该采用战略观念指导品牌化活动，以品牌建设为核心进行资源配置，同时强调全体员工对品牌内涵的认知和理解，使企业成员能够对品牌导向的目标、价值与信念有深刻的理解，从而创造出能为组织带来竞争优势的有价值的品牌。其次，企业应重视品牌建设，建立以客户为中心的品牌逻辑思维，对外传播良好的品牌形象，通过整合品牌营销传播来保证品牌战略的实施。通过建立客户品牌认知提高市场份额进而发挥品牌制胜的核心竞争优势，实现品牌差异化，唤起客户对品牌的赞同与支持，共享品牌愿景和品牌定位。以品牌为核心结合营销战略行动与手段进行持续营销投入，从而有效提升组织声誉、品牌意识、客户获取、客户忠诚度等目标在内的整体品牌营销效果。

遵循上述逻辑，从我国国情出发，党和政府近些年发布了一系列有关政策文件，推动了我国经济发展逐渐转向“品牌-市场”混合导向阶段。

2014 年 5 月，习近平总书记在考察河南时即提出“推动中国制造向中国创造转变、中国速度向中国质量转变、中国产品向中国品牌转变”。“三个转变”为未来中国经济的发展指明了方向。2015 年 5 月，国务院提出“加强质量品牌建设”的要求，指出要提升质量控制技术，完善质量管理机制，夯实质量发展基础，优化质量发展环境，实现制造业质量的大幅度提升。2016 年 6 月，国务院发布《国务院办公厅关于发挥品牌引领作用推动供需结构升级的意见》（国办发〔2016〕44 号），强调“品牌是企业乃至国家竞争力的综合体现，代表着供给结构和需求结构的升级方向”。这是中央政府层面第一个以品牌为关键词的正式文件。2017 年国务院批复同意，自 2017 年起每年 5 月 10 日为“中国品牌日”，这标志着我国未来经济高质量发展要发挥品牌引领和推动作用。

品牌的培育与发展离不开以品牌评估为手段的推动与促进，没有评估就不知道差距，就不知道品牌建设的重点努力方向。《国务院办公厅关于发挥品牌引领作用推动供需结构升级的意见》中明确提出要“培育若干具有国际影响力的品牌评估理论研究机构和品牌评估机构，开展品牌基础理论、价值评估、发展指数等研究，提高品牌研究水平，发布客观公正的品牌价值评估结果以及品牌发展指数，逐步提高公信力。开展品牌评估标准建设工作，完善品牌评估相关国家标准，制定操作规范，提高标准的可操作性；积极参与品牌评估相关国际标准制定，推动建立全球统一的品牌评估体系，增强我国在品牌评估中的国际话语权”。

在品牌管理理论与实践发展过程中，国内外众多学者对品牌评估理论与方法进行了大量的深入研究，同时也提出了各类品牌评估理论与方法，发表了很多学术成果，也有很多方法已经付诸实施，推出了各种品牌评估排行榜。本书中一直使用术语“品牌评估”就是因为现实中有多种评估理论和方法及其名称，例如有的叫品牌价值评估，有的叫品牌竞争力评估，有的叫品牌发展水平评估，有的叫品牌发展指数等，但总体上都叫品牌评估。

笔者在品牌管理理论教学与研究过程中也对品牌评估理论与方法产生兴趣，并于 2012 年由经济管理出版社出版了第一部图书——《品牌价值管理》。尤其是最近几年，笔者接受了国家发改委等组织机构的委托，带领课题组对品牌评估理论和方法进行专项研究，取得了一系列成果。本书即是在该领域取得的成果之一，并得到了“南开大学亚洲研究中心”的出版资助。所以，笔者要特别感谢国家发改委有关课题组和南开大学亚洲研究中心等给予的大力支持和资助。

该书的撰写早在几年前就已经开始了，但由于困难重重，直到 2019 年底才基本定稿。本书的基本特点主要体现在以下几个方面：

（1）本书可以作为一部关于品牌评估方法的工具书。这既是笔者的初衷，也是努力想要达到的目标。本书是在大量阅读国内外文献基础上完成的，对国内外主流的品牌评估理论和方法几乎都有所提及。

（2）对各种评估方法的利弊进行了比较客观地评述。国内外不同学者或组织机构根据自己对品牌评估理论的理解都各自提出了品牌评估方法，从理论上都有自己的依据。当然，结果就是同一品牌由于使用不同方法评估，其品牌价值或排名完全不一样，有的差距巨大。本书将尽可能挖掘或探讨其中的影响因素。

（3）在梳理各类品牌评估方法的基础上，第一次提出了新的分类方法，即内部视角的评估方法、外部视角的评估方法和综合视角的评估方法。

（4）在对各种评估方法对比评述基础上，本书提出了适合中国国情的评估指标体系和评估方法，我们称之为“中国品牌价值评估模型”。当然这只是我们自己的研究成果，属于一家之言，肯定存在不足，但探讨在继续。

本书内容共分十章，大体结构由三部分组成。第一部分为品牌评估理论基础，包括品牌价值评估相关概念及理论综述（第一章），品牌价值评估标准（第二章）。第二部分为品牌评估方法，包括品牌价值评估方法分类（第三章），企业内部视角的品牌价值评估方法（第四章），企业外部视角的品牌价值评估方法（第五章），综合视角的品牌价值评估方法（第六章）。第三部分为品牌价值评估理论、方法比较与创新，包括品牌价值评估方法比较与评析（第七章），中国品牌价值评估指标来源与实证检验（第八章），中国品牌价值评估体系构建及其模型（第九章），中国品牌价值评估模型应用案例（第十章）。

本书是在前人研究成果基础上完成的，所以首先要感谢以往作者的贡献。其次要感谢为本书撰写提供文献收集、整理或英文翻译的博士生、硕士生，包括现为天津中医药大学助理教授的董言博士、现为江西师范大学助理教授的张会龙博士，以及李楠、李晨曦、杨萍和李园园等。最后要感谢经济管理出版社的梁植睿编辑，她的辛勤工作使我的著作避免了很多小的失误。

本书作为品牌评估领域的研究成果之一，期望其出版能为探索适合中国国情的品牌评估理论与方法起到抛砖引玉的作用，更希望各位专家学者和业界品牌管理大师给予批评指正，提出宝贵意见。

李桂华

2020 年 2 月 8 日

目　录

第一章　品牌价值评估相关概念及理论综述

品牌是企业的一种无形资产，品牌有价，这其实不过是经济学的一个基本常识，也日渐成为企业界的一种共识。随着全球贸易自由化、一体化进程的加快，国际国内的企业之间合资、合作、合并等多种形式的资产重组活动日益频繁。品牌作为企业无形资产的重要代表，在资产重组过程中往往成为各方当事人关注的焦点，需要科学、公正、准确地估算，以保护各方的正当权益。品牌价值评估是社会经济发展到一定阶段的必然产物，是知识产权保护向纵深发展的必然要求。但是，具体到某一品牌的价值究竟如何评估，仍是一个悬而未决的问题。品牌价值评估涉及品牌价值的基础概念。如果不弄清品牌价值的基础概念，不将品牌价值视为一个多元化、多层次、动态性的价值系统，势必会导致对品牌价值评估的片面理解。本章旨在通过对品牌价值基础概念的探讨，深化人们对品牌价值的理解和认识，为后续对品牌价值评估的方法理论奠定基础。

第一节　品牌与品牌资产的概念

一、核心概念演变

“Brand”（品牌）一词来自古挪威语“brandr”，意思是“打烙印”，用于标识和宣示权益。即通过一个 Logo，表示产品的所有权属。现代市场营销学意义上的品牌概念起源于西方，代表性观点分为三类。一是基于符号差异化，品牌用以识别一个或一群产品或服务的名称、术语、象征、符号或设计及其组合，使其与其他竞争产品或服务相区别（美国市场营销协会）。二是基于消费者关系，品牌是产品与消费者之间的独特关系，代表着消费者对产品或服务价值和利益的情感认同（奥美公司）。这种观点因为强调了消费者体验，意味着品牌不仅是企业自己的，还是消费者的、社会的，是大家共同创造的。三是基于财务角度，认为品牌是一种资产和可以建立资产的营销工具，可以买卖和交换。①

（一）品牌资产与品牌权益的争鸣

“品牌”概念自20世纪50年代提出后，已成为当代营销界使用频率最高的关键词之一。在探索品牌作为资产的本质以及品牌价值来源的过程中，西方文献中先后有“Brand Asset”“Brand Equity”“Brand Value”等关联概念出现。在我国，“Brand Asset”和“Brand Equity”的翻译曾存在分歧，“Brand Asset”被译成“品牌资产”或“品牌财产”，而“Brand Equity”被译成“品牌权益”或“品牌资产”，特别是对“Brand Equity”一词的不同理解分歧大，影响面广。后来“Brand Equity”形成了以范秀成（2000）为代表的“品牌权益说”② 和以卢泰宏等（2000）为代表的“品牌资产说”③ 两种解释。到底是什么因素导致我国在“Brand Equity”的翻译上产生分歧？争论双方主要在“Brand”和“Equity”含义的辨析上，一方认为“Equity”的字面意义有“资产净值或股东权益”的内容，另一方则认为“权益”字面上较强调自我利益为中心，因而“品牌权益”无法体现品牌内蕴的“与消费者的关系”，况且品牌在本质上是无形的，属于“无形资产”。然而，于春玲、赵平（2003）在《品牌资产及其测量中的概念解析》一文中似乎指出真正原因，那就是“如果将‘Brand Equity’译成‘品牌资产’的话，……无法解释与‘Brand Asset’的关系”。④

在国外基本放弃“Brand Asset”概念，主要使用“Brand Equity”来反映品牌资产内容的情况下，我国学者若继续对品牌资产与品牌权益的内容进行辨析则显得没必要。认识到这一点，对于正确理解品牌价值非常重要。

（二）品牌资产与品牌价值的界定

“品牌价值”与“品牌资产”是两个不同但密切相关的概念（Munish Kumar Tiwari，2010）⑤，不过，包括Aaker（1991）、Simon（1993）等在内的品牌研究

---

① 吴芳，康键，蔡华利等．国内外品牌评价及标准化现状［J］．标准科学，2016（3）：34－37.

② 范秀成．品牌权益及其测评体系分析［J］．南开管理评论，2000（1）：9－15.

③ 卢泰宏，黄胜兵，罗纪宁．论品牌资产的定义［J］．中山大学学报（社会科学版），2000（4）：17－22.

④ 于春玲，赵平．品牌资产及其测量中的概念解析［J］．南开管理评论，2003（1）：10－13，25.

⑤ Munish Kumar Tiwari. Separation of Brand Equity and Brand Value［J］．Global Business Review，2010，11（3）：421－434.

学者早期一系列论述都没有对两者的概念和构成作出明确区分（赵红等，2012；汪海粟和吴祺，2013）[①②]，以至于出现了“品牌资产的研究恰似盲人摸象”现象——根据不同的目的对品牌资产给予不同解释，主要类型有：财务会计概念模型、基于市场的品牌力概念模型和基于消费者的概念模型（卢泰宏等，2000）[③]，这一现象直到 Keller（1993，1998，2001）提出并深入阐释 CBBE 理论后才开始有所改观。CBBE 即“基于消费者的品牌资产”（Customer－Based Brand Equity），它为结束品牌价值和品牌资产概念混用局面准备了条件。此后 CBBE 理论发展成为品牌理论研究进程中最高的里程碑（卢泰宏等，2009）[④]，也使品牌理论研究者大多认同“品牌”概念其实是“基于顾客的品牌资产”（何佳讯和胡颖琳，2010）[⑤]。CBBE 理论的划时代意义在于，它明确了品牌资产是基于顾客的概念——品牌资产是消费者对品牌履行其承诺过程中形成的一系列心理信念与感知：品牌资产的本质是“由顾客的既有品牌知识所导致的顾客对品牌营销活动的差异化反应”（Keller，1998），这种差异化反应将赋予产品的增值或者溢价。

CBBE 理论及其后续研究的系列认识把受制于消费者品牌知识的品牌资产来源与品牌资产的市场结果区别开来，而这一结果即为品牌价值。

Kapferer（1997）认为，品牌价值是“品牌资产的产物”；Paul Temporal（2002）将品牌价值界定为“品牌的财务表现”，而将品牌资产界定为“反映客户品牌认知的描述性表达”；Goldfarb、Lu 和 Moorthy（2009）在 *Marketing Science* 上撰文指出，品牌资产（Brand Equity）是消费者视角的概念，品牌价值（Brand Value）是企业视角的概念，但是没有品牌资产就没有品牌价值。[⑥] 王成荣和李诚（2010）认为，品牌资产可以视为因品牌而产生的一种“增值”，是一种无形资产；品牌价值则是从财务会计角度对“品牌资产”的一种衡量，是以货币为尺

① 赵红，赵宇彤，王众．品牌资产与品牌价值关联模型的实证研究［J］．数学的实践与认识，2012，42（13）：68－78.

② 汪海粟，吴祺．关于品牌价值评估基本问题的几点思考［J］．中国资产评估，2013（4）：19－25.

③ 卢泰宏，黄胜兵，罗纪宁．论品牌资产的定义［J］．中山大学学报（社会科学版），2000（4）：17－22.

④ 卢泰宏，吴水龙，朱辉煌，何云．品牌理论里程碑探析［J］．外国经济与管理，2009（1）：32－42.

⑤ 何佳讯，胡颖琳．何为经典？品牌科学研究的核心领域与知识结构——基于 SSCI 数据库（1975－2008）的科学计量分析［C］．2009JMS 中国营销科学学术年会暨博士生论坛论文集，2010：807－824.

⑥ Avi Goldfarb，Qiang Lu，Sridhar Moorthy. Measuring Brand Value in an Equilibrium Framewor［J］. Marketing Science，2009（1）：69－86.

度的“市场价格”。这些研究探究了品牌资产与品牌价值间的关系脉络。

通过上述分析，可以得出以下结论：第一，在词汇的表述上，“Brand Asset”在英文中基本不再使用，主要使用“Brand Equity”来反映品牌给产品带来的超越其功能利益的那部分附加利益。在国内，多数观点（特别是营销学界）趋向于将“Brand Equity”理解为品牌资产，而不是品牌权益。第二，品牌资产是基于消费者（Customer－based）的概念，是消费者品牌知识专有化并不断累积的结果，在用途上更适用于品牌诊断。品牌价值是基于产品或企业的概念，是消费者为其“货币投票”的结果，主要适用于品牌评估。第三，品牌价值来源于基于顾客的品牌资产，是品牌资产的货币化形式，这一概念逐渐整合替代了原来关于财务会计视角和市场视角的品牌资产的提法。换言之，在内涵以及表述上，用“品牌价值”代替在品牌资产与品牌价值概念混用中的财务会计视角和市场视角的品牌资产更为贴切、准确。由此，形成了一条清晰的品牌资产与品牌价值关系链。

二、品牌资产的定义

在品牌文献中有几种品牌资产的定义。根据一部网络商务词典的解释，“品牌资产”是“来自商誉和名称识别的品牌力量，它已经赢得了时间，这意味着相对竞争品牌更高的销售数量和更高的利润”。[①] 它也被视作来自品牌的附加价值，使消费者偏好一个品牌超过其他品牌，尽管产品在其他方面是无法区分的。例如，Keller（2013）将以顾客为基础的品牌资产视作品牌认知在消费者对品牌营销的反应方面产生的差异化效应。品牌提供了支持某一产品的引爆点。

现代品牌理论特别重视和强调品牌是一个以消费者为中心的概念。一个品牌如果没有给消费者带来功能和情感上的利益，品牌就没有价值可言。目前，国内外学者对品牌资产概念的理解仍然是仁者见仁、智者见智，存在分歧。本部分分为三个方面进行阐述。一是从三个视角对品牌资产进行阐述，产出视角是从财务视角来对品牌资产进行描述，具体表现为品牌在市场上给产品价格或销售额所带来的增值，并最终反映到公司财务报表或金融市场的价值增值上。来源视角是从消费者视角对品牌资产进行描述，表现为消费者与品牌之间的关系。品牌资产是因为消费者的认知和认同而存在的，消费者与品牌的关系决定了品牌资产的高低，所以是品牌资产的来源。产出或来源的角度都只是从一个侧面来界定品牌资

---

① http：//www.businessdictionary.com/definition/brand－equity.html.

产，并不全面。于是，更多的学者和机构试图将两者结合，提出更完善的品牌资产定义。二是将主要介绍品牌资产的特征。三是将描述品牌资产的有形要素和无形要素。

（一）产出视角的品牌资产定义

产出视角是从财务视角来对品牌资产进行描述，具体表现为品牌在市场上给产品价格或销售额所带来的增值，并最终反映到公司财务报表或金融市场的价值增值上。这方面代表性的品牌资产定义主要有：Shocker 和 Weitz（1988）认为，品牌资产是有品牌产品和无品牌产品之间的现金流量差额；Mullen 和 Mainz（1989）认为，品牌资产是高于一般竞争者价格的附加值；Brasco（1988）认为，品牌资产是品牌所反映出来的未来收益的当前价值；芝加哥大学的西蒙和沙利文根据公司未来现金流量折现的递增量定义品牌资产。就以上定义来看，品牌资产既可以直接反映在产品的价格上，也可以反映在现金流量上。正因为品牌资产体现为财务收益，所以许多管理者也经常用“品牌价值”来指代“品牌资产”。

一个强势品牌是非常有价值的，应该被视为具有巨大价值的可交易资产。英国 Interbrand 公司执行董事保罗·斯图伯特（Paul Stobart）是该概念模型的典型代表，他认为：“关于品牌的一个重要问题不是如何创建、营销，而是如何使人看到它们的成功及在财务上的价值。”

现在全世界比较著名的品牌评估机构 Interbrand 和 Financial World 及我国北京的名牌资产评估事务所所使用的品牌资产评估方法都是建立在财务会计概念模型基础上的。因此，应用品牌资产财务会计概念模型的主要目的有：①向企业的投资者或股东提交财务报告，说明企业经营绩效；②便于企业资金募集；③帮助企业制定并购决策。

财务会计概念模型把品牌资产价值货币化，符合公司财务人员把品牌作为资本进行运作的需要。但是这一概念模型存在许多不足之处：①最大不足是过于关心股东的利益，过于关心短期利益，很可能导致公司短期利益最大化，从而牺牲品牌的长期利益增长。②过于简单化和片面化。因为品牌资产的内容十分丰富，绝不是一个简单的财务价值指标所能概括的。③财务会计概念模型对于品牌管理没有任何帮助，它只能提供品牌的一个总体绩效指标，但却没有明确品牌资产的内部运行机制。

（二）来源视角的品牌资产定义

来源视角是从消费者视角对品牌资产进行描述，表现为消费者与品牌之间的关系。品牌资产是因为消费者的认知和认同而存在的，消费者与品牌的关系决定了品牌资产的高低，所以是品牌资产的来源。从消费者角度来正式定义品牌资产是凯文·莱恩·凯勒（Kevin Lane Keller）教授最早提出的创新观点。他在权威期刊《营销学报》（*Journal Marketing*）上发表的论文《概念化、测量与管理——基于消费者的品牌资产》成为这个领域的经典代表作。Keller（1993）认为，基于消费者的品牌资产是品牌通过营销传播而使消费者在品牌知识上反映出来的差异化效应。其中，品牌知识（Brand Knowledge）包括品牌知名度（Brand Awareness）和品牌联想（Brand Association）两部分内容。这一定义指明了品牌资产来自消费者对品牌知识的掌握，强调了消费者在品牌资产形成过程中的作用。Pokorny（1995）认为，消费者看待品牌资产的关键首先在于建立一个持久的积极的品牌形象。

品牌形象事实上是一个品牌本身或生产品牌的企业的个性体现，消费者可以用形容词来描述其对品牌或企业的感觉和认识。Keller 和 Krishnan 则认为长期保持顾客忠诚度关键在于让消费者了解品牌，让消费者掌握更多的品牌知识。消费者对品牌知识的了解可以分几个阶段进行，首先是品牌知名度、品牌形象。Keller 认为，品牌知名度又分为品牌认知和品牌回忆，品牌形象又可分为品牌态度和品牌行为；如果建立一个好的品牌联想，消费者就可以建立一个积极的品牌态度。品牌能够越多地满足消费者，消费者对品牌的态度就越积极，也就有越多的品牌知识可以进入消费者的脑海。一旦在消费者心目中建立了品牌的知识，品牌管理者就要确定品牌的核心利益——品牌能够满足消费者哪一方面的核心需要。Dyson 等也提出了一个 Brand – Dynamics Pyramid 模型，他们认为：首先，一个品牌必须拥有提示前知名度。其次，必须建立与消费者需求的联系，能够满足消费者的某种核心需要。再次，品牌的产品功能和绩效必须达到消费者的要求。品牌必须表现出相对于竞争对手独特的优势，与竞争对手相区别。最后，品牌必须与其最终消费者建立某种情感联结。只有知道品牌处于金字塔的哪一位置，品牌经理才能制定适宜的战略和策略来维持或提高顾客忠诚度。戴维·阿克（David A. Aaker）在综合前人的基础上，又提炼出品牌资产的“五星”概念模型，即认为品牌资产是由品牌知名度、品牌形象、品牌的感知质量、品牌忠诚度及其他品牌专有资产五部分所组成。这一基于品牌消费者关系的品牌资产概念模型把品牌资产的组成模块化，有利于品牌资产的管理。

迄今为止，绝大部分学者都是从消费者角度来定义品牌资产的。他们意识到：如果品牌对于消费者而言没有任何意义，那么它对于投资者、生产商或零售商也就没有任何意义。因此品牌资产的核心便成为如何为消费者建立品牌的内涵。

（三）综合视角的品牌资产定义

产出或来源的角度都只是从一个侧面来界定品牌资产，更多的学者和机构试图将产出和来源进行结合，提出综合视角的品牌资产定义。比如，早期的品牌资产研究者、美国卡内基梅隆大学教授彼得·法古哈（Peter Farquhar）认为，品牌资产是品牌给产品带来的超越其使用价值的附加价值或附加利益，其中超越其使用价值的附加价值是针对消费者而言的，而附加利益是对企业、经销商而言的。美国营销科学研究院认为，品牌资产是品牌的顾客、渠道成员、母公司对于品牌的联想和行为，这些联想和行为使产品可以获得比在没有品牌名称的条件下更多的销售额或利润，可以赋予品牌超过竞争者的强大、持久和差别化的竞争优势（Leuthesser，1988）。美国得克萨斯州立大学营销学者斯里瓦斯塔瓦和肖克尔（Srivastava and Shocker，1991）认为品牌资产包括品牌强度和品牌价值。品牌强度是品牌的顾客、渠道成员、母公司对于品牌的联想和行为，它们使品牌可以享有持久的、差别化的优势，而品牌价值是品牌当前以及未来获取利润及降低风险的能力。品牌权威学者、美国加州大学伯克利分校的教授戴维·阿克（1991）认为，品牌资产是一组与一个品牌的名字及符号相关的资产和负债，它能增加或减少某产品或服务所带给该企业或顾客的价值。在此，“带给企业的价值”是财务收益，而“带给顾客的价值”是顾客利益。

这些综合视角的定义一方面突出了品牌资产对企业的财务利益，另一方面也指出了品牌资产与消费者所获得的价值相关。为此，菲利普·科特勒将品牌资产定义为“给产品和服务所附加的超额价值，反映了顾客对该品牌的想法、感受和采取的行动，以及品牌带给公司的价格、市场份额和营利性”，他认为品牌资产是一项重要的无形资产，对公司来说具有心理方面的价值和财务价值。

三、品牌资产的特征

不同于其他品牌概念，品牌资产具有资产的一般特点，但品牌资产又是一种特殊的资产，具有其他资产所没有的特点。一般认为品牌资产有以下几个主要特点：

（一）品牌资产的价值性

品牌资产的提出让管理者明白，品牌是企业最重要的一项资产。品牌资产来自该品牌的客户资源，这将支撑品牌在未来很长的一段时间内持续获利。可口可乐前总裁伍德拉夫说：“如果可口可乐的工厂一夜之间化为灰烬，我仍然可以在很短的时间内再造一个可口可乐。”他说这话的底气是因为可口可乐的品牌价值千金。正因为品牌具有价值，所以在企业收购中，除了收购设备、产品、技术、人才等有形资产和无形资产之外，还需要对品牌进行估价。2004 年 11 月，联想花了 12.5 亿美元收购 IBM 的 PC 业务，看中的就是 IBM 及其 ThinkPad 等子品牌在 PC 领域的影响力；而 2006 年初，国际啤酒巨头英博（Interbrew）宣布以 58.86 亿元收购福建雪津啤酒厂，该收购价格是雪津 2005 年净资产的 10 倍之多，多出的那部分正是雪津啤酒品牌资产的价值。

（二）品牌资产的无形性

品牌资产属于无形资产的一种，是与企业的有形资产如厂房、机器等相对应的。追求价值增值是资本的直接目的，也是资本的最根本特征，品牌资产在运动中要带来剩余价值。资本增值是在运动中实现的，运动性是资本的重要特征。品牌资本的运动性表现在品牌资本循环和周转的无限性以及品牌资本向外转移的开放性两个方面。同样，品牌资本的价值增值也是在不断的周而复始的循环中实现的。根据《国际会计准则》规定，从 1985 年 1 月 1 日开始，购入的品牌价值可以作为一项无形资产，列入资产负债表。这个“购入的品牌价值”实际上也只能是大致估算，因为品牌资产来源于品牌与消费者的关系——一个资产的模糊地带，而不是精确的财务成本简单叠加。可以说，品牌资产的评估是在用定量的方法来测量定性的内容，所以数据无法做到精准。由于品牌资产是无形的，导致很多管理者没有意识到或者经常遗忘品牌的重要性，于是品牌危机、商标抢注等损害品牌资产的事件时有发生。因此，有必要将品牌资产以指标体系和财务数据的形式展现给管理者，随时提醒他们注意当前及未来的品牌行为对品牌资产产生怎样的影响。

（三）品牌资产的波动性

品牌资产是一个动态的概念，它是企业品牌管理行为的结果。企业正确或错误的品牌行为都会在品牌资产那里得到反映。如果不认清品牌资产的波动性，企业在品牌建设上就会犯致命错误。这方面的案例不在少数，如太阳神凭着 CI 系统和好产品在 20 世纪 90 年代初期的中国保健品行业叱咤风云，但由于疏于对品牌的持续建设，以致如今的保健品行业已是“城头变幻大王旗”。再看韩国三星，20 世纪 90 年代初期它还是一个给日本三洋等品牌代工的小企业，后来总裁开始狠抓品牌建设工作，品牌业绩和地位直线上升，2007 年在英特品牌公司（Interbrand）全球最佳品牌榜单上排名 21 位，已超过索尼（25 位）成为亚洲第一大电子品牌。不胜枚举的案例告诉我们，品牌资产是需要规划和呵护的，任由其发展可能会导致品牌资产的下滑。

（四）品牌资产的积累性

品牌资产来源于企业与消费者的关系，而这层关系又是在与营销者、产品、营销活动的无数次接触中逐渐形成的。从接触点管理的角度来讲，每一次接触都是建立消费者－品牌关系的关键时刻，也是积累品牌资产的关键时刻。认识到品牌资产的积累性，企业就能够时时以“为品牌资产服务”的理念来规范自己的各项行为。另外，品牌资产的积累性也暗示了“罗马不可一日建成”，不可能存在品牌资产的“速成宝典”。尽管品牌可以通过广告轰炸或媒体炒作“一夜成名”，但品牌知名度只是品牌资产当中若干要素的一部分，而非全部。要想建立雄厚的品牌资产，企业还需踏踏实实地精耕细作，把消费者与品牌关系经营好。

（五）品牌资产的竞争性

品牌资产的增值性决定了资本与资本之间必然要展开竞争，而竞争一旦形成，资本的存在和运动又会转化为一种外在的强制力，所以，竞争性既是资本内在属性的要求，又是面临外在压力的反应。品牌从其诞生之日起，就与其他企业的同类品牌之间存在必然的竞争关系，并且品牌资产的增值也随着品牌的竞争活动而变化。

（六）品牌资产的多样性

品牌资产可以涉及人们日常生活的吃、穿、住、行、用等各个方面，可以说与人们的日常生活息息相关。

四、品牌资产的构成要素

品牌资产是一种无形资产，它不可能由有形的实物资产来表示，而必须借助于别的因素，如品牌的名称、标志、包装等。由于品牌资产形成的基础和意义在于消费者看到品牌的方式以及由此产生的消费行为，因此，要使消费者对品牌所标示的商品和服务进行购买和消费，就需要投资于品牌形象，获得消费者的认同和亲近，从而让消费者接受这一品牌，形成品牌忠诚度，最终达到企业经营终极目标——积累品牌资产。

品牌资产可以分成两部分，即品牌资产的有形要素和无形要素。品牌资产是基于消费者对该品牌形成的相对稳定的形象认知，并在此基础上对该品牌产生偏好和忠诚，这也构成了品牌资产的无形要素；而品牌资产的有形要素则为无形要素的形成提供了物质层面的支撑。

（一）品牌资产的有形要素

品牌资产的有形要素是指那些用以标记和区分品牌的商标设计等有形的事

物。综观成功品牌的案例，主要的有形要素有：品牌名称、品牌标志和标记、广告和广告乐曲以及包装等。

（1）品牌名称是信息传达中极有效的“缩写符号”，它简洁地反映了生产和服务的中心内容或者企业所倡导的观念、文化等核心要素。消费者了解营销信息花费的时间往往在几分钟以上，而注意、理解并记住一个品牌名称却只需要几秒钟的时间。比如 Lenovo 就是品牌名称的一个典范。2003 年，联想集团将其英文标识从“Legend”更换为“Lenovo”，其中“Le”取自原标识“Legend”，代表着秉承传统；新增加的“novo”取自拉丁词“新”，代表联想的核心是创新。

（2）品牌标志和标记从产生之日起一直都是表示起源、所有权或组织的一种方式。研究表明，一些接触视觉的品牌要素往往在传播品牌和建立品牌资产时起着关键作用，因为与竞争对手相区别的属性必须包含鲜明的个性和特色的文化等抽象的内涵，而简洁、凝练的标志和标记则可将这些个性和丰富的内涵生动、形象而又直观地传达给目标群体。

深圳金地集团坚持以科学理性的精神和眼光为基础，以博大精深的专业知识为后盾，运用科学合理、适合消费者实际需求的规划设计，力求给消费者提供一个舒适完美的居住环境，实现业主的高品质的生活，所以提炼出“科学筑家”作为金地（Gemdale）品牌的核心诉求点。

（3）广告语是用来传递有关品牌的描述性或说服性信息的短语，如可口可乐的“永远是可口可乐”等；此外，恰当、独特的广告语和广告乐曲也会加深消费者对品牌的印象和认知，如在新天地葡萄酒的广告片中，选用了电影《花样年华》主题曲，加上梁朝伟和张曼玉的表演，取得了良好的传播效果。

（4）包装是设计和制造产品的窗口和外部包扎物，是整体产品中一个重要的组成部分。它不仅具有保护商品、便于携带和运输等基本作用，还能标明品牌，并传递描述性和说服性信息，从而促进销售、增加利润。因此，包装被誉为“沉默的推销员”。

（二）品牌资产的无形要素

根据菲利普·科特勒的观点，品牌是一个复杂的符号标志，它能表达六个层次的意思，即属性、利益、价值、文化、个性和使用者。只有让品牌的内涵和消费者之间建立起某种联系，即让消费者对品牌所包含的意义有所认知、感受和体验，并在消费者的头脑中占有一席之地时才能形成品牌资产。正是从这个角度出发，通常将品牌资产分为品牌知名度、品牌美誉度、品质认知、品牌联想、品牌忠诚度以及附着在品牌上的其他资产六个方面。

1. 品牌知名度

品牌的知名度是指某品牌被公众知晓、了解的程度，它表明品牌为多少或多大比例的消费者所知晓，反映的是顾客关系的广度。品牌知名度是评价品牌社会影响大小的指标。品牌知名度的大小是相对而言的，名牌就是相对高知名度的品牌。品牌知名度是品牌资产形成的前提。品牌资产的拥有者是企业（或组织单位），但赋予品牌资产价值的却是消费者，没有消费者的货币选票，品牌资产的价值是无法实现的。品牌知名度是消费者赋予品牌一定资产价值的第一步，品牌知名度的高低与品牌资产的大小是成正比的。因为消费者总是喜欢买自己知道、熟悉的品牌，熟悉意味着拉近距离，意味着减少不安全感。人们只会对已经熟悉的产品产生好感，产生忠诚。

消费者购买行为模式五阶段的第二阶段是收集信息，即当消费者决定购买某种产品后，便会收集有关产品的信息，显然，消费者所熟悉的这类产品的品牌首先进入其信息库。其次，如果消费者不熟悉该类产品品牌，需要向有关人士咨询这类产品的信息时，他通常首先想知道的是这类产品中知名度高的品牌有哪些，以便进行选择，且被咨询者也会把自己熟悉的、知名度高的品牌介绍给他人。最后，只有进入消费者产品信息库的品牌才可能成为消费者的最终选择，品牌知名度越高，越容易进入消费者的选择域。

大量研究表明，深入人心的记忆与人们的购买态度和购买行为之间存在密切关系，各品牌在测试中被记起的先后次序不同，它们在被优先选择和购买的可能性上就表现出很大的差别。对于经常购买的日用消费品，品牌知名度的作用是至关重要的，因为品牌购买决策一般是去商店之前就做出了。综观中外品牌，资产高的品牌无一不是具有极高知名度的品牌。Interbrand 发布的 2015 全球最佳品牌排行榜，榜单第一位是苹果公司（1720.76 亿美元）。提到苹果公司，人们都会产生一致的认识——智能手机创新之王。

品牌知名度的高低是同类品牌比较的结果。当消费者对某种品牌具有较高的认知时，自然会影响对其他品牌的认知，因为消费者的偏好有限，对信息的存储有限。消费者对信息的吸纳，一般要经过“过滤”这个环节，只有那些对消费者有用的、新鲜的、有特殊意义的信息才有可能进入消费者的“长时记忆”被储存起来。品牌知名度越高，意味着消费者对该品牌的印象越深刻，竞争品牌进入消费者的“印象领域”的难度越大。

2. 品牌美誉度

品牌的美誉度是指某品牌获得公众信任、支持和赞许的程度。相对于品牌知名度这个量的指标而言，品牌美誉度是一个质的指标，只有建立在美誉度基础上的品牌知名度才能真正形成品牌资产。品牌的美誉度是指某品牌获得公众信任、支持和赞许的程度。

3. 品质认知

产品品质从狭义上理解是指产品的适应性，即产品为达到使用目的应具备的性质；从广义上理解，品质是指产品的使用价值及其属性能满足社会需要的程度。企业、经销商和最终用户各自对产品品质的评价标准是存在差异的，原因在于评价者在判断产品品质优劣时，不仅掺入了自身的利益因素，而且还掺入了个性、心理、环境等方面的因素。从这一角度我们可能会觉得产品品质是一个主观的概念。但是消费者作为一个整体，特别是存在同质性的消费者群体，对产品品质的判断会呈现某种共同的图景，潜藏在共同图景下的则是消费者所采取的共同或类似的品质评价标准。从这一意义上讲，品质评价标准具有客观性。根据品质评价标准客观性的原则，我们来分析消费者对产品的品质认知。

品质认知是指消费者对产品或服务的适应性和其他功能特性适合其使用目的的主观理解或整体反应，是消费者对产品客观品质的主观认识，它以客观品质为基础，但又不等同于产品的客观品质。不同产品的客观品质可能完全相同，但消费者对不同产品的品质认知却相去甚远。这种例子不胜枚举，许多商品在标上名牌商标后，身价倍增。显然，消费者形成品牌偏好和品牌忠诚的重要影响因素不是产品的客观品质，而是产品的认知品质。它不仅包括产品自身的品质，还包括产品服务的品质。P&G，世界一流产品；海尔，星级服务……这些都是消费者对品牌的一种认同。品质认知大体上包括如下内容：产品功能与特点、适用性、可信赖度、耐用度、外观、包装、服务、价格、通路等。

产品品质是品牌资产的基础，或者说是维系、发展长期顾客关系的一个重要方面。品质认知的资产价值体现在四个方面：提供购买理由、产生溢价、提高通路谈判力、提高品牌延伸力。

（1）提供购买理由。产品使用价值是消费者选择产品的基本理由，产品品质是体现产品使用价值大小的主要因素。产品品质的高低将直接影响消费者从产品消费中获得的利益。强势品牌受消费者青睐的主要原因在于其卓越的品质，许多消费者愿意购买名牌，是因为这些品牌的产品品质有保证。

（2）产生溢价。消费者愿意支付更高的价钱购买他们认为高品质的品牌产品。例如，NIKE 的产品价格要明显高于同类产品，但消费者对 NIKE 产品的高品质认知使他们愿意花更多的钱购买其产品。

（3）提高通路谈判力。具有高品质产品的企业在与代理商、分销商、零售商等成员谈判时拥有优势。经销商都乐于出售受消费者青睐的品牌：一是销售量有保障，二是减少交易费用，三是提高自身形象。由于经销商的形象直接受其提供的产品或服务的影响，因而，经销高品质的产品对经销商自身形象起着举足轻重的作用。

（4）提高品牌延伸力。品牌延伸成功与否受诸多因素的影响，而延伸品牌本身的品质是被延伸品牌能否被消费者接受的基础，只有拥有高品质印象的品牌在品牌延伸上才可能产生较大的辐射力。消费者对延伸品牌产生认同的主要原因是，消费者认为采用延伸品牌的产品与原品牌的产品具有同样的品质。

4. 品牌联想

品牌联想是消费者在看到某一品牌时所勾起的所有印象、联想和意义的总和，比如产品特点、使用场合、品牌个性、品牌形象等。比如，万宝路总是让人想起孤独而阳刚的牛仔、男子气概、神采飞扬的群马、自由奔放的西部原野、新鲜的太阳与空气、男人的友谊……百事可乐则可以让人充分领略青春动感、活力无限。积极的品牌联想意味着品牌被消费者接受、认知，进而可形成品牌偏好和品牌忠诚。品牌联想的价值包括如下几个方面：

（1）品牌联想有助于品牌认知，扩大品牌知名度。白色的西装、满头的白发、饶有趣味的山羊胡子及亲和的微笑，这就是 KFC 国际形象的最佳标志。看到 KFC 的标志，我们就想到了新鲜美味的香辣鸡翅、原味鸡块、鸡腿汉堡，热情、快捷的服务，良好、卫生的用餐环境。肯德基所产生的这种联想使它在中华大地遍地开花，征服了中国大量的新生代。

（2）产生差异化。产品越来越趋向于同质化，只有形象差异才能对市场和消费者产生震撼。同样是纸和烟草的组合，“万宝路”香烟变成了强悍阳刚的牛仔，“健”牌激起人们对休闲天地的向往，“555”成为高科技的象征，“百乐门”塑造了一个温馨浪漫的情侣世界。没有这些定位各个不同的品牌形象塑造，香烟靠什么与消费者沟通并形成联系？“万宝路”、“健”牌、“555”和“百乐门”又如何成为世界级名牌？有区别的联想为竞争者制造了一道无法逾越的障碍。品牌名称、定位、广告等沟通手段都可以创造差异化的品牌联想。

（3）提供购买理由。无论品牌属性联想还是品牌利益联想或消费者对品牌的态度，都直接与消费者利益有关，从而能提供一个特别的理由促使消费者购买或使用这一品牌。我国西藏有一个矿泉水品牌——“喜马拉雅”，在它的广告中特别指出，水源地是“拉萨以北果拉山海拔 5000 米”……许多消费者之所以购买这种品牌，是因为由该品牌产生的丰富联想让消费者感到某种满足。

（4）品牌延伸的重要因素。品牌所具有的联想可以用于其他产品上，因为它们可以共享同一种联想。比如海尔的“高品质，零缺陷，星级服务”造就了海尔冰箱、海尔洗衣机、海尔彩电、海尔空调、海尔电脑等。

5. 品牌忠诚度

在现实生活中，可以发现一种有趣的购买现象，那就是相当一部分消费者在品牌选择上呈现高度的一致性，即在某一段时间甚至长时间内重复选择一个或少数几个品牌，很少将其选择范围扩大到其他品牌。这种消费者在一段时间甚至很长时间内重复选择某一品牌，并形成重复购买的倾向，就可称为品牌忠诚。

Oliver 在 1997 年这样定义品牌忠诚：一种对偏爱的产品和服务的深深承诺，在未来都持续一致地重复购买和光顾，因此产生了反复购买同一个品牌或一个品牌系列的行为，无论情境和营销力量如何影响，都不会产生转换行为。这是迄今为止，较为成型的品牌忠诚定义，它包括了行为忠诚和态度忠诚两个方面，也是普遍被接受的定义。

品牌忠诚度是品牌资产的重心，拥有一群忠诚的消费者，就像为自己的品牌打造了一道难以跨越的门槛，它能阻挡竞争对手的刻意模仿、破坏性的销价，它也是一个品牌所要追求的最终目标。根据美国一家调查公司对 22 个品牌的消费者进行的长期跟踪调查，“平均品牌”（也就是把 22 个品牌进行综合，以一个“平均品牌”来代表它们的整体特性）的高、中、低度行为忠诚者占被调查者的比例分别为 12%、14%、74%。显然，从消费者数量看，高度行为忠诚者所占的比例比较低，只占低度行为忠诚者的 16.2%。但是，与此形成鲜明对照的是，高度行为忠诚者的品牌购买量占该品牌销售量的 69%，而低度行为忠诚者品牌购买量仅占 5%，这足以说明高度行为忠诚者对于品牌的重要性，品牌忠诚度也是品牌资产中最核心、最具价值的内容。研究发现，吸引一个新消费者的花费是保持一个已有的消费者的 4～6 倍；从品牌忠诚者身上获得的利润是品牌非忠诚者的 9 倍之多。美国的一项调查结果也表明，在许多产品和服务业中，如果企业能够将顾客对品牌的忠诚度提高 5% 的话，该品牌产品或服务的利润率就会相应提高 1%。所以，品牌忠诚度是一项战略性资产，如果对它进行恰当的经营开发，那么它就会给企业创造多项价值。

6. 其他资产

除了上述无形要素以外，还包括附着在品牌上的其他资产，如商标、专利等的知识产权，渠道关系等，这些资产通过多种方式向消费者和企业提供价值。

第二节　品牌价值的概念

一、品牌价值界定

目前，品牌价值尚未形成一个规范统一的定义。综观国内外现有相关文献，可以归结为以下几类观点：①品牌权力观。即品牌价值的实质是品牌权力。②品牌多维收益观。即品牌价值是品牌为企业、顾客和社会等多方面带来收益的价值总和。③企业财务增值观。即品牌价值是由于企业长期的营销努力创建品牌而产生的财务方面价值的增加。④消费的信号传递机制。该观点认为，品牌价值体现了消费者对产品的忠诚度、企业的产品承诺以及企业产品受喜欢程度。⑤不同研究视角的品牌价值。该观点从三个角度阐释品牌价值内涵：企业角度、消费者角度、企业与消费者两方面的综合角度。

基于品牌权力观、品牌多维收益观以及不同研究视角的品牌价值等观点，笔者认为品牌价值是为企业、消费者及社会三个维度所带来的超额价值。品牌价值在于为企业提供超额经济利润，为消费者提供产品和服务质量的总体认知，提升客户让渡价值，节约社会资源，提升公众的信任度等。

二、品牌价值的特征

品牌价值是品牌给企业带来的未来的稳定的超额收益，是品牌作为无形资产的价值，它一方面取决于企业对品牌所作的所有努力，另一方面取决于消费者对品牌的心理认知，是企业和消费者共同作用的结果。品牌价值的特征是多方面的，主要表现为：

（1）客观性。品牌价值客观地存在于品牌之中，这是品牌价值的最基本特征。品牌之所以受到人们的青睐，就是因其内在价值的存在。当人们愿意支付比产品本身价值更多的价格去购买品牌产品时，实际上购买的就是品牌附加价值。

（2）未来价值兼顾性。品牌价值既是对品牌现有市场表现的一种评估，也是对品牌未来市场收益的一种期望，品牌价值是基于现有市场活动、兼顾品牌未来收益的综合价值体现。

（3）计量性。品牌价值是对品牌市场价值人为的量化分析，可用数字来表示。

（4）动态性。品牌价值不是静止不变的，会受到品牌综合实力和市场环境的影响。当品牌发展较好时，品牌商品的市场占有率就会提高，超额利润增加，品牌价值也随之上升；相反，当品牌实力出现下滑，品牌价值也会下降。同样，在市场景气或衰退时，品牌的价值也会随之相应地发生变化。

三、品牌价值的影响因素

王晓灵（2010）在其研究中从企业、消费者、社会等角度对品牌价值的影响因素进行了分析，其研究认为：

（1）基于企业角度，品牌价值的影响因素包括产品质量、产品特点、产品属性、市场占有率、市场地位等。此处产品质量并不是产品真正客观具备的质量特性，而是消费者所感知和认同的产品质量。产品质量和特性是品牌价值的基础。产品质量好，市场占有率高均显示了品牌价值的高水平。品牌所处的市场环境稳定性强，所处市场地位领先，在某种程度上也体现了品牌价值的高水平。

（2）基于消费者的角度，品牌价值来自消费者对品牌的认知总和，具体可从两个方面说明。一是消费者的品牌联想。品牌联想包括消费者记忆中所有和品牌相关的感知、购买、使用等的总和。二是消费者的品牌忠诚度。品牌忠诚度是指消费者对企业产品的认同程度，也可理解为消费者继续购买该企业产品的惯性程度。笔者认为，基于消费者角度的品牌价值的影响因素除上述两方面外，还包括客户让渡价值、品牌知名度等。客户让渡价值是总客户价值与总客户成本之差。总客户价值是客户期望从某一特定产品或服务中获得的一组利益，而总客户成本是评估、获得和使用该产品和服务时引起的客户的预计费用。品牌知名度是消费者头脑中对某品牌的熟悉和知觉存在，与消费者接触某品牌的频率及强度有关。

（3）基于社会角度的品牌价值，具体包括品牌关系价值、品牌权力价值等。品牌关系价值是指建立、保持并发展某一品牌与品牌利益相关者关系的投入和由此给品牌利益相关者所带来的利益所体现的价值。品牌利益相关者是与品牌的形成、品牌价值的实现等密切相关的人员等，包括影响和约束品牌形成的各项法律、法规的制定者——政府、社会，以及利于品牌价值实现的主体——消费者等。其影响因素为：支持力、趋势力、品牌文化的消费者认同性等。品牌权力价值是通过品牌权力的行使和利用而获得的利益所体现的价值，可分为品牌的法律权力价值与品牌的市场权力价值两部分。①

四、品牌价值的来源

品牌首先对企业是有价值的，就企业而言，品牌不仅是一个简单的标记，还是企业的附属物。

一方面，品牌价值来自品牌竞争优势所带来的产品的超额创利能力和市场效力。品牌的物质载体只能在特定的市场中才能显示出来，离开了市场这一企业生存和发展的空间，任何品牌都毫无意义，评估其品牌的价值也就失去了现实的依据。

另一方面，竞争优势是基于消费者认知的一种心理感知，有广泛的消费者心理认同作为依托导致的品牌忠诚，也为品牌创造了一种长期获利的潜力，是品牌的顾客权益资产中的核心，这也是构成品牌价值的一个重要组成部分。顾客价值是企业竞争优势的最终来源，是驱动顾客消费行为的基础，是决定顾客购买行为和产品选择的关键因素，因而其对企业绩效产生直接或间接的正向作用。如果顾客面对商品特性、价格、方便程度更为优越的竞争品牌，他们仍坚持购买同一品牌，那么该品牌就拥有了明显高于竞争对手的竞争优势。

从品牌的市场效力和消费者权益出发，都可以反映出品牌的企业价值的某些特征，但两者并不是相互排斥的。科学的品牌价值观应该将其视为同一问题的不同层面，消费者的品牌权益是核心，品牌市场效力是外在表现，两者是一个密不可分的有机整体，共同维系着品牌企业价值的基本框架。品牌的顾客价值是市场另一参与主体的主要权益，是企业一切活动的基本立足点。所以本书所指的品牌价值是综合视角下的包含企业价值和顾客价值的整合，它一方面取决于企业对品牌所做的所有努力，另一方面也取决于消费者对品牌的心理认知，是企业和消费者共同作用的结果。

五、品牌价值的构成体系

根据品牌价值的内涵，本书将从企业、市场和顾客的角度来阐述品牌价值的构成体系。

从企业角度看，品牌的企业价值被认为是对品牌作为一种资产和一种权益的

① 王晓灵．品牌价值的结构、影响因素及评价指标体系研究［J］．现代管理科学，2010（11）：95－97.

价值量化，它主要表现为产品通过“品牌”使企业获得额外收益或现金流。对品牌企业价值的认识，目前主要有三种观点：第一，从财务角度认知品牌价值，品牌资产属于无形资产范畴，在财务上，对品牌价值的理解为品牌的成本价值（商标权价值）或者品牌未来超额收益的现值。第二，从市场营销的角度认知品牌的企业价值，认为品牌的企业价值由支撑品牌不同属性组合而构成，它的变化将直接增加或减少公司的货币价值。因此，对品牌价值评估主要是对市场利润和市场份额的确定。第三，从消费者心理角度认知品牌价值，它认为品牌价值是消费者对某一品牌的偏好和忠诚程度的反映，代表了一个品牌超越其产品功能价值之外，在消费者心目中的形象价值，所以品牌资产价值由品牌对消费者的动员力——品牌忠诚度和忠诚（偏好）该品牌的人数来决定，这种观点认为品牌价值的构成要素主要包括两个部分：品牌知晓和品牌形象。品牌资产价值和品牌权益价值是品牌企业价值的两个具体表现形式。尽管出于不同的目的使用品牌企业价值的概念时，可能倾向于其中某个方面，但是在对品牌企业价值的概念进行系统深入的界定和理解时，必须综合考虑这两个方面。

从市场角度看，品牌价值是指品牌资产的大小体现在品牌自身的成长与扩张能力上，例如品牌延伸能力等。品牌延伸能力是体现品牌力的一个重要指标。正如 Aaker 与 Keller 所指出的，现在对于一个企业而言，引入一个全新品牌的成本要比品牌延伸的启动成本高得多，而且失败的概率也要高，因此品牌延伸已为绝大多数企业所使用。品牌延伸可以把现有品牌资产中的贡献因素也向新的产品实现延伸，这些因素包括：品牌名称；消费者对品牌的态度；对现有品牌的忠诚度；现有产品与延伸产品之间的适应性；品牌形象；等等。基于市场的品牌力概念模型是顺应品牌的不断扩张和成长而提出的，该模型与财务会计概念模型最大的不同在于，财务会计概念模型着眼于品牌的短期利益，而基于市场的品牌力概念模型研究的重心则转移到了品牌的长远发展潜力上。

从顾客角度看，品牌价值是指顾客感知到的企业及其产品的价值，其主体是“顾客”，客体是“企业及其产品”。企业对顾客的价值不只是产品，产品本身是价值的载体，除了产品能为顾客提供价值外，企业的服务及企业的形象等也能为顾客创造价值。按照马斯洛需求层次，人的需求分为生理需求、安全需求、社交需求、尊重需求和自我实现需求五类，依次由较低层次到较高层次。产品的顾客价值可以看作品牌对顾客产生的效用。品牌作为商品，首先也要满足人的最低两个层次的需求，这主要取决于品牌的功能价值，指产品或服务本身所给予消费者解决问题的能力，这种能力可以满足消费者对于其产品或服务本身功能和效用上的需求，对于后三层更高层次的需求则主要体现在品牌带给顾客的情感价值上，使顾客在消费的过程中满足其与人交往的需求，感到被尊重和个人追求的实现，品牌产品有提升消费者自我形象、角色地位、群体归属和自我区别意识的形象价值。其次，货币成本是消费者的直接显性成本，顾客在购买某种产品或者享受某项服务的过程中，会对感知货币成本和预期货币成本进行权衡与评价，品牌要追求的是使顾客的感知货币成本小于预期货币成本，让顾客有物超所值的感觉。所以品牌的顾客价值的构成基本包括品牌的功能价值、情感价值和货币价值评价优势三部分。

第三节 品牌价值评估理论概述

品牌作为一种在市场上形成的、能为企业带来未来收益的无形资产，其价值高低既可表明企业的产品和服务在市场上的被认可程度，又能反映企业经营者的工作绩效以及企业的市场表现。因此，品牌价值评估日渐成为品牌管理和资产评估领域的热门话题，也让很多组织和人士看到了其中孕育着巨大的市场，纷纷参与到评估活动之中。然而，关于品牌价值的评估方法、评估结果至今存在争议，以 2013 年“腾讯”的品牌价值评估为例，不同评估机构的评估结果就存在巨大差异，Interbrand 将其估值为 900.71 亿元（位列“最佳中国品牌榜”第四位），BrandZ 则将其估值为 202.20 亿美元（在“中国最具价值品牌 50 强”排第五位），而北京名牌资产评估有限公司将其估值为 261.57 亿元（位列“中国最有价值品牌”排行榜第 15 位）等，而有的评估机构（如世界品牌实验室）甚至把“腾讯”品牌价值排在“中国 500 最具价值品牌”之外。在现实中会出现如此景象主要是因为品牌价值评估领域的不同评价机构使用的是不同的评价标准（王成荣，2011）。[①] 再以 2019 年阿里巴巴品牌价值评估为例，2019 年 BrandZ 发布的“全球品牌价值 100 强”将其价值估计为 1312 亿美元；Interbrand 发布的“2019 年中国最佳品牌排行榜”估值为 320897 百万元（3208.97 亿元，约为 458.42 亿美元）；Brand Finance 公布的“2019 年全球品牌 500 强”报告估值为 1312.46 亿美元；“2019 中国上市公司品牌价值榜”估值为 10094 亿元（约为 1442 亿美元）。

① 王成荣．品牌价值评价与管理（第二版）［M］．北京：中国人民大学出版社，2011.

目前，社会上有很多行业主管部门、研究机构、咨询公司等纷纷打着评估机构的旗号去争抢品牌价值评估的市场，甚至以评估为名向参评企业收取高额费用去扰乱市场；众多评估机构把产品质量、销售量、市场占有率、市场范围、经济效益、消费者反应等指标中的一个或几个作为评价标准开展活动，导致评估行为缺乏系统性、权威性和可靠性。同时，与企业的其他资产不同，品牌资产价值虽然真实地存在，但是其数值至今无法直观地在财务报表中得以体现，企业也迫切需要品牌资产在企业资产负债表中显现出来。因而，探究科学的品牌价值评估方法，为品牌评估领域的市场治理和企业资产管理提供依据，正成为学者、企业、管理咨询机构和资产评估机构，乃至政府部门面临的新课题。

品牌价值，也称品牌货币价值（Monetary Brand Value），是“以可转让的货币单位表示的品牌经济价值”（ISO 10668，2010），ISO 10668 关于品牌价值的定义反映了当前国际主流观点，即强调品牌价值的“货币化”含义。品牌价值评估主要是运用财务会计手段对品牌资产在市场上的表现进行评价，而资产评估的基本方法有成本法、市场法和收益法，但是，由于品牌创建成本与其未来收益的不对称性使成本法在品牌评估方面具有不可克服的局限。市场法的有效应用有严格的前提条件，要有公开的品牌交易市场和一个可参照的交易案例，而现实中往往不具备这些。相对于成本法主要反映品牌的历史成本，市场法运用的条件苛刻，收益法主要面向未来评估品牌价值，其基本原理符合品牌资本化的本质特征，在实际应用中，已成为目前应用最广泛的方法。

在品牌价值评估实践中，卢泰宏（2002）指出，用机构自身命名的 Interbrand 法和 Financial World 法最著名。Interbrand 自创立至今，长期坚持开展品牌评估工作，不断完善评估方法，在该领域的世界领导地位业已确立，而 Financial World 主导的世界领导品牌的品牌价值排行榜其实仅在 1992 ~ 1996 年发布过，1997 年就中止了，然而在我国，对于 Financial World 法的介绍、评述至今还大量出现在（包括一些名家的）书籍和论文中，究其原因，可能是因为品牌价值评估方法在 1995 年最早被引入中国的是 Financial World 法，而不是 Interbrand 法。①

作为世界上被公认最著名的品牌价值评估公司——Interbrand 公司，2010 年在其中文官网发表署名 Interbrand 的《品牌价值评估方法及品牌排名的意义》文章，指出目前在全球范围内有影响力品牌价值评估方法为 Omnicom 旗下全球最大的品牌咨询公司 Interbrand 的评估法以及全球广告业巨头 WPP 集团旗下 Millward

---

① 卢泰宏．品牌资产评估的模型与方法［J］．中山大学学报（社会科学版），2002，42（3）：88 - 96.

Brown 的 BrandZ 评估法。当然，还有一些研究机构也从不同的角度发展了品牌价值评估方法，但总体上的评估思路是非常相近的，理论上并没有突破，实质上的区别不大。

近年来，我国在品牌价值评估研究领域涌现出了很多成果。刘尔奎（2000）认为，品牌价值评估的要素包括市场占有率、超额利润、品牌的保护及寿命情况、品牌的趋势和市场特性及国际化能力，品牌价值评估方法必须能评尽全部的价值要素。① 范秀成和冷岩（2000）认为，品牌价值是品牌在消费者中的反映，通过消费者对品牌的忠诚购买体现品牌价值，他提出了忠诚因子法，用“忠诚因子”表示全部目标顾客中在未来决定重复购买或开始购买本品牌产品的顾客比例，反映整个市场对品牌的忠诚度和品牌吸引力。② 陆娟（2001）在归纳总结品牌价值评估方法的基础上指出：品牌实际上是一种不可辨认的无形资产，品牌价值的主要部分是与商誉价值浑然一体的，品牌价值评估存在“先天”的困难，无论采用什么具体的评估方法，品牌价值评估都只能是相对合理而无法做到绝对准确。③ 卢泰宏（2002）比较归纳了“基于消费者的概念模型”“基于市场的品牌力概念模型”“财务会计概念模型”，用以理解品牌权益，并提出了深入发展的思路和基于品牌价值的新评估方向。④ 张传忠（2002）通过研究认为，品牌价值能够给顾客和企业带来不同于产品的特别价值或利益，但是，品牌价值不等于这些特别价值或利益，而只能产生体现这些特别价值或利益的有价值的“能量”。⑤ 由于品牌与企业营销策略之间的相互作用，应该根据综合程度（广义与狭义）、贡献周期（长期与短期）、市场属性（质量与数量）等方面的差异清晰界定品牌价值的边界。于春玲和赵平（2003）则强调品牌价值的消费者基础，认为品牌价值是“消费者对企业营销活动在认知、情感、行为意向、行为方面的差别化反应”。⑥ 王金凤（2004）从品牌忠诚度和品牌知名度两个品牌效果的综合作用来评价品牌价值，同时考虑消费者的购买可能性对实际的品牌价值所造成的影响。⑦ 周晓东和张胜前（2004）分别对现有的五种品牌价值评估方法（成本法、股票价格法、溢价法、未来收益法、因特尔法）的机理以及各自的优点与不

① 刘尔奎．从品牌的价值构成要素谈我国企业品牌评估的方法［J］．经济论坛，2000（11）：17－19.
② 范秀成，冷岩．品牌价值评估的忠诚因子法［J］．科学管理研究，2000，18（5）：50－56.
③ 陆娟．品牌资产价值评估方法评介［J］．统计研究，2001（9）：34－37.
④ 卢泰宏．品牌资产评估的模型与方法［J］．中山大学学报（社会科学版），2002，42（3）：88－96.
⑤ 张传忠．品牌资产价值评估中的边界［J］．商业经济与管理，2002（12）：10－13.
⑥ 于春玲，赵平．品牌资产及其测评中的概念解析［J］．南开管理评论，2003（1）：10－13，25.
⑦ 王金凤．品牌价值问题探讨［J］．经济经纬，2004（6）：120－122.

足进行了分析，进一步指出，在品牌价值评估中，主要困难是如何把品牌与其他无形资产剥离开来，认为用溢价法处理该问题比较合理。① 李友俊和崔明欣（2005）认为，品牌反映的是企业与消费者及竞争对手的关系，品牌价值的本质是反映这种关系的品牌实力，可分别运用品牌的关系维度和市场维度衡量该品牌的内在实力和外在表现。② 为此他们建立了一套品牌实力评估体系，并利用灰色系统方法对品牌实力进行衡量，最后利用行业标杆比较法予以量化评估。

综上所述，根据品牌价值概念不同视角的理解，品牌价值评估主要有两类模型：基于企业视角的评估模型和基于消费者视角的评估模型。

一、基于企业视角的评估模型

（一）Interbrand 评估法

Interbrand 公司创建于 1974 年，主要从事品牌战略顾问和设计；1984 年开创品牌价值评估方法；1987 年推出品牌价值评估的量化方法，由此改变了品牌分析与评估方式。1998 年推出专业著作《品牌价值评估》（*Brand Valuation – Requirements for Monetary Brand Valuation*）；1999 年，开始与 *Business Week*（《商业周刊》）合作，发布年度"全球最佳品牌排行榜"（Best Global Brands）；2010 年，Interbrand 的品牌价值评估方法获得了 ISO 10668，由此成为全球第一家获得 ISO 权威认证的品牌策略顾问机构，Interbrand 评估法也成为品牌价值评估的国际通用方法。

Interbrand 认为，与其他资产的价值一样，品牌价值也应该是品牌资产未来收益的折现，因而品牌价值评估适宜采用收益法。Interbrand 评估法的估算模型为"品牌价值 = 品牌收益 × 品牌强度系数"，其强调品牌给业务带来的额外收益，认为这部分额外收益是由品牌的作用力带来的，且品牌作用具备可延续性。基于此，评估模型主要考虑经济附加值（EVA）、品牌作用力分析和品牌强度分析（邵文斌，2010）③，其中经济附加值、品牌作用力决定品牌收益，品牌强度系数依据品牌未来获得此项收益的风险大小而定。

纵观 Interbrand 的品牌价值评估历史，其估算模型自建立后基本没变，然而在对模型中的品牌收益和品牌强度处理做法上却多有调整。主要表现在：①品牌

① 周晓东，张胜前．品牌资产评估方法的分析与比较研究［J］．经济师，2004（4）：252，254.

② 李友俊，崔明欣．品牌价值构成及灰色评估［J］．商业时代，2005（24）：47－48.

③ 邵文斌．品牌价值评估的方法与实践［EB/OL］．https：//wenku. baidu. com/view/edf3641152d380eb62946d99. com.

收益：以往是“从品牌销售额中减去品牌的生产成本、营销成本、固定费用和工资、资本报酬以及税收等”（卢泰宏，2002），现在对其内涵的认识不断深入，特别强调经济附加值和品牌作用力分析。②品牌强度：在现有强调消费者导向的10个诊断指标之前，提出过七因子加权法和四因子加权法，其中七因子及各因子权重分别为领导地位（Leadership）（25）、稳定性（Stability）（15）、市场特性（Market）（10）、国际性（Internationality）（25）、品牌趋势（Trend）（10）、品牌支持（Support）（10）、品牌保护（Protection）（5）；四因子包括比重（同类产品中的市场占有率）（Heavy）、广度（市场分布）（Broad）、深度（顾客忠诚度）（Deep）、长度（产品延伸程度）（Long）。

（二）Financial World 方法

Financial World 方法与 Interbrand 方法基本接近，主要不同之处是 Financial World 方法更多地以专家意见来确定品牌的财务收益等数据，强调品牌的市场业绩。第一步，从公司销售额开始，根据专家对行业平均利润率的估计，计算出公司的营业利润，然后再从营业利润中剔除与品牌无关的利润额，例如资本净收益（根据专家意见估计出资本报酬率和税收），最终得出与品牌相关的收益。第二步，根据 Interbrand 的品牌强度七因子模型估计品牌强度系数，品牌强度系数的范围为 6～20。第三步，计算出 Financial World 品牌价值，其计算公式为“品牌价值=纯利润×品牌强度系数”。

（三）BrandZ 评估法的兴起

BrandZ 创建于 1998 年，是由 WPP 旗下权威调研公司 Millward Brown（华通明略）建立的品牌资产数据库，该数据库收录 5 万多个各国知名品牌，品牌信息主要通过在线和面谈形式访问消费者获得，并每年更新。截止到 2018 年，数据库累计访问 50 个国家，超过 300 万名消费者。在品牌资产领域，BrandZ 现已成为全球规模最大且资料最全的数据库。自 2006 年起，Millward Brown 联合《金融时报》（*Financial Times*）每年发布“BrandZ 最具价值全球化品牌 100 强排行榜”。2010 年起，每年发布“中国最具价值品牌 TOP 50 强”榜单。由于母体公司的强大背景，以及强调采用的评估方法是以量化消费者决策行为和深度分析企业财务数据为基础，BrandZ 排行榜一经发布就引起了品牌价值评估领域的高度关注。

BrandZ 评估法强调“品牌价值是企业价值的一部分”，采用“经济用途法”评估品牌价值，其评估模型为“品牌价值=品牌财务价值×品牌贡献”，而“品牌财务价值=品牌收益×品牌乘数”。

BrandZ 评估所采用的数据除来自自建的全球品牌资产数据库外，还有彭博社

(Bloomberg)、Datamonitor 公司、WPP 旗下调研公司 Kantar Worldpanel 以及企业向监管部门提交的数据。此外，BrandZ 评估法引入了两个重要指标——品牌动能（Brand Momentum）和品牌贡献（Brand Contribution），分别反映品牌价值的未来增长潜力和品牌对企业盈利能力的贡献。

从评估模型的形式上看，BrandZ 评估法反映了品牌理论的最新进展，代表着品牌评估的最新方向，主要表现在：一是强调价值评估“面向消费者”以及“品牌贡献植根于现实世界的客户认知度和行为，而非不真实的专家意见”，这与“消费者认知是品牌价值的真正源泉”的认识相符，同时 BrandZ 要求剔除如财务、价格、便利性、垄断性等非品牌因素产生的收益。二是将“品牌与消费者的关系强度存在国别差异”贯彻到品牌价值评估中。这表现在 BrandZ 不仅将企业收益分割到每个品牌，而且还要将每个品牌收益分割到不同国家市场，从而更好地估算品牌贡献。但是，BrandZ 评估法也存在一些问题：一是它所宣称存储有海量信息的“BrandZ 数据库仅对 WPP 旗下公司开放”，这就致使企业无法真正了解 BrandZ 的最终估值是如何产生的，因而很难指导企业开展提升品牌价值的实践。二是它坚称仅评估产品品牌，那么对于有评估需求的企业品牌来说，它没有一套评估方案，而产品品牌与企业品牌的评估方法、评估程序、评估工作的复杂性是不一样的。总体上，BrandZ 评估法所强调的理念和方法符合品牌理论与品牌价值理论的最新研究共识，但要真正实施它需要有强大的数据库来支持。

（四）世界品牌实验室的品牌评估模型

世界品牌实验室采用的品牌评估方法是目前通行的“经济适用法”（Economic Use Method）。该方法是通过对企业的销售收入、利润等数据的综合分析，判断企业目前的盈利状况，运用“经济附加值法”确定企业的盈利水平。同时，世界品牌实验室运用其所独创的具有领先性的“品牌附加值工具箱”（BVA Tools）计算出品牌对收益的贡献程度，通过数理分析方法客观地预测企业今后一段时间内的盈利趋势以及品牌贡献在未来收入中的比例，最后通过对市场、行业竞争环境的风险分析，计算出品牌的当前价值。其计算公式为：品牌价值 = 调整后的年业务收益额 × 品牌附加值指数 × 品牌强度系数。

（五）MSD 评估法

北京名牌资产评估有限公司在国际品牌价值评估方法的基础上，结合中国市场经济不发达的实际国情，对国内主要品牌进行价值评估。该方法主要针对企业品牌，认为品牌是企业综合实力的象征，而品牌的综合价值（P）主要由品牌的市场占有能力（M）、品牌的超值创利能力（S）以及品牌的发展潜力（D）构成，公式为：P = M + S + D。在充分考虑我国实际国情的情况下，该评价公式里面关键的指标是销售收入、利润额、潜力系数。进而，在 M 部分，采用企业的销售收入指标；在 S 部分，借鉴了一般商标评估中的收益法；在 D 部分，借鉴了上述世界最有价值品牌评价中的利润倍数法。品牌价值的计算步骤是：根据该模型，将三个指标的得分按照一定的权重相加后得到品牌的总价值，根据经验三个指标的权重约为 4∶3∶3，同时根据国内行业的不同情况设置了“行业修正系数”进行调整，从而达到行业间的可比性。

二、基于消费者视角的评估模型

（一）国外最具代表性的评估方法

由于消费者的品牌价值评估方法的依据是品牌与消费者的关系，故一般从消费者的角度来评估品牌价值。此类方法多为定性评价，通过对消费者的调查得到品牌价值，本书根据以往文献综合整理出表 1 – 1，对最具代表性的几种方法进行简单介绍。

表 1 – 1　基于消费者视角的品牌价值评估模型汇总

研究者	模型提出时间	模型名称	测量要素
David A. Aaker	1991 年	品牌资产五星模型	品牌知名度、感知质量、品牌联想度、品牌忠诚度和其他品牌专有资产
Kevin Lane Keller	1993 年	品牌资产金字塔模型	品牌识别、品牌内涵、品牌反应和品牌关系
David A. Aaker	1996 年	品牌资产十要素模型	品牌忠诚度、感知质量/领导能力、品牌联想/差异化、品牌知名度市场行为
Richard H. Elliott, Larry Percy	2006 年	品牌资产合成模型	品牌知名度、情感性联想、品牌忠诚度和财务价值
扬·罗必凯公司	1993 年	品牌资产评估模型	品牌的差异性、相关性、尊重度以及认知度
国际市场研究公司	1996 年	品牌资产引擎模型	品牌形象的“软性”属性——品牌亲和力；品牌形象的“硬性”属性——品牌功能表现
美国整体研究公司	1995 年	品牌资产趋势模型	品牌的认知程度、认知质量和使用者的满意程度
博报堂公司	2003 年	品牌价值评估法	溢价指标、品牌形象指标、品牌接触周期审查指标

资料来源：笔者整理。

（二）国内评估方法——忠诚因子法

顾客忠诚因子法是基于消费者的品牌评估方法的一种创新，是由范秀成教授于2000年提出的。该方法的基本原则是：第一，面向未来。品牌价值评估应注重品牌未来的市场表现，着重考察品牌的未来收益能力。第二，采用余值法或增量法。企业的未来收益是众多因素共同作用的结果，既有品牌的作用也有其他因素的作用（如产品质量、专利保护、产业环境等），因此，测评品牌价值需要将品牌的贡献与其他因素分离开来，否则会夸大品牌的价值。第三，品牌价值评估应该反映品牌资产的主要来源，提供给企业有助于改进经营管理的信息。第四，测评方法应具有可操作性。第五，测评指标应具有灵敏性，通过测评可以及时反映品牌资产的实际变化。基于以上原则，忠诚因子法可以用公式表述为：$V = Q \times N \times R \times (P - P_0) K$。其中V为品牌价值；Q为周期购买量；N为时限内的周期数；R为理论目标顾客基数；P为单位产品价格；P_0为单位无品牌产品价格；K为忠诚因子。

第四节　品牌价值评估的意义及研究方向

一、品牌价值评估的意义

品牌资产评估是企业或评估机构采用专业的测量工具对品牌这种重要的无形资产用货币计量单位来衡量和表达出来的过程。最初企业仅是通过对品牌资产进行评估来改善其不良的资产负债表，后来在品牌评估过程中人们逐渐认识到品牌评估的作用和意义不止于此，还有更重要的方面，具体来说表现在以下几个方面：

（一）提供管理信息，提高管理决策效率

对公司的品牌资产进行评估，能够给公司的所有人提供品牌相关的更多的更长期的信息，从而为公司的经营者提供管理、决策依据，有利于公司的营销和管理人员对品牌做出明智的决策，合理分配公司资源，减少由于经营管理不当所造成的浪费。特别是经济全球化的今天，公司规模不断壮大，往往一个公司拥有多个品牌，在各个品牌的管理上，品牌资产评估能够为经营者提供如何合理地分配公司有限资源的依据。

（二）为品牌兼并、收购和合资提供依据

在现代经济社会，公司之间的兼并、收购频繁发生，使很多公司意识到，对品牌资产进行周期性的评估是必需的，这有助于比较客观、公正地衡量品牌资产的价值，帮助并购双方对品牌资产的价值达成共识。在公司兼并、收购过程中，品牌资产的价值在收购业务中占有越来越重要的地位，有形资产如公司的股票、厂房、仓库等，通常仅占收购价值的一小部分。例如，1988 年，雀巢（Nestlé）公司以超过目标公司有形资产 5 倍的代价购买了英国的 Rowntree 品牌。因此，品牌资产评估不仅有助于帮助企业发现收购的机遇，还有助于在收购过程中的价格协商。

（三）激励投资者信心

品牌经过评估，可以告知投资者公司的品牌值多少钱，同时也显示出公司品牌在市场上的显赫地位，帮助投资者对公司的价值进行更为全面、正确的了解，这有助于增强投资者的信心，提高投资者的交易效率。

（四）激励公司员工，提高公司声誉

品牌资产评估不但向公司外的人们传达公司品牌的健康状态和发展情况，更重要的是向公司内部的所有阶层员工传达公司的前景与信念，增强公司员工信心。同时，这也促进企业内部重视对公司品牌的维护。

（五）使公司资产负债表结构更加健全

资产负债表能够综合反映公司以及与其股权有联系的企业的全部财务状况，是银行贷款、股民投资的参考依据。将无形资产与有形资产一起列入资产负债表中，能够如实地反映公司的实力，降低公司的负债率，使公司的资产负债表更加健全。品牌资产作为重要的无形资产，不同于设备、厂房等有形资产，具有不确定性、虚幻性和可变动性等特点，因此品牌资产货币化必须要借助于专门的品牌资产评估进行客观、科学的评价。

品牌价值的概念发展至今并没有形成一个统一的定义，这就使关于品牌价值管理的研究非常繁多，品牌价值管理领域缺乏一个科学、严谨、系统的概念体系和理论体系，品牌价值管理的方法也是多种多样的。但是无论采用怎样的评估价值管理方法，都要求遵循收益性、客观性、一致性、公平性的原则。总之，品牌价值管理是为了公司以及其品牌更好地发展，无论价值管理的方法如何、结果如何，只要是最适合公司的就是好方法。

二、品牌价值评估的研究方向

在走过品牌权益、品牌资产、品牌价值概念混用的阶段以后，由于 ISO

10668 即《品牌评估——品牌货币价值评估要求》（在下一章将进行详细介绍）的发布，品牌价值评估的基本方法与模型将由百家争鸣转入评估细则与操作规范的深化阶段。在后续的研究中，需要看到企业丰富的品牌营销实践给品牌价值评估带来了巨大挑战，研究者要解决至少下述三个问题：

第一，对于实行品牌组合策略或多品牌架构的企业而言，企业品牌和产品品牌是不一致的，而且企业还可能存有多个产品品牌，这就要求在品牌价值评估时，必须弄清楚——消费者做品牌选择时，他们看中的是产品品牌还是企业品牌，比如某消费者购买了一辆上海通用别克君威轿车，在这其中，到底是通用、别克还是君威在起作用就要展开深入分析。换言之，品牌收益是产品品牌还是企业品牌带来的？而且影响程度有多大？企业品牌为产品品牌的背书效果有多大？由此引发了品牌价值评估中品牌收益如何分割问题以及分割比例如何测量问题。

第二，对于实行品牌延伸策略或家族品牌架构的企业而言，消费者对品牌在不同产品领域的认知与评价存在差异，购物选择时品牌发挥的影响力不一样，因而品牌强度不一样，如消费者对海尔电冰箱、洗衣机与海尔手机、电脑的评价是不一样的。因此，在进行品牌价值评估时，必须将同一品牌在不同领域产生的不同品牌强度体现出来并纳入计算范畴。

第三，对于实行品牌国际化的企业而言，存在一个由地域差异而引发的，同一品牌在不同国家（地区）的品牌强度存在差异的问题。在品牌国际化越来越盛行的今天，处理该问题的方式、方法也会极大地影响品牌价值评估工作的有效性和结果的可信性。

第二章 品牌价值评估标准

品牌是企业乃至国家核心竞争力的综合体现，品牌建设事关国家的社会发展和经济转型升级。党和政府高度重视品牌建设工作。2014 年 5 月，习近平总书记在河南视察时提出，要推动“中国制造向中国创造转变、中国速度向中国质量转变、中国产品向中国品牌转变”。习总书记“三个转变”的精辟论述将品牌建设提高到了新的战略高度，尤其是对当前中国经济发展而言，意义更是十分重大。

第一节 品牌价值评估标准统一的必要性

无论是西方已做的，还是中国正在做的品牌价值评估，我们看到，各自有各自的技术方法，考虑的因素有各自的特色。独立的研究无可厚非，但当品牌价值日益被市场看重时，当品牌的发展空间日益扩大时，统一评估标准是必然的趋势。

一、统一标准是全球化和中国经济发展的需要

全世界已经进入品牌经济时代，品牌价值评估已成为国际需求。但目前还没有统一的品牌价值评估标准，在横向比较方面还存在难度。目前国际影响力较大的几种评估方法产生了明显的不公平。例如，名牌的评估结果集中在发达国家，发展中国家一些国际市场占有率非常高的品牌却榜上无名；现有体系中没有针对产品品牌的评估方式，不利于一些尚未形成国际寡头的行业，例如法国的葡萄酒产业和中国的服装原料制造业；一些方法注重利润的考核指标，不利于一些低利

润行业企业上榜，如家电制造、汽车配件行业等；部分评选结果不重视行业之间的差别，把不同行业的企业放在一起排名，参考意义并不大，例如在资本市场里，我们都愿意给医疗、互联网、新能源等高技术产业高估值，但在品牌评估中，我们却用一般制造业的标准衡量品牌强度。

基于此，我们总结出品牌评估的问题点体现在以下几个方面：①现行标准多样，扰乱市场；②没有统一标准，企业品牌价值难以量化和比较，不利于企业合并等发展行为，消费者也难以参考、比较；③没有统一的品牌价值评估标准也不利于建立市场规则，促进市场健康发展。

二、统一评估标准需要充分考虑各国、各行业、各产品的特点

评估标准应当从促进品牌发展的角度做出适当的规定。在数据的获取方面，要关注企业和产品在全世界市场的表现，而不能只衡量在某一区域的表现；要按照行业的特点细分评估规则，适当通过规则引导企业重视社会责任和技术创新，并按照行业分类发布评估结果；同时要开发产品品牌评估和地理区划产品品牌等评估方案，鼓励企业从细分领域和尚未形成寡头的市场中脱颖而出。

三、统一评估标准需要考虑不同的评估目的

综合来看，品牌价值评估的目的有两大类：一种是交易类，另一种是排名类。两种评估目的对评估结果精确度要求不同。

交易类是指在品牌相关资产的交易评估中发挥作用，确保品牌资产价值在评估中的准确性；而排名类是以衡量品牌在该行业中的竞争地位为目的，以便企业管理者更好地制定竞争战略，也为其利益相关者提供了企业品牌价值的信息。

交易类评估标准正逐步完善。国际评估准则理事会发布了较为成熟、被各国普遍认可的国际评估准则体系，其中的无形资产评估准则适用于品牌价值评估。中国资产评估协会在国际评估准则制定过程中发挥了重要作用，在准则体系结构、主要内容等方面提供了重要意见并得到认可。中国也制定了无形资产评估准则和细化的商标资产评估准则等与品牌评估相关的技术规范。这些规范在商标等品牌相关资产的交易评估中发挥了作用。

排名类评估标准已经起步。2010 年，ISO 发布品牌货币价值评估国际标准（ISO 10668），在统一排名类标准方面迈出了重要一步。国际多方已在加紧研究制定全球统一的品牌评估标准体系，在品牌价值影响要素的扩展和细化、评估方

法的具体运用、不同行业的具体评估思路的确定等方面，提供进一步的指导，提升品牌评估国际标准的可操作性。中国积极参与了这些工作，主导成立了专门的品牌评估技术委员会。①

2014 年 7 月发布的《国务院关于加快发展生产性服务业　促进产业结构调整升级的指导意见》中明确提出，要“积极创建知名品牌，增强独特文化特质，以品牌引领消费，带动生产制造，推动形成具有中国特色的品牌评估机制”。这里面不仅提到了品牌创建，同时提到了品牌评估。

20 世纪 70 年代以前，人们很少谈及和注意品牌。品牌价值概念的崛起来自 20 世纪 80 年代中后期的几个企业并购案。在几个大规模并购案中，令人吃惊的是，实际收购价格远远超过了被收购企业账面价格。如 1985 年，英国大都会公司收购汉堡王、绿巨人等，其收购价格高于股市价值 50%，是其有形资产的 7 倍。1988 年，瑞士雀巢收购英国奇巧巧克力，收购价格是公司资产总额的 26 倍。毫无疑问，品牌对溢价并购起到了重要的作用。

品牌价值的重要性使品牌评估的国际竞争日趋激烈。各国都在开展品牌评估研究，试图建立自己主导的品牌排行榜。这种竞争不但是企业利益之争，更是国家利益的竞争。品牌评估事实上已经被少数发达国家的少数商业机构所垄断。如 Interbrand 公司连续十几年发布全球最佳品牌 100 强，我国没有一个品牌上榜。2013 年 100 强中，美国 55 个，欧洲 33 个，亚洲 10 个，其中日本 7 个，韩国 3 个。直至 2014 年，100 强中才出现了唯一的一个中国品牌——华为，排在第 94 位。2015 年，我国又增加了一个品牌，有华为、联想两家企业入围，分别列第 88 位和第 100 位。

由于缺乏统一的品牌评估标准从而导致评估结果参差不齐，比较各种品牌评估方法的结果也十分困难，消费者和企业对目前的品牌评估方法及排名，从财务的视角来评估品牌价值，没有充分考虑影响品牌价值的消费者因素和市场因素，也无法对企业品牌建设、品牌价值提升提供更多指导，因此，需要从多方面进行完善。

基于此，各国纷纷开始建立完善相关方面的标准。

① 文婕．威廉·汉林：品牌价值评估需要统一的标准［J］．中国品牌，2014（10）：34 – 35.

第二节　品牌价值评估的国际标准

一、国际标准化组织品牌评价技术委员会

2013 年中美联合提案，成立了 ISO/TC 289 国际标准化组织品牌评价技术委员会。令人欣喜的是，我国主导、会商美国和德国相关机构提出的品牌评估的五大要素——有形资产、质量、服务、技术创新和无形资产，获得了 ISO 成员国和技术管理局的高度认可，这为我国今后主导国际标准制定奠定了良好的基础。

目前，除中国外，还有八个国家成为该技术委员会的 P 成员（秘书国），分别是：德国、英国、奥地利、比利时、加拿大、芬兰、瑞典、法国；有日本、韩国、新西兰等24 个国家成为 O 成员（观察员）。2014 年4 月，ISO 技术管理局根据秘书处提名于5 月30 日正式任命美国西北大学博比·卡尔德（Bobby Calder）教授为技术委员会主席。

二、国际标准 ISO 10668 –2010 的发布

国际标准 ISO 10668，是 ISO/TC 231 “品牌价值评估” 项目委员会发布的第一项基础标准。它规定了用于决定品牌经济价值的工作流程和方法所应该满足的要求，定义了统一的、可信的品牌评估方式，将财务、法律和行为等方面的因素纳入考虑范畴，具体评估方法包括收入法、市场法和成本法三类。

品牌价值评估方法必须包括市场数据、行为方面和法律方面的内容。市场数据应评审市场容量、价值、边际和渠道，用以评估品牌运营所处市场的规模和趋势，而且这些分析的结果应反映到对市场的预测当中。行为方面是从消费者等利益相关方的角度通过企业品牌的知晓度、满意度和忠诚度等指标的测量反映品牌强度，从而可以确定收入法中品牌风险及贴现率，或市场法中适宜的乘数，以及成本法中构建具有等效功能的类似品牌所需的成本。法律方面应根据适用的法律识别出保护该品牌的各项法定权利，这些法定权利的法定所有人以及影响品牌价值的法律因素，具体包括品牌的注册、独特性、注册范围、品牌所有者执行法定权利的能力和意愿等。

三、欧美会计准则中收购商誉的细化

由于近年来在企业兼并的过程中收购商誉不再是无足轻重的项目，英国、澳大利亚、新西兰和美国等欧美国家对会计准则提出了新的要求，并提供了详细的指南细化收购商誉的账目。1999 年，英国会计准则理事会引入了 FBS 10&11，为在资产负债表上反映和处理收购商誉给予指南。国际会计准则理事会随后发布了 IAS 38。2001 年，美国会计准则理事会引入 FASB 141&142，放弃合并账目而安排详细的准则来识别、确认收购商誉。因为很多跨国公司会在美国资本市场融资或在美国开展业务，这些会计准则最终成为美国公认会计准则（GAAP）。这为品牌价值评估成为企业日常经营活动要求奠定了基础。

四、国际标准化组织首次颁布国际标准

2010 年 9 月国际标准化组织首次颁布了《品牌价值评估》（ISO 10668）国际标准。该标准从财务、行为和法律三个方面为品牌价值评估提供了一个规范框架。

《品牌价值评估》（ISO 10668）共分为范围、术语与定义、一般要求、特殊要求、评估途径和方法、评估信息要求、评估报告、独立性八个部分。由于范围、一般要求、特殊要求、评估报告、独立性五个部分的内容和资产评估准则的相关规定基本雷同，本节仅就术语与定义、评估途径和方法、评估信息要求三个主要部分的核心内容作一介绍。

（一）术语与定义介绍

《品牌价值评估》对品牌、商标、商号和利益相关者等进行了定义：

（1）品牌（Brand）是指用以区分商品、服务或实体，或上述组合的，能够在利益相关者脑中产生独特形象或联想，并创造经济利益或价值的，与市场营销相关的无形资产，包括（但不限于）名称、术语、标记、符号、设计，或上述组合。

（2）商标（Trademark）是指用以将一家企业的商品或服务和其他企业的商品或服务区分开来的，在法律上受保护的标记或标记组合。例如，单词（包括人名）、字母、数字、图形元素和颜色组合。

（3）商号（Tradename）是指用以识别企业、社团或组织的名称。它和用于识别企业商品或服务的商标可能相同，也可能不同。

（4）利益相关者（Stakeholder）是指其决策受到或者可能受到品牌影响的

人。常见的利益相关者有顾客、消费者、供应商、雇员、潜在雇员、舆论领袖、股东、投资者、政府当局和非政府组织等。

（二）评估途径和方法介绍

《品牌价值评估》规定了品牌价值评估的途径，包括收益途径、市场途径和成本途径。

1. 收益途径

收益途径（Income Approach）通过参考品牌剩余有效经济寿命期间预计产生的经济利益的现值测算品牌的价值。应用收益途径遵循的步骤包括估计归属于品牌剩余有效经济寿命期间的期望税后现金流，并通过适宜的折现率将税后现金流折现为现值。

《品牌价值评估》规定了六种确定现金流的方法。

（1）价格红利法（Price Premium Method）。价格红利法通过参考品牌产生的价格红利估算品牌的价值。如果有可能，标记有特定品牌销售的商品或服务的价格应当和无商标的产品，即无品牌产品的价格进行比较。为了得到归属于品牌的额外现金流，应当识别和排除非品牌因素导致的品牌所有者对所涉及的商品或服务索取更高价格的可能性。为了能够索取价格红利而发生的额外的或追加的成本，应当从索取的价格红利中扣除。在多数行业，寻找用于和品牌产品进行比较的，没有品牌或没有商标的产品可能很困难。因此，可以通过参考市场中品牌强度最低的品牌来估算价格红利。价格红利法应当结合数量红利法使用。另外，还应当考虑成本节省收益。

（2）数量红利法（Volume Premium Method）。数量红利法通过参考品牌产生的数量红利估算品牌的价值。在数量红利法中，通过数量红利产生的额外现金流应当根据市场份额分析确定。通过品牌产生的额外现金流是指和额外的市场份额相关的经营现金收益。评估中应当注意可能存在其他影响特定市场份额的因素。市场不完善就是这样一种非常重要的因素。当评估一个具有显著市场地位的品牌时，应当识别所有市场不完善因素对现金流的影响，并将其从归属于品牌的现金流中扣除。像价格红利法一样，应当考虑为了保持较大的市场份额或较高的市场份额增长速度而发生的额外成本。数量红利法应当结合价格红利法使用。另外，还应当考虑成本节省收益。

（3）收益分成法（Income - split Method）。收益分成法将归属于品牌的那部分经济收益的现值作为品牌的价值。经济收益相当于扣除以市场价值计量的企业资本要求的资金成本后的净经营收益。行为信息分析结论将会用于识别品牌对收益增加或成本减少的贡献。

(4) 多期超额收益法 (Multi – period Excess Earnings Method)。多期超额收益法将扣除企业经营所需的其他全部资产的回报后的未来剩余现金流的现值作为品牌价值。当企业中同时存在几项产生现金流的无形资产时，为了能够计算其他各项无形资产的资本成本，多期超额收益法需要评估每项无形资产的价值。

(5) 增量现金流法 (Incremental Cash Flow Method)。增量现金流法通过与没有同样品牌的可比企业去比较，以识别企业品牌产生的现金流。在现实中，能够找到经营状况相似，又没有品牌这一特殊资产的情形很少。

(6) 许可费节省法 (Royalty Relief Method)。许可费节省法以品牌不归自己所有，而是许可使用为假设，将未来预期的许可使用费的现值作为品牌价值。评估中应用的许可使用费率应当通过对可比品牌许可合同的现有数据和许可方与被许可方之间的适当的品牌收益分成率进行深入分析后确定，并且应当尽可能地和与被评估品牌具有同样特征和规模的品牌的许可费使用费率接近。

在收益途径中，没有在未来现金流中反映的风险应当在折现率中予以考虑。用以折现归属于品牌的未来期望现金流的折现率应当源自用以折现企业现金流的折现率，即加权平均资本成本 (WACC)。由于企业是一个资产和负债的投资组合，品牌现金流折现率应当反映出品牌的特有风险。折现率中应当考虑的因素包括但不限于：市场、行为和法律风险。

收益途径中用到的品牌有效经济寿命应当考虑被评估品牌所在行业的品牌一般趋势。评估预测期不应当超过品牌的剩余有效经济寿命。品牌的有效经济寿命可能是无限期的。

评估品牌价值时，应当考虑由于折旧 (摊销) 产生的税务节省影响，如果有关的话，并单独计算。评估报告应当明确陈述评估价值是否包含税务节省价值，如果有关的话，并将其单独披露。

2. 市场途径

应用市场途径 (Market Approach) 应当收集可比品牌成交价格的相关数据，并根据被评估品牌和可比品牌之间的差异进行调整修正。对于选择的可比对象，应当根据它们的收购价格计算价值乘数。然后，将这些价值乘数应用于被评估品牌的总计得分。

应用市场途径时，作为可比对象的品牌应当与被评估品牌具有相似的特征，例如，品牌强度、商品和服务、经济和法律状况。为了保证可比性，应当选择和被评估品牌评估基准日非常接近的交易案例。品牌价值评估应当考虑交易案例中独立各方谈判协商的品牌实际成交价格可能反映了卖方无法实现的战略价值或协同效应。品牌作为独立资产交易的相关案例数量很少。另外，即便可比对象的数据可以获知，被评估品牌的特征也可能和仅有的少数被出售品牌案例的特征有显著的区别。

3. 成本途径

成本途径（Cost Approach）依据品牌建设的投资成本，或更新重置成本，或复原重置成本测算品牌的价值。投资在品牌上的实际成本应当包括截止到评估基准日花费在品牌建设和保护上的全部成本。更新重置成本是指以评估基准日的价格水平创建一个具有同等功效的相似品牌的成本。复原重置成本是指在评估基准日创建一个相似品牌发生的成本，并考虑品牌知名度和品牌强度的潜在损失调整。

应用成本途径时，应当对过去的花费与其产生的品牌知名度进行对照分析。不应当机械地认为花费与价值之间存在某种联系。成本途径通常建立在历史数据基础之上，不能反映企业未来的盈利潜力。

当其他评估途径无法应用，且存在成本估计所需的可靠数据时，可以应用成本途径。成本途径可用于评估其他评估途径所得评估价值的一致性和合理性。

（三）评估信息要求介绍

《品牌价值评估》指出品牌价值评估需要三个方面的信息：市场和财务信息、行为信息、法律信息。

1. 市场和财务信息

为了评估被评估品牌运行的市场（如规模、趋势），应当调查分析目前和预期的市场容量、价格、利润和渠道。评估人员应当确保评估过程反映了上述分析结论。品牌价值评估应当对所有相关的财务数据进行分析评估。

2. 行为信息

为了评估品牌价值，关键财务参数和评估假设应当基于品牌行为信息的分析进行调整。

应用收益途径时，为了确定归属于品牌的收益，以及在确定折现率时为了评估和品牌相关的风险，需要进行品牌行为方面的信息分析。应用市场途径时，为了确定适宜的价值乘数，需要进行品牌行为方面的信息分析。应用成本途径时，为了确定创建具有同等功效的相似品牌所需成本，需要进行品牌行为方面的信息分析。

品牌价值评估应当对包括品牌价值驱动因素在内的品牌在市场中的状况进行

评估。品牌利益相关者脑中的感性和理性的精神诉求决定了品牌未来的成功，以及品牌价值的维持或增长。它们之间的关系是：品牌功能的建立和品牌忠诚度的产生，导致了持续的购买和索取价格红利的能力。因此，在没有对被评估品牌与竞争品牌在利益相关者脑中的品牌认知进行全面细致评估的情况下，品牌价值评估和品牌特有风险评价通常情况下是没有意义的。

为了估计未来的销售数量、收入和风险水平，应当在相关利益者群体中进行品牌强度分析，并在评估中反映。用于解释品牌强度的常用指标包括：品牌知名度、品牌认知度、品牌知识、品牌态度、品牌忠诚度。评估中可获取的品牌强度数据的质量和数量在不同的品牌之间有显著的差异。品牌强度受消费者行为和趋势的变化、品牌投资、竞争活动和实施商标保护计划的影响。

品牌价值评估应当对品牌在其所处特定市场和部门环境中的相关性进行评估。品牌相关性描述了品牌对市场目标群体购买决策产生的影响。应当将品牌对行业的相关性和企业的具体情况结合起来去评估品牌价值对整体价值的贡献。上述信息表明了整体现金流中有多少应当归属于品牌。

品牌相关性在当前品牌价值和未来品牌价值中均应当予以考虑。因此，估计所调查市场或部门中品牌未来相关性的变化（如增长或下降），应当构成评估内容的一部分。

3. 法律信息

品牌价值评估应当对品牌的法律保护进行评估，包括：品牌保护的法定权利；上述法定权利的法定所有者；对品牌价值产生积极或消极影响的法律因素。品牌价值评估的一个重要组成部分是评估在每一相关司法领域对品牌所作的法律保护。法律保护是影响品牌价值的一项因素，因为它允许品牌所有者运用正式法律体系排除第三方使用同一品牌，因而提供了排他性。现有的保护品牌的法定权利在不同的法律体系中是不同的。除了少数例外（如欧共体商标体系），保护品牌的法定权利仅限于国家层面。

通常，最重要的法律保护形式是注册商标。当然，也存在其他保护品牌的法定权利。例如，保护商号的权利，未注册商标的在先使用权利，保护注册或未注册设计的权利，保护版权的权利，阻止不公平的、欺骗性的或反竞争的行为的权利。上述法定权利并非在所有市场都是相关的，除了上述权利外，还可能存在其他国家权利。

法定权利应当由相关的国家或地区法律决定。法定权利通过注册、使用或立法开始生效。通过注册获得的法定权利应当在注册文件中就标识、商品或服务、地域进行界定。通过使用获得的法定权利应当根据各个国家和地区的法律规定，考虑使用的区域和市场的认可情况进行界定。

品牌价值评估应当考虑所有对品牌价值产生积极或消极影响的法律因素，包括：显著性，使用范围或注册范围（区域、商品和服务），使用程度，知名度，取消的风险、优先权、所有者实施法律权利的能力或意愿。①

第三节　品牌价值评估的中国标准

推动我国品牌价值测算制度和体系建设非常有必要。首先是因为国际上和国内已有的一些品牌价值社会化评估机构本身存在比较大的差异性，如前所述部分机构的评估机制的公正性还遭到各方的质疑，不同机构对于同一品牌测算结果有的差距竟然高达几十倍；尤其因受西方发达国家文化、管理模式“先入为主”的偏见影响，中国的民族品牌的价值往往并不能得到公正的评估。

其次，品牌价值测算的方法需要深入研究、广泛推广和确立标准，明确品牌强度中质量状况、创新能力等影响品牌价值的各类要素的考核指标体系，适时修订无形资产的确认、计量和披露等会计准则。

最后，第三方评估机构如果承担测算的技术工作，还需要政府部门加强对这些评估机构进行监管。如前文国内学者关于国外评估机构世界品牌实验室的质疑，目前应就如何保证第三方评估机构的独立性和客观性，以及评审人员的资质管理，规范产品伤害危机对品牌价值的时效性和程度的评估出台明确的法律法规加以规范，维护品牌价值评估市场秩序。

一、政府相关要求

国务院在《关于加快发展生产性服务业促进产业结构调整升级的指导意见》（国发〔2014〕26号）中，明确要求建立中国特色的品牌评估机制。建立中国特色的品牌评估机制，必须坚持“科学、公正、公开、公认”的工作原则。而研究制定标准体系，依据标准来开展评估，是保障品牌评估工作科学性的基础。

标准体系作为标准的系统集成，需要满足几个方面的要求，比如说应该布局

① 李光明．品牌价值评估（ISO 10668）介绍［J］．中国资产评估，2013（11）：29－32.

合理、领域完整、结构清晰、系统完善、功能协调，满足所在领域对标准的总体配置需求。作为品牌评估标准体系，还应该有其自身的特殊要求。例如：①科学系统、面向应用；②立足国际视野，推动建立品牌评估国际新秩序；③覆盖第一、第二、第三产业；④行业分类按照联合国统计署编制的《全部经济活动的国际标准行业分类》（以下简称《国际标准行业分类（ISIC）》）。

根据上述要求，经广泛征求相关专家的意见建议，初步确定了品牌评估标准体系的基本框架。框架分四个层次：第一层是基础层，第二层是方法层，第三层是指南层，第四层是管理（要求）层。基础层包括：品牌价值的术语、分类、要素、评估基础和原则等标准。方法层包括：多周期超额收益法、溢价法、收入分割法、增量现金流量法、特许使用费免除法等品牌评估的方法标准，以及企业品牌评估、产品品牌评估、区域品牌评估等针对不同类型品牌的评估方法标准。指南层包括：针对不同行业的评估指南，如机械制造业、汽车制造业、家用电器业、商贸流通业、旅游业等评估标准。管理（要求）层包括：品牌评估实施规范、品牌价值培育实施指南等。标准体系作为整个标准工作的顶层设计，规划了今后品牌评估国家标准制定的蓝图，也将为我们今后开展国际标准制定提供指导。当然，体系尚需在实践中不断地修正和完善。在标准体系的指导下，目前，已发布品牌评估相关国家标准 21 项。这些标准在品牌评估工作中得到了较好的应用。

二、国家质检总局和国家标准化管理委员会

2012 年 12 月 10 日，国家质检总局、国家标准化管理委员会正式批准发布了《品牌评估——品牌价值评估要求》（GB/T 29187—2012）、《品牌评估——多周期超额收益法》（GB/T 29188—2012）、《品牌价值——要素》（GB/T 29186—2012）和《品牌价值——术语》（GB/T 29185—2012）四项国家标准。这四项国家标准由全国品牌价值及价值测算标准化技术委员会提出并归口，是我国品牌评估领域的首批国家标准。

（一）《品牌评估——品牌价值评估要求》

国家标准是对品牌评估国际标准 ISO 10668 的等同转化。该标准属于推荐性标准，目的是为品牌价值评估提供基本要求和一致、可靠的方法。标准规定了品牌价值评估的一般要求和具体要求，特别提出了品牌货币价值评估要考虑财务、行为和法律因素，这些因素作为总体评估的一部分，共同构成品牌价值总体评估。该标准适用于为开展评估的组织提供管理信息、战略规划依据、品牌价值报

告、授权许可、诉讼支持、纳税规划和承诺等多种目的。标准内容涉及品牌评估的框架，包括目的、评估基础、评估途径、评估方法和合格数据源和假设、评估结果的报告方法等。标准正文内容包括七个主要部分："术语和定义""一般要求""具体要求""评估方法""必要的评估输入数据""报告""独立性"。

（二）《品牌评估——多周期超额收益法》

国家标准以《质量发展纲要（2011－2020年）》和相关技术文件为依据，以品牌价值评估领域相关研究成果与实践经验为基础，充分考虑我国市场环境和企业发展现状，通过充分的分析、创新、试点等研究工作后制定。编制该标准的目的是为企业加强品牌管理、提升品牌价值提供指导和技术支撑，引导企业加强品牌建设，提升品牌价值和效应，增强市场竞争优势，同时为相关部门开展品牌建设提供工作依据。超额收益法考虑品牌在未来经济寿命周期内带来的现金流量，用适当的折现率转换为现值来测算品牌价值。鉴于未来远期收益存在较大不确定性，难以准确预测，因此将品牌未来收益周期分为近期可预测的高速增长期和未来中远期等多个周期。将品牌强度系数引入品牌价值测算中，来反映品牌对未来现金流折现能力的影响。

（三）《品牌价值——要素》

国家标准从价值创建、价值传递、价值实现与维护三个维度给出了影响品牌价值的各类要素。主要要素包括：①品牌价值创建要素。组织本身对品牌价值产生重要影响的因素。主要有质量能力、财务状况、创新能力、社会责任和法律保护五项要素。②品牌价值传递要素。在价值传递环节中，市场方面对品牌价值的影响因素，主要有市场竞争力、市场稳定性、品牌营销渠道、品牌文化和品牌供应链五项要素。③品牌价值实现与维护要素。基于对顾客品牌权益的分析，顾客维度对品牌价值有重要影响的要素包括顾客满意度、品牌形象、顾客期望、感知质量、感知价值、品牌忠诚度和顾客投诉。

（四）《品牌价值——术语》

国家标准的指导思想为战略品牌管理，其中所列22项术语是在大量的文献研究与企业调研基础上，根据品牌价值管理活动最常使用的核心概念以及关键技术加以筛选，按照如下逻辑顺序加以排列：一是按照战略品牌管理的逻辑顺序，从战略规划、定位、架构、识别、传播等环节依次排列。二是由宏观到微观，由抽象到具体，由组合概念到独立概念。三是与品牌价值关联性由高到低顺次排列，最终规定了品牌、品牌价值、品牌规划、品牌定位等品牌价值管理活动中最常用的专业术语的定义。

测评结果如果用于市场交易并得到市场的认可，那么如何保证测算结果的可信度、区分度等应当是非常值得关注的问题。鉴于我国已经开展过名牌评估、质量奖励评比等，那么通过大量的企业测评数据并结合现有权威评估机构发布的数据，对测算模型进行显著性检验，将可以不断完善测算模型和方法。尤其是，我国可以认真吸取国内外的品牌价值评估实践的经验和教训，通过标准化提高品牌价值评估的科学性和公正性，从而推动我国的品牌创建工作，为质量宏观管理提供新的思路和途径。[①]

第四节 国内外评估标准比较与评述

品牌评估的国际标准化工作方兴未艾，目前国际上关于品牌评估的国际标准仅有一项——ISO 10668 即《品牌评估——品牌货币价值评估要求》，于 2010 年 9 月正式发布。该标准的基本观点认为品牌评估不仅是方法，同时也是一种服务；不同的品牌评估服务需要采用不同的评估方法；目前尚难达成方法间的一致，故有必要提出品牌价值评估方法的关键性基本要求。ISO 10668 规定了品牌货币价值的测量程序和方法；规定了品牌评估的基本框架，包括评估目的、评估基础、评估方法、合格数据源及假设，以及评估结果的报告方法。标准对具体的评估方法做出了基本要求，指出品牌货币价值评估过程中主要有三种方法：收入法、市场法和成本法。具体评估过程中对方法的选择主要取决于评估目的、价值概念和被评估品牌的特点。此外，标准提出品牌价值评估所采用的数据来自财务、行为、法律三个方面。

奥地利已制定和发布了本国的品牌评估标准 ONR 16800 即《无形资产品牌的估价方法》。该标准定义了确定无形资产"品牌"价值的步骤以便重点支持集团公司和中小企业的品牌管理活动。该标准所依据的品牌评估模型是以企业价值评估模型为基础。其针对的读者是公司内对品牌评估感兴趣的负责品牌管理的雇员，以及为其他企业进行品牌价值评估的服务提供者两类人员。

此外，国际组织、有关国家和地区已经围绕品牌评估标准化开展了大量工作。国际会计准则理事会（IASB）针对无形资产的会计处理，专门制定了IAS 38

① 张喜元. 品牌价值评估的标准化［J］. 中国技术监督，2012（11）：53－55.

《无形资产》。国际评估准则理事会（IVSC）制定发布了《无形资产评估准则》和《专利评估准则》。美国发布了《美国评估准则》。

但是，国际几大知名评估机构所设置的参评品牌标准不同程度上对我国自主品牌的发展具有一定负面影响。财富500强片面强调企业规模，尽管我国入榜企业数量逐年增加，但容易使企业过分追求财务数据而忽略品牌成长的内在动因管理。BrandZ和Interbrand的榜单中我国上榜企业大多集中在金融、互联网等服务业领域，不利于我国制造业强国的品牌打造。此外，其对全球品牌关于海外业务比重的界定使我国连续多年没有一个自主品牌能够进入这一全球知名品牌价值榜单，这一标准非常不利于我国自主品牌“走出去”战略初级阶段的顺利推进。

为支撑我国自主品牌建设工作，同时为有效应对国际标准可能对我国自主品牌产生的影响，我国于2012年成立了全国品牌价值及价值测算标准化技术委员会（SAC/TC 532）。在等同转化国际标准的基础上，结合我国品牌建设实践需求，进一步研究制定了品牌评估领域的术语、要素、评估方法以及行业应用类国家标准21项。其中通用基础标准6项，包括《品牌价值——术语》（GB/T 29185—2012）、《品牌价值——要素》（GB/T 29186—2012）、《品牌评估——品牌货币价值评估要求》（GB/T 29187—2012，IDT：ISO 10668）等，方法标准1项，即《品牌评估——多周期超额收益法》（GB/T 29188—2012），行业应用指南标准14项，包括《品牌价值评估——纺织服装鞋帽制造业》（GB/T 31278—2014）等，涵盖了我国品牌建设基础较好、具有一定产业竞争优势的典型行业。在这21项标准中，除GB/T 29187—2012为等同转化外，其余20项标准均为我国自行研制。品牌评估系列国家标准为推动我国自主品牌建设、建立品牌评估制度搭建了良好的框架和基础。

第三章　品牌价值评估方法分类

品牌价值评估是对特定品牌的价值根据一定的要求和标准进行全面系统估算的过程。品牌价值评估作为企业建设品牌、发展品牌的基本工作，其基本目的在于获取企业经济统计中由品牌效应所带来的财务、市场及消费者的变动情况，从而为企业制定衡量品牌的“指标库”提供参考，该“指标库”对品牌稳定发展有特殊的意义。品牌价值评估行业一经形成，就显示出它在社会经济活动中，尤其是企业经营活动中的重要地位。对发展我国市场经济、建设民族品牌、促进产业升级具有战略意义。同时，对提高企业合理配置资源的能力、促进品牌建设发挥着重要的作用。

品牌价值评估方法分类是品牌价值评估理论的重要组成部分，品牌价值评估方法分类的内容主要由方法分类的意义和现有方法分类体系构成。本章首先分析了品牌价值评估方法分类的意义、现有的方法分类及其不足，在此基础上，对现有的品牌价值评估方法分类进行回顾，分析其可取和不足之处，然后重点结合国内国外品牌的价值规律，创新性地提出一种新的品牌价值评估方法分类，构建品牌价值评估方法分类的新体系。我们将品牌价值评估方法明确地划分为企业内部视角的方法、企业外部视角的方法以及综合视角的方法，并在后续各章节对三类评估方法以及相关研究的特点进行全面介绍与比较。

第一节　品牌价值评估方法分类的意义

品牌作为一种在市场上形成的、能为企业带来未来收益的无形资产，其价值高低既可表明企业的产品和服务在市场上被认可程度，又能反映企业经营者的工作绩效以及企业的市场表现。因而，品牌价值评估日渐成为品牌管理和资产评估领域的热门话题，也让很多组织和人士看到了其中孕育着巨大的市场，纷纷参与到评估活动之中。然而，关于品牌价值的评估方法、评估结果至今存在大量争议，以2013年腾讯的品牌价值评估为例，其在不同评估机构的评估结果存在巨大差异。

品牌的重要性得到了学者、企业家的一致认可，但是对于品牌价值评估方法却众说纷纭，没有一个方法能够让大家都认同。目前，社会上有很多行业主管部门、研究机构、咨询公司等纷纷打着评估机构的旗号去争抢品牌价值评估的市场，甚至以评估为名向参评企业收取高额费用去扰乱市场；众多评估机构把产品质量、销售量、市场占有率、市场范围、经济效益、消费者反应等指标中的一个或几个作为评价标准开展活动，导致评估行为缺乏系统性、权威性和可靠性。同时，与企业的其他资产不同，品牌资产价值虽然真实地存在，但是其数值至今无法直观地在财务报表中得以体现，企业也迫切需要品牌资产在企业资产负债表中显现出来。因而，探究科学的品牌价值评估方法，为品牌评估领域的市场治理和企业资产管理提供依据，正成为学者、企业、管理咨询机构和资产评估机构，乃至政府部门面临的新课题。①

自20世纪80年代出现“品牌资产”一词以来，已经有许多方法来衡量和评估品牌资产的价值。许多作者强调提供准确的测量，目的在于为协助管理者在提升或建立品牌资产等方面提供方法指导。② 自品牌价值评估得到人们的重视后，学者、企业从不同目的、不同视角出发，提出了数十种品牌价值评估方法，每种方法彼此之间既有联系又有区别。为了更深入地研究这些评价方法，首先将其分类。

通过对品牌评估方法分类我们可以看出，由于国外专家学者对于品牌价值的认识较早，所做的探讨分析也更加深入和细致，因而在此基础上的评估方法分类更具有权威性和代表性。然而，如果直接将国外的方法用于国内品牌的评估工作，往往会产生很多问题。比如，目前在中国大陆能够跻身《财富》100强，甚至是50强的很多公司，要想在Interbrand全球最佳品牌榜占据一席之地却没那么容易。因为按照Interbrand全球百大品牌榜的评选标准，入选全球百大品牌榜最基本的条件包括：

---

① 龚艳萍，谌飞龙．品牌价值评估的理论演进与实践探索［J］．求索，2014（3）：24－30.

② Crimmins，J．Better Measurement and Management of Brand Value［J］．Journal of Advertising Research，1992（31），July/August：11－19.

- 必须有 1/3 的利润来自海外市场；
- 必须能够得到母国市场以外的客户认可；
- 必须具备可供公众查询的营销和财务数据。

而在中国的企业中，能满足以上三条苛刻要求的公司的确不多，从侧面反映了中国大陆公司很少上榜的原因。但是，中国作为世界第二大经济体，自主品牌的价值是巨大的。

自改革开放以来，国外资本被大规模引入国内，给我国社会发展带来了大量急需的资金与技术，有力地促进了我国经济发展。然而，由于国内对品牌重要性的认识不够，品牌意识淡薄，出现了很多著名品牌，如汇源、苏泊尔、金龙鱼等被低价出售给国外的案例，这不仅使相关企业的利益受损，也不利于民族产业的整体振兴与发展。究其原因，根本在于国内对于品牌价值的研究滞后，且国外已有的评估方法不能适应国内品牌价值的估价，面对国外品牌价值评估方法“水土不服”，我们亟待建立自己的权威的品牌价值评估体系。

除此之外，国内经济、社会发展的情况与外国大相径庭，长期以来不同的生长环境和文化理念，导致了中国本土品牌与国外品牌存在多方面的差异，这些差异使我们不能直接将国外品牌评估方法往国内品牌身上生搬硬套，而是应该汲取国外评估方法中的优良部分，结合中国的品牌情况，做出相应的改进，使之更适应我国品牌的特点和现状。目前的评估方法都存在各自的优点与缺点，在目前已有研究成果的基础上，可以对评估方法进行合理的改进和补充，使它们更能完整地反映品牌价值。①

因此，随着市场竞争日益激烈，在经济全球化的发展趋势越来越明显的今天，需要对已有评估方法进行本土化改进，使之能够对我国品牌价值进行公正客观地评估。为了更好地研究出适合中国国情的评估方法，首先我们需要对各类品牌评估方法分类进行介绍与评述，建立一个清晰的理论与方法体系。

第二节　外国品牌价值评估方法的分类

本节在回顾外国各种品牌评估方法的基础上，介绍各种品牌评估方法分类，

① 原峰．企业品牌价值评估方法改进研究［D］．合肥：安徽财经大学硕士学位论文，2015.

对方法分类进行辨析后，展示外国品牌价值评估方法分类现状，以使方法分类体系更为清晰。

一、财务方法与非财务方法

品牌价值的测量方法通常是与财务或消费者相关的。[①] Myers（2003）认为，与“消费者”相关的评估方法不会产生品牌的货币价值，但是代表了“品牌价值评估”的另一种方法。

因此将品牌价值评估方法分为财务方法与非财务方法（也就是与消费者相关的方法，见图3－1）。最常见的财务方法主要利用了股票价格或品牌成本。[②] Simon 和 Sullivan（2003）用股票价格的变动来获取品牌价值的变化，理论上说，公司通过股市价格反映了品牌的未来前景。Mahajan 等（1991）利用品牌的潜在价值作为收购企业品牌资产的标准。[③] 另一个财务指标（适用于推出的新产品）是基于品牌成本，或建立一个新的品牌所需要的资金。[④]最后，最广为人知的一个财务方法就是《金融世界》（*Financial World*）每年发布全球品牌价值排行榜所使用的品牌价值评估方法。[⑤]

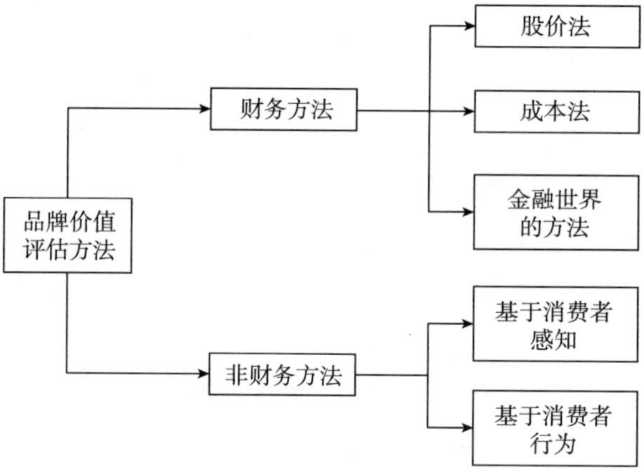

图3－1　品牌价值评估方法分类（一）

① Myers, C. A.. Managing Brand Equity: A Look at the Impact of Attributes ［J］. Journal of Product & Brand Management, 2003, 12 (1): 39－51.

②④ Simon, C., Sullivan, M.. The Measurement and Determinants of Brand Equity: A Financial Approach ［J］. Marketing Science, 1993 (12), Winter: 28－52.

③ Mahajan, V., Vithala, R. and Srivastava, R.. Development, Testing, and Validation of Brand Equity under Conditions of Acquisition and Divestment ［A］//In Maltz, E. (ed.). Managing Brand Equity: A Conference Summary, Report No. 91－110, Marketing Science Institute, Cambridge, MA, 1991: 14－15.

⑤ Ourusoff, A., Panchapakesan, M.. Who Said Brands Are Dead? ［Z］. Brandweek, 1993.

非财务方法依照品牌价值来源于消费者的基本思想，一般分为两类：一是消费者感知（如品牌知名度、品牌联想和感知质量等）；二是消费者行为（如品牌忠诚度和为品牌差异化支付的价格）。在消费者感知层面上，Aaker（1991）采用了一个测量技术，对一个有品牌产品与一个无品牌同类产品进行消费者偏好评级。① 而对于一个管理者来说，这些态度会反映出消费者最终行为的潜在动机或刺激因素。

作为少数将感知层面和行为层面结合起来的学者之一，Aaker（1991）建议使用一个由品牌的五个关键组成部分加权平均计算出来的收益乘数来衡量品牌价值，五个组成部分分别是：

（1）品牌知名度。

（2）品牌联想。

（3）感知质量。

（4）品牌忠诚度。

（5）其他专利及商标等专利资产。

综合消费者的感知和行为来测量一个品牌的价值，这样的测量更加完整，仅仅有感知层面或者仅仅有行为层面的衡量都不是一个合格的市场行为预测指标。

除此之外，基于消费者的品牌价值评估方法还有整体偏好法、感知价值、效用测量或满意度衡量等。比如，Kamakura 和 Russell（1993）使用面板数据确定了品牌价值的三个组成部分：①感知价值；②品牌优势；③无形价值。②

二、财务导向与战略导向

Haigh（2000）根据品牌价值评估的目的，将品牌价值评估模型分为财务导向和战略导向两种：③

财务导向的品牌价值评估模型以静态模型为主，就是在一个确定的时间内评估品牌价值。一般情况下，模型计算的是品牌产生的总价值，通常考虑了品牌目前的使用情况。因此财务导向的品牌价值评估模型有四个特点：①模型是静态的；②在特定时间点衡量品牌价值；③计算的是总价值；④考虑了品牌目前的使

---

① Aaker, D. A.. Managing Brand Equity: Capitalizing on the Value of a Brand Name [M]. New York: The Free Press, 1991.

② Kamakura, W. A., Russell, G. J.. Measuring Brand Value with Scanner Data [J]. International Journal of Research in Marketing, 1993, 10 (1): 9-22.

③ Haigh, D.. Brand Valuation: Measuring and Leveraging Your Brand [Z]. Institute of Canadian Advertising May, 2000.

用情况。

战略导向的品牌价值评估模型包括动态模型和预测估值模型。这些模型通常会考虑市场细分和品牌的潜在用途。该模型的特点是：①模型是动态的；②模型具有预测性；③计算的是细分市场的价值；④考虑了品牌的潜在使用用途。

三、BBDO 环球网络公司提出的方法分类

Zimmermann 等（2001）提出了以下四种品牌价值评估方法分类（见图 3－2）：[①]

- 财务模型。
- 心理或行为模型。
- 财务－行为模型。
- “输入/输出”和组合模型。

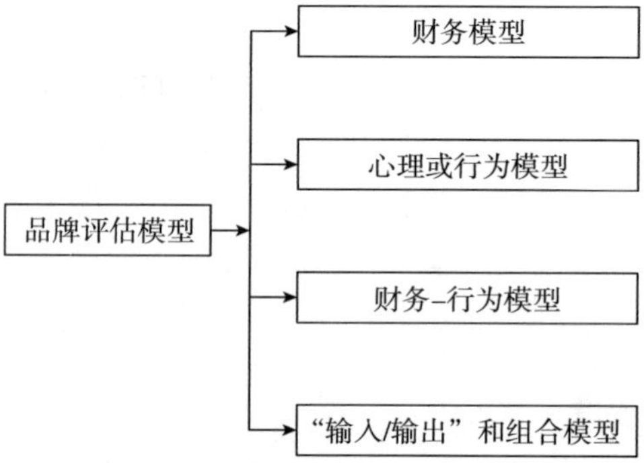

图 3－2　品牌价值评估方法分类（二）

财务模型的特点是：①使用定量方法计算品牌价值的货币价值；②考虑到消费者视角没有考虑的因素；③用于在收购、授权许可等情况下，对品牌价值进行评估。

心理或行为模型的特点是：①品牌价值被视为一个由定性因素组成的结构，可以利用计分卡清楚地列示；②通常没有经过实证验证；③对于解释品牌强度的指标选择具有高度主观性；④解释了顾客确定一个品牌的价值时心理和生理的变化。

① Zimmermann，R.，Klein－Bölting，U.，Sander，B. and Murad－Aga，T.. Brand Equity Review©，Brand Equity Excellence©，2001，Volume 1，BBDO Group Germany，Düsseldorf，Germany.

财务－行为混合模型的特点是：①提供了品牌价值的货币测量方法；②包括了盈利状况、市场地位和品牌在消费者心目中的状态等变量；③结合了定量因素和定性因素。

"输入/输出"和组合模型的特点是：①计算品牌价值指数，只能计算出相对值，不能计算绝对值；②确定了产品的市场份额的潜在变化趋势（一个给定的常数分布）；③能够确定具有潜力的待优化产品。

四、基于混合标准的方法分类

有些研究者开发的方法分类系统是基于更复杂的标准。例如，Motameni 和 Shahrokhi（1998）提出了一种含有两个标准的混合品牌价值评估模型分类①，两个标准为：使用财务或非财务指标；采用方法的类型。

再比如 Aaker（1991）和 Kapferer（1992）提出了以下"六种品牌价值评估"方法：

- 基于营销和研发费用的品牌价值评估：这种方法是在一个给定的时间内，综合投资于该品牌的广告、营销和研发费用计算出来的。这种方法背后的逻辑是，品牌价值来源于这类投资活动。
- 基于品牌溢价的价值评估：这种方法根据价格差异产生的超额收入，对品牌的价值进行评估。在这种方法下，价格溢价可以通过简单的市场观察或通过市场调查测量。
- 基于市场价值的品牌价值评估：这种方法使用客观的市场衡量数据，因此，使公司之间随着时间的推移也能够进行比较。
- 基于消费者因素的品牌价值评估：这种方法通过跟踪消费者的偏好和态度，诸如品牌忠诚度、品牌感知、品牌记忆以及其他因素进行计算。
- 基于未来潜在收益的品牌价值评估：这种方法认为目前的价值等同于未来收益的贴现，极好地克服了历史成本法的缺陷。
- 重置成本评估：这种方法旨在克服历史成本法的缺陷。

此外，还有 Sattler 等（2002）区分的三类品牌价值评估：②

- 基于成本的品牌价值评估，如 Repenn 系统。

① Motameni，R.，Shahrokhi，M.. Brand Equity Valuation：A Global Perspective［J］. Journal of Product & Brand Management，1998，7（7）：275－290.

② Sattler，H.，Högl，S.，Hupp，O.. Evaluation of the Financial Value of Brands［EB/OL］. http：//www. doc88. com/p－9199961944452. html，2002.

• 基于类似许可证的品牌价值评估。这种估值方法只有当基准品牌和被评估的品牌或多或少相似时，才有效。Sattler 等引用了安德森、毕马威和 Repenn 系统模型为例进行了说明。

• 基于指标的品牌价值评估模型，如 Interbrand 的模型或塞米昂（Semion）模型。塞米昂公司从 1996 年开始对德国品牌公司进行评估，其主要依据是企业经营报告、媒体报道以及市场与行业调查等信息。

五、通过计算价值是否具有普遍性分类

Roos（2005）根据计算品牌价值时使用的是具有普遍性的通用价值还是特定价值而对品牌价值评估方法进行分类（见图 3－3）。①

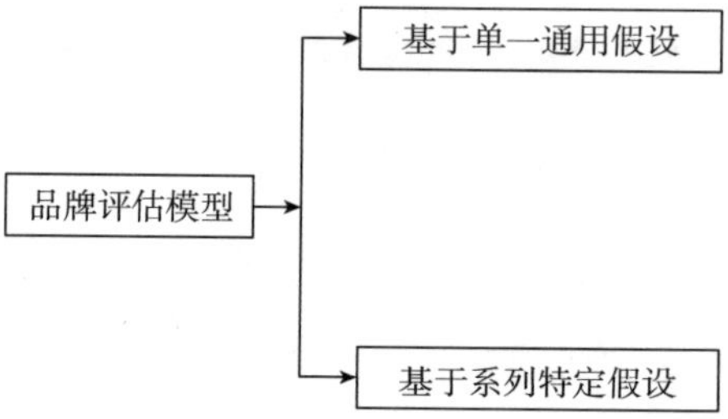

图 3－3　品牌价值评估方法分类（三）

基于单一通用价值的计算方法包括：

（1）公司市值法。

（2）公司市值－账面价值。

（3）现值＝公司市值－账面价值－管理团队的市场价格。

（4）用于品牌营销和推广的历史性投资的现值。

（5）实现品牌目前知名度水平所需的广告投资价值。

（6）比较有品牌公司的市值和有同类产品但是无品牌公司的市值。

（7）（公司的自由现金流－所采用的资产）×资产回报率。

（8）由于计算品牌带来的更高销售价格、更高的销量，以及因为有品牌获得的新分销渠道、新目标市场、新产品和新的形式所带来的价值。

① Roos，G．．Valuing Brands：A Presentation to the Brand Finance Forum［EB/OL］．http：//www.doc88，2005.

基于系列特定假设的方法是指联合价值层级法。

六、根据品牌价值评估方法的性质或起源分类

为了分析在学术界和企业界或较小的营销部门制定的品牌评估方法的相关性和差异性，将评估方法分为四类（见图3－4），分别是商业类、学术类、混合类（如学者和企业合作研发的方法）和其他。

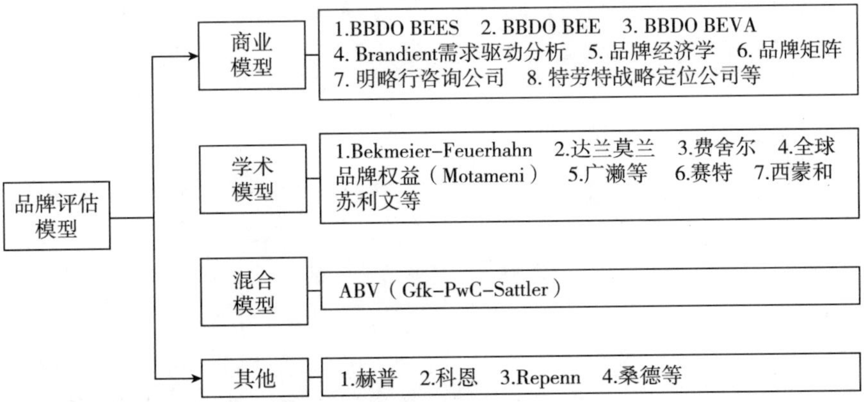

图3－4 品牌价值评估方法分类（四）

剔除那些方法过程不透明的或未公开的方法后，将共39个品牌价值评估模型归类。那些不能被归类为学术、商业或混合的方法，被放置在“其他”类别中。

七、按所采用的方法分类

从所采用的方法看，通常来说，有四种基本方法来测量品牌价值：

- 成本法，包括历史成本法、重置成本法等。
- 市场法，包括交易乘数法。
- 收入法，包括溢价法、品牌强度分析法、毛利润对比法等。
- 其他方法，包括竞争均衡分析法、基于消费者生命周期的模型、期权法等。

“其他方法”属于一个额外的类别，通常包括结合了两种或两种以上计算方式的方法。因此，当品牌特许费剥离法归属于“收入”类别时，它通常被认为是“混合”方法，因为它结合了收入和市场的观点。在某些分类系统中，“实物

期权估价”也可以作为一个单独的类别出现。

图3－5显示的是使用较多的26种品牌价值评估方法，77%是基于收入的方法，而23%则应用混合的方法（主要是使用品牌特许费剥离法）。

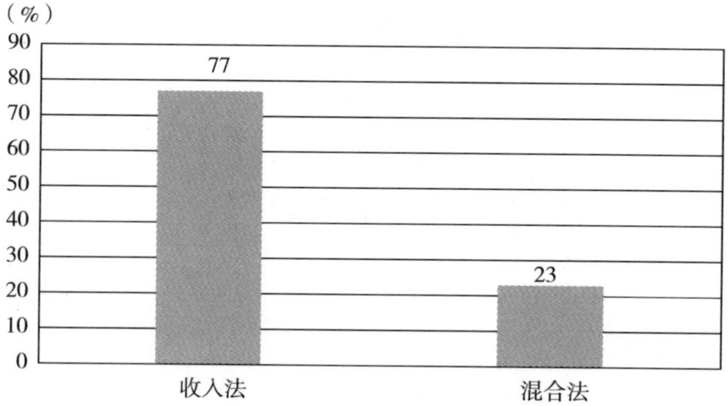

图3－5　商业方法分析

本节认为，大多数的方法都关注到了那些明显以营销为导向的企业，因此，基于需求驱动的分析（“购买理由”）或品牌强度（以确定品牌应占盈利）的方法是最常见的。

目前，还没有看到有任何企业使用市场法、成本法或实物期权作为它们评估品牌价值的主要方法。但在实践中，许多公司使用市场法或成本法为基础的方法作为辅助方法，其结果能够与那些主流方法所产生的结果进行有效对比。

在混合法和以收入为基础的方法中，我们已经观察到评估模型的多样性和与品牌特许费剥离法在应用上的高度一致性。

商业评估方法大多数应用收入法的事实使我们仔细考虑了该方法中的两个关键变量：

- 归属于品牌的收入。
- 适当的折现率，以折现现金流量或归属于品牌的利润。

下面的两个辅助变量让我们深入分析了各种模型之间在应用上的差异：

- 假定品牌的有效寿命是有限或无限。
- 测量增长的指标。

基于以上四个变量，本节提出下面四个能对这些方法的差异进行有效分析的指标：

- 用于确定归属于品牌的收入比例的指标。

- 品牌风险的代表性指标。
- 品牌的有效期限代表性指标。
- 增长指标。

八、通过确定归属于品牌的收入比例的方法分类

在本节的相关文献回顾中，我们已经观察到至少 16 种不同的方法，用于计算品牌对盈利、利润或现金流量的贡献。

根据文献回顾，38%的方法使用品牌强度或需求驱动分析，确定品牌在收益或利润中所占比例；14%的方法使用分成法，而只有 11%利用价格溢价法，8%利用超额收益法。

在收入法中，基于品牌特许费剥离的方法表现出高度的一致性，而其余的方法显示了不同的计算方式，一般来说至少有 10 种方法。因为每种方法的基本条件、要素、选择的相关指标、计算方法和假设等都不同，方法之间也存在很大差异。

这 16 种方法分别是：

- 需求驱动分析法。这种模型强调的是品牌的强度和消费者需求对产品供应和需求的影响，以确定品牌的影响对消费者决策、价值创造以及企业利润中与品牌相关的比例。
- 忠诚消费者比例法。基于市场研究工具 BrandDynamics™的数据，明略行咨询公司利用忠诚消费者比例法计算归属于品牌的收益。
- 溢价法。基于被评估品牌与基准品牌之间价格和效用的差异，品牌价值的大小可以通过消费者购买被评估品牌而愿意额外支付货币来衡量。
- 超额收益法。即将拥有品牌资产的企业的收益额与同行业平均收益额相比，从而得出由品牌资产所创造的超额收益，这也正是品牌价值的意义所在。这种方法最初的构思是为了评估无形资产价值。
- 专利使用费法。该方法认为，衡量一个公司品牌价值的最好尺度是现实中其他当事人为使用该品牌所愿意支付的特许权使用费。
- 营业利润比较法。在这种方法中，营业利润表示为销售的百分比，与一组可比营业利润率相比，后来乘以与品牌价值相关的销售收入比例，计算收益归属于品牌的利润。
- 与普通产品产生的理论收益的比较。有三种模型使用这种基于被评估品牌产生的收益与那些有同等效用的无注册商标产品的收益之间进行比较的方法。

• 对品牌和无品牌企业的现金流比较。使用这种方法，品牌价值评估是通过考虑有无品牌的同类产品的现金流比较。

• 股价与销售额比率。Damodaran（1996）提出了基于股价差异或销售比率的方法。①

• 规模经济法。在这种方法中，业务的毛利率与一组竞争对手的平均毛利率进行比较。所产生的差异乘以归属于品牌的销售收入，并由此产生的数字代表的盈利归属于品牌。

• 基准公司现金流的差异法。这种方法将主体公司（拥有品牌）和一组可比的公司（没有品牌）比较净现金流量的差异来计算品牌价值。

• 联合价值层次法（Conjoint Value Hierarchy，CVH）。这种方法由智力资本服务公司（Intellectual Capital Service Company，ICS 公司）开发，通过模拟公司智力资本的经验模型测量无形资产的价值，并构建同构曲线来估计品牌价值。

• 现金流法。这种方法利用资产与现金流来计算品牌价值，主要有两种计算方法：一是知识资本产生的现金流等于企业的自由现金流减去有形资产产生的现金流；二是品牌产生的自由现金流等于企业自由现金流减去除品牌以外资产产生的现金流。

• 任意常数系数法。Repenn 模型假定市盈率为常数 10%，根据过去五年的历史收益估计品牌的价值。这个常数被称为“Repenn 因子”。

• 竞争均衡分析。Villafañe & Associates 公司发明了一个“客观平衡”模型，通过估算竞争品牌之间的差异在市场中对其销量的影响计算品牌价值。与这种方法非常相似的是价格溢价分析，主要区别是，这种方法不是假设定价变动，而是假定销量变动。在这个模型中，品牌的价值为：

$$S_b = [(MS_R - MS_E) \times MU_t] \times P_b$$

在这里：

S_b 表示归因于品牌的销售额的价值。

MS_R 表示真实的市场占有率。

MS_E 表示均衡市场份额。

MU_t 表示市场规模的单位。

P_b 表示品牌目前的价格。

• 基于会计数据的方程。Hirose（2002）提出一个主要基于会计数据确定归

① Damodaran，A.. Investment Valuation：Tools and Techniques for Determining the Value of Any Asset [M]. New York：John Wiley & Sons，2012.

属于品牌的收益的方法。[①]

九、通过“品牌风险代表”的方法分类

不同的模型所考虑的与品牌相关的风险因素存在很大差异。在研究的多个商业模型和学术方法中，一半以上的模型使用了贴现率衡量风险，多数模型明确考虑了风险贴现率的因素。近一半的模型使用了资本加权平均成本（Weighted Average Cost of Capital，WACC）或资本资产定价模型（Capital Asset Pricing Model，CAPM）来计算贴现率。使用 WACC、CAPM 的模型中，大多数使用品牌特定因素调整了风险贴现因子。在本节研究的模型中，少数模型考虑了多种风险因子。但在大多数模型（尤其是在那些不是基于市盈率的模型）中，与资本化率不相关，因而没有以企业财务理论为基础。

虽然最近调整贴现率的做法在学术领域受到了批评，但它在品牌、无形资产和金融资产评估等领域被广泛接受。

十、通过“代表品牌的有效周期和长期成长”方法分类

这种分类反映了大多数研究者在他们的文献中提出的模型并不是只有单一的应用方式。例如，Consor 和 Brand Finance 使用的模型，因为考虑了品牌的有效“寿命”和成长情况而具有高度灵活性。

十一、通过评估方法发展过程分类

品牌价值评估最初的发源、发展与传统的品牌经济价值理论密切相关。随着相关学科的发展，品牌价值评估也越来越多地成为多学科的结合。

对于品牌价值评估而言，按照其发展可以分为以下三种模型：

- 传统品牌经济价值评估模型。
- 心理和行为导向的品牌价值评估模型。
- 综合经济导向和行为导向的品牌价值评估模型。

十二、基于不同视角的分类

Motameni 和 Shahrokhi（1998）将以前研究的成果归纳为两种观点：基于市

① Hirose, Y.. The Report of the Committee on Brand Valuation [R]. The Ministry of Economy, Trade and Industry of the Government of Japan, 2002-06-24.

场绩效视角的品牌价值和基于消费者视角的品牌价值。①

（一）基于市场绩效的视角

Farquhar 指出，品牌价值能够给产品带来附加价值，或者说是额外的好处，也就是超越自身的使用价值。② Simon 和 Sullivan 理解的品牌价值的含义是，产品相同的情况下，会计账目反映出来的有品牌的比没有品牌的产品增加的现金流。随后，他们又提出了一种基于营销价值的财务技术来评估品牌价值。③

Julie Higgins 等指出，品牌价值是现有品牌与新品牌相比，其享有的、由于以往努力的营销产生的对销售以及对利润的影响。④ Market Facts 咨询公司指出，品牌价值也就是人们继续购买某品牌的意愿。⑤ MSI 对品牌价值的定义是：顾客、渠道成员等对品牌产生的联想和表现出的行为，会让产品与没有品牌的产品相比，得到更多利润，能够给予该品牌比竞争对手具有差异化的优势。⑥ Kim 和 Kim 指出，品牌的价值是值得关注的品牌在思考、感觉、知觉和联想等方面的特殊组合，有潜在的能力影响关注者的行为。其中，关注者是指这样的一类人群，他们不仅关注品牌，会例行购买，而且对现有产品的需求比较稳定或不断产生对新产品的需求，并且不断增加购买行为。⑦

Winters 曾提出品牌价值其实就是附加价值，产生于顾客感知和品牌名称之上的一种产品附加价值。⑧ Aaker 和 Jacobson 认为，一方面，品牌通过降低购物成本和决策失误、提高满意度给予顾客价值；另一方面，品牌通过改变价格及利润率、营销效率、品牌忠诚度、交易杠杆、品牌延伸和提高竞争优势等方式为企业提

① Reza Motameni, Manuchehr Shahrokli. Brand Equity Valuation: A Global Perspective [J]. The Journal of Product and Brand Management, 1998, 7 (4): 275 - 290.

② Farquhar, P. H.. Managing Brand Equity [J]. Journal of Advertising Research, 1990 (8): 10.

③ Carol J. Simon and Mary W. Sullivan. The Measurement and Determinants of Brand Equity: A Financial Approach [J]. Marketing Science, 1993, 12 (1): 28 - 52.

④ Julie A. Higgins, Donna L. Pastore. Brand Equity & College Athletics: Investigating the Effects of Brand Uncertainty Situations on Consumer - Based Brand Equity [D]. Columbus: The Ohio State University, 2006.

⑤ Ahmed H. Tolba. Integrating Customer - Based Brand Equity with Brand Market Performance: An Empirical Investigation of the U. S. Automotive Industry [D]. Department of Marketing School of Business, The George Washington University, 2006.

⑥ Raider Harmo. Brand Equity Assessment: Interbrand Brand Value Effect on Investor Decisions [D]. Bachelor of Business Administration, University of New Brunswick, 2004.

⑦ Woo Goon Kim and Hong - Bum Kim. Measuring Customer - based Restaurant Brand Equity: Investigating the Relationship Between Brand Equity and Firms' Performance [J]. Cornell Hotel and Restaurant Administration Quarterly, 2004 (45): 155 - 161.

⑧ Lewis C. Winters. Brand Equity Measures: Some Recent Advances [J]. Marketing Research, 1991, 3 (3): 70 - 73.

供价值。[1] 此观点不仅从消费者的视角还从企业的视角解读了品牌价值这一概念。

（二）基于消费者的视角

基于消费者视角的品牌价值这一概念是由 Keller 提出的。他认为，之所以会产生品牌价值是因为消费者对不同品牌营销所产生的差异化的品牌认知。[2] 消费者对同企业的不同产品的认知形成产品之间的差异。一个有品牌的产品和一个没有品牌的产品对消费者而言是不同的。Keller 认为，品牌表现和品牌认知构成了品牌价值。而最初对品牌要素的选择决定了品牌价值，将品牌融入营销方案之中，通过建立品牌同其他实体的联系，从而间接转移至品牌联想。该观点的核心是顾客价值感知。

第三节　中国品牌价值评估方法的分类

从对品牌评估的理论上看，国外学者对品牌资产的来源及品牌资产定义研究较多，偏向于研究消费者与品牌价值之间的关系，对于品牌的财务价值研究较少。这可能是因为国外的资产评估发展时间久，市场信息公开程度较高，对于企业历史数据库的建立较为完善。而我国对于企业品牌研究集中在品牌价值的评估方法上，这是因为我国现有的企业品牌资产评估方法基本上都是通过引进西方国家的现有理论，但很多时候评估方法与评估的实际环境并不相符，这就需要学者对模型方法进行改进研究，使其更符合国情状况。

国内对于品牌价值评估研究起步较晚，还没有形成一个清晰、完善的体系，大多文献主要集中于对研究方法的探讨，对方法分类也多是借鉴了外国的成果。对于国内主流的方法分类主要有以下几种。

一、需方视角、公司视角和资本视角

为了有效地管理品牌，理解品牌作为一种无形资产的意义，日益增长的研究集中于如何创建、评估和管理品牌资产上。近年来，于春玲等（2005）开发的品

① David A. Aaker and Robert Jacobson. Special Issue on Brand Management: The Financial Information Content of Perceived Quality [J]. Journal of Marketing Research, 1994, 31 (2): 191-201.

② Keller, Kevin Lane. Conceptualizing, Measuring and Managing Customer-Based Brand Equity [J]. Journal of Marketing, 1993 (57): 1-22.

牌价值模型主要通过三个视角来研究上述三个层面（见图 3－6）（Ambler，2004；Epstein and Westbrook，2001；Keller and Lehmann，2003；Srivastava et al.，1998）。

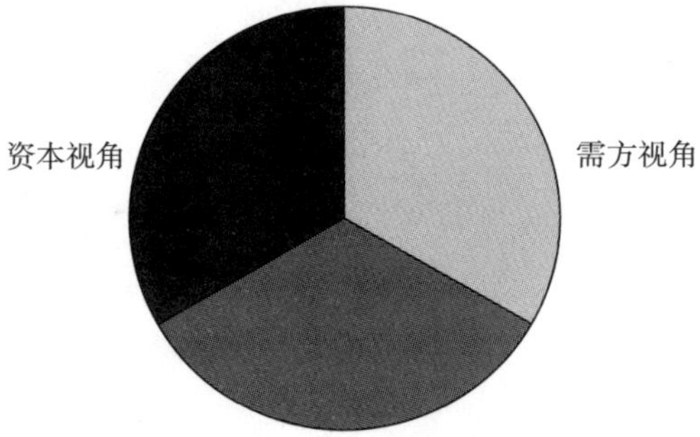

图 3－6　品牌价值模型视角

（一）基于需方视角

基于需方视角（需方层面）的研究注重品牌价值的结构及其测量。[①] 品牌的价值或资产最终来源于需方的口碑和行动。需方的购买决定于他们认为什么更重要，什么品牌更有价值。[②] 为了挖掘品牌知识结构的不同，通过多年的需方研究，开发了许多层级效果模型，例如 5A 模型：

知名度（Awareness）（从认知到回忆）；

联想（Associations）（包含对有形和无形产品或服务的想象）；

态度（Attitude）（从接受到吸引）；

接触（Attachment）（从忠诚到上瘾）；

行动（Activity）（包括购买和消费频率、参与促销活动，向其他人对公司等作口碑宣传）。

还有类似的模型，比如有些商业咨询公司的评价方法［如 Young 和 Rubicam 的品牌资产评价（Brand Asset Valuator）］、国际研究公司的品牌价值引擎等。然而，这些模型主要集中在上述五个层级的前三者。还有一些研究分别在这五个层面上各自测评品牌。[③] 另外，有一些学者洞察了基于需方的品牌价值与其股票市

① 于春玲，王海忠，赵平．品牌权益理论及其实证研究评述［J］．财经问题研究，2005（7）：14－18.

② Villas－Boas，J. M.．Consumer Learning，Brand Loyalty，and Competition［J］．Marketing Science，2004，23（1）：134－145.

③ Agarwal，M. K.，Rao，V. R.．An Empirical Comparison of Consumer－based Measures of Brand Equity［J］．Marketing Letters，1996，7（3）：237－247.

场价值的关系（Gupta et al.，2004）。在更多的定性领域，有很多种方法来理解关于“一人一种产品”品牌联想结构，这些“意境地图”依赖比喻概念（例如，“它像一个?”）来表示需方对品牌的反应（Zaltman，2003）。

在基于需方视角评价品牌价值的模型中，较全面、详细的是由 David Aaker 教授于 1996 年提出的 Brand Equity Ten 模型，十个要素以需方为主（需方层面），同时加入了市场业绩的要素（产品 - 市场层面）；这些要素可以归纳为五类，前四类代表了需方对品牌的感知，即以需方的认知为基础的指标体系，第五类主要包含市场行为指标，信息的获得主要来自市场，而不是直接来源于需方。Brand Equity Ten 模型的优点是可以用于连续性研究和专项研究、指标比较敏感（预测品牌价值的变化）。但也有不足，对于不同行业，模型中的指标要针对行业特点，作相应的调整。①

（二）基于公司视角

基于公司视角（产品 - 市场）关注的重点是各种绩效指标与品牌价值的关系。有众多学者开发了一些方法来评估产品 - 市场品牌价值，包括溢价，日益增加的广告弹性，越来越少的对竞争者的价格敏感性以及获取和保持渠道的能力。② 一些研究已经证实领导品牌可以获得更大的价格优势，也更容易提价。③具有较低的价格敏感性更忠诚。④ Ailawadi 等（2010）提出，年末统计的具有品牌产品收益与没有品牌产品收益之间差额，可以反映品牌的作用，并且主张不是仅仅依靠销售优惠或价格折扣就可以捕获对品牌的需求。⑤ 广告在日益降低的价格敏感性中起到很大的作用。⑥ 研究者建议，商店如果树立了高质量产品印象，那么商店品牌可能更知名。⑦ Fader 和 Schmittlein（1993）认为，零售商之间的差

① Aaker，D. A.. Measuring Brand Equity Across Products and Markets [J]. California Management Review，1996，38（3）：102 - 120.

② Hoeffler，S.，Keller，K. L.. The Marketing Advantages of Strong Brands [J]. Journal of Brand Management，2003，10（6）：421 - 445.

③ Agrawal，D.，Schorling，C.. Market Share Forecasting：An Empirical Comparison of Artificial Neural Networks and Multinomial Logit Model [J]. Journal of Retailing，1996，72（4）：383 - 407.

④ Krishnamurthi，L.，Raj，S. P.. An Empirical Analysis of the Relationship Between Brand Loyalty and Consumer Price Elasticity [J]. Marketing Science，1991，10（2）：172 - 183.

⑤ Ailawadi，K. L.，Bradlow，E. T.，Draganska，M.，et al.. Empirical Models of Manufacturer - retailer Interaction：A Review and Agenda for Future Research [J]. Marketing Letters，2010，21（3）：273 - 285.

⑥ Liang，J.，Kanetkar，V.. Price Endings：Magic and Math [J]. Journal of Product & Brand Management，1992.

⑦ Lal，R.，Narasimhan，C.. The Inverse Relationship Between Manufacturer and Retailer Margins：A Theory [J]. Marketing Science，1996，15（2）：132 - 151.

异关键在于谁销售了更好质量的品牌产品。①

（三）基于资本视角

基于资本视角（资本层面），就是从资本市场的角度，将品牌看作资产，类似于厂房和设备等可以买卖的东西，而品牌资本价值就是其所带来的溢价或带入资本市场，这种价格反映了对未来现金流的预期。但当市场交易缺失时，估计就会很困难。②

Pruyn 和 Riezebos（2001）将品牌价值定义为品牌对于企业的价值，认为品牌价值评估的基本问题就是如何用财务数字来表示品牌带给企业的价值。③ 从这个视角出发，他们将产品品牌的评估方法分为两大类：一类是建立在测量客户感受的基础上；另一类是建立在企业财务结果的基础上。

第一类方法的出发点是认为品牌的价值存在于客户的头脑中，因而品牌价值的测量基础应当是客户对品牌的感知。这类方法包括许多种不同的具体评估技术，大体可以有中立法、品牌/价格权衡法和金额度量法。

第二类方法的出发点是认为品牌塑造的目的是获取竞争优势，这种优势最终会反映在企业的财务成果上。只有最终体现在财务成果上的品牌价值才是真实的，这类方法包括成本定价法、市值定价法和收入法三种。收入法又根据其计算的收入是历史收入还是未来收入，可以分为历史收益法和净现值法。

V. Srinivasan、Chan Su Park 和 Dae Ryun Chang（2005）将各种方法归纳如表 3－1所示。

表 3－1　测量品牌价值的方法

研究者	使用的数据	价值测量	是否分析来源	性能	是否整合未来价值	测量方法
Srinivasan（1979）	测量	效用（细分市场层次）	N	L	N	联合和运输模型
Rangaswamy 等（1993）	测量	效用（个体层次）	N	L	N	联合分析法

① Fader, P. S., Schmittlein, D. C.. Excess Behavioral Loyalty for High－Share Brands: Deviations from the Dirichlet Model For Repeat Purchasing [J]. Journal of Marketing Research, 1993, 30 (4): 478－493.

② Feldwick, P.. Do We Really Need "Brand Equity"? [J]. Journal of Brand Management, 1996, 4 (1): 9－28.

③ Pruyn, A., Riezebos, R.. Effects of the Awareness of Social Dilemmas on Advertising Budget－setting: A Scenario Study [J]. Journal of Economic Psychology, 2001, 22 (1): 43－60.

续表

研究者	使用的数据	价值测量	是否分析来源	性能	是否整合未来价值	测量方法
Kamakura 和 Russell（1993）	扫描仪	效用（细分市场层次）	N	L	N	Logit 模型
Swait 等（1993）	精选实验	效用（细分市场层次）	N	L	N	Logit 模型
Simon 和 Sullivan（1993）	股票价格/资产负债表	美元（公司层次）	N	L	Y	Tobin's Q 系数和回归
Interbrand（Birkin，1994）	收入陈述/公司/判断	美元（品牌层次）	N	L	Y	主观判断→净现值 e
Park 和 Srinivasan（1994）	测量/专家判断	效用（个体层次）	基于属性/基于非属性	Y	N	自我说明联合法
Ailawadi 等（2003）	零售数据	美元（品牌层次）	N	N	N	超出个别品牌产品年度额外收益
V. Srinivasan 和 Chang（2005）	测量/公司/专家判断	美元（个体层次）	知名度/基于属性/基于非属性	Y	N	Logit 和自我说明结合

注：Y = Yes（是），N = No（否），L = Limited（有限）。

资料来源：Srinivasan，V.，Chan Su Park and Dae Ryun Chang. An Approach to the Measurement，Analysis，and Prediction of Brand Equity and Its Sources［J］. Management Science，2005，51（9）：1433－1448.

二、财务视角、市场视角和消费者视角

基于对品牌价值理解的不同，品牌价值评估模型的建立还可以从财务、市场、消费者三个视角出发。这样的模型大部分都涉及多种指标的多元化组合，在某种程度上具有一定实用性和合理性。

（一）以财务视角为主

以财务视角为主的评估方法主要是从会计角度展开研究，认为品牌价值是企业进行的一种投资，而该投资周期性较长。使用该方法时从定量的视角，通过获取企业的销售量、销售成本、销售额、边际报酬、销售利润等短期性数据，该方法在使用过程中简便易行，数据的获得来自企业的财务报表。但是该方法在品牌价值的评估中存在缺陷，主要以短期的财务指标作为品牌的业绩评价依据，不能

够反映品牌价值的真正来源，也不能够为企业的品牌投资决策提供一套强有力的参考价值。

以财务视角为主的方法主要包括收益法、成本法和市场法等。收益法未来预期收益折现的理念是品牌价值评估的基本理念，但由于对未来经营情况预测存在主观性、确定品牌对收益贡献程度的难度较大等缺陷，收益法在实务中也存在一些局限性。由于品牌资产成本与价值间的弱对应性及我国品牌交易市场欠发达的现状，成本法和市场法都无法对品牌价值进行有效评估。

（二）以市场视角为主

以市场视角为主的评估方法主要是从市场视角出发，认为品牌价值来源于其未来持续为企业创造的价值，该类方法主要是通过企业对品牌的投入力度以及品牌产品在市场上的业绩表现两个方面的因素来衡量品牌为企业带来的超额收益的持续性，其中也选取了与企业自身相关的财务表现，认为企业的品牌价值是其在未来一段时期内的收益按照一定的贴现率表现在当前的值，加入市场业绩的视角是该方法评估企业品牌价值时的最大进步，该方法得到的认可度比较高。这些方法主要是用于品牌的市场价值的参考和比较，在财务数据基础上综合考虑企业品牌的市场竞争力，理论依据较充分，与财务中的品牌权益的交易目的之间是存在差异的。它考虑的是品牌的投入和产出，可以反映各种因素作用于品牌的最终市场结果，但是却没有揭示出品牌在其中的作用，也很难看出消费者对品牌价值的贡献。基于市场要素的评估模型的权威品牌研究机构 Interbrand 公司、世界品牌实验室评估法和北京名牌资产评估有限公司评估法等都将重点关注在企业品牌的市场表现上。世界品牌实验室评估法多是用于品牌间排名，评估结果具有相对性。而北京名牌资产评估有限公司评估法属于该公司独创模型，对外未披露具体的评估计算方法，评估过程缺乏透明度。因此，这两种方法在以交易为目的的评估案例中难以实际应用。

（三）以消费者视角为主

基于消费者视角为主的研究方法主要是将消费者与品牌之间的关系作为研究的切入点，认为品牌是通过其对消费者情感心理和行为的影响而为拥有的企业带来价值的，能够很好地反映品牌价值的来源，为营销策略提供直接的指导，主要的关注点在于品牌价值来源的真正驱动因素。该方法的提出对传统的会计财务方法是一大挑战。基于消费者的评估模型主要基于消费者对品牌的感性认知，包括品牌资产十要素模型、品牌资产引擎模型等，以 Aaker 的品牌资产十要素模型为代表的消费者视角的研究，认为品牌的忠诚度、消费者对品牌的认知等方面是品牌价值的主要来源和驱动因素，并将这些要素具体通过量化的指标来进行衡量和比较，有助于企业在了解自身品牌现状的同时，对竞争对手的状况也可以得到较好的分析比较，从而可以判断出近期的营销活动或者营销策划过程中是否有显著的成效，从而可以帮助企业品牌设定经营目标和方计策略。①

该方法虽然能够从消费者视角发现企业品牌价值的来源，但其在具体实施过程中的困难比较大。首先，这些模型往往需要进行大量的问卷调查和市场调研，并根据行业特点对指标体系进行调整，这样所需要的时间和成本都是巨大的。而且，考虑抽象指标赋值的合理性，该如何较为客观地确定评价指标以及各个评价指标的权重，获得并衡量这些与品牌资产存在相关性的数据也是研究人员面临的一大难题。其次，如何对消费者进行广泛的调研与验证，尤其是某些品牌，消费者对其熟悉度不是很高，这样的调研通常会遇到较多的困难。最后，这种方法要基于消费者调查，而不关注品牌对企业市场业绩的贡献，无法准确地对品牌表现提供出单一、简明和定量的财务价值。此外，该类方法部分指标维度间存在概念性的重叠，且没有明确各个维度直接的关系及其相应的权重，还缺少对模型的实证检验。②

三、企业视角、消费者视角和利益相关者视角

品牌价值是对品牌作为企业的一项资产的量化结果，其表现为由于品牌的因素，企业可以获得超过同业水平的经济利益。同一家企业在其他条件不变的情况下，在使用某种品牌前后所创造的经济利益的差额就是该品牌的价值，同理可知，若是使用品牌后没有带来超额的经济利益，甚至出现了负的经济利益，那么该品牌的价值就是零或者负数。对于品牌价值来源有三种观点：企业视角、消费者视角和利益相关者视角，因此，品牌价值评估方法分类同样有以下三种观点：

（一）企业视角

企业视角的品牌价值观是针对企业并购重组中涉及品牌评估的目的产生的，是出于品牌价值最直观的需求。从这个视角上来说，价值评估过程就是通过对品牌给企业带来的益处定量，进而赋予品牌在财务方面的价值。在市场经济的今天，与低价值或者没有价值的品牌相比，高价值的品牌往往可以使产品更快地获得市场承认，能够提高顾客的品牌忠诚度，令企业更顺利地引入新产品，从而带来更大的竞争优势，为企业带来持续稳定的经济利益流入。

① 于淑莲．基于经营视角的企业品牌价值评估研究［D］．南京：南京财经大学硕士学位论文，2014.

② 张蕾．康师傅品牌价值评估探析［D］．成都：西南财经大学硕士学位论文，2014.

然而，虽然企业视角的品牌价值观能够基于企业现有的财务资料，较为方便快捷地计算出品牌价值，但它的局限性也是不言而喻的。这类价值观只是从单一的企业视角出发，忽视了至关重要的消费者基础，缺少了这方面要素的评估结果无法为企业决策层提供足够的信息。更严重的是，由于以此为基础的评估方法没有将消费者对于品牌的贡献考虑在内，往往容易使企业局限于营销至上、广告为王等追求短期利益的市场行为，从而导致最终丧失竞争力，被市场淘汰。

（二）消费者视角

消费者视角的品牌价值观是在我国确立市场经济理论，确立顾客至上的市场理念后才开始受到重视并逐渐开展探讨分析的。该观点认为，品牌价值存在于消费者与品牌的相互关系之中，一旦消费者认同品牌所代表的价值和理念，那么就会形成品牌忠诚度，进而主动去购买其商品，甚至愿意为此付出更高的价格。因此，基于消费者视角下的品牌资产价值评价方法有两种：一是主张品牌资产主要体现在品牌与消费者关系的程度，把消费者对品牌的态度、行为、认知、认同、购买意愿等看作品牌资产形成和评估的焦点。二是溢价法，即品牌价值的大小可以通过消费者由于选择这一品牌而愿意额外支付的货币量。在其他条件相同的情况下，如果消费者愿意为某品牌支付的额外费用越多，表明该品牌越有价值。[①] 品牌价值来源于消费者与品牌之间形成的密切关系，通过消费者对品牌的感知和认可形成品牌价值。

消费者视角的品牌价值观的局限性在于，过于强调品牌价值中的消费者因素，可能会导致企业过分倚重营销部门的作用，忽视了本身产品或服务的质量建设以及其他利益相关者的影响。企业品牌的管理与建设越是集中在单个部门或小群体，品牌就越难以代表整个企业同其他利益相关者，由此也就会出现为了满足消费者的需求，牺牲企业与其他群体之间的关系，最终致使企业整体利益受损。

（三）利益相关者视角

随着21世纪以来服务经济和信息网络化的发展，人们逐渐认识到公司整体已经与品牌融为一体，品牌就是公司核心价值的体现。公司、消费者与其他利益相关者之间的联系愈加紧密，互动愈加频繁，企业品牌战略的成败也越来越由他们之间的有效沟通和积极回应来决定。品牌价值本质上是利益相关者价值的整合，品牌价值的形成有赖于利益相关者的关系互动。

从利益相关者的视角可以看出，利益相关者之所以选择品牌，是由于能够从

---

① 孙仕杰．国产手机品牌价值评价与建设问题研究［D］．沈阳：辽宁师范大学硕士学位论文，2014.

中得到对现实需求和未来期望的承诺，品牌价值也就取决于所有利益相关者价值的矢量和。这其中，品牌价值与每个利益相关者的关系都有单独的逻辑，每个逻辑决定了其对品牌价值贡献的多少。因此，品牌价值并不是所有关系价值的简单合计，品牌给利益相关者带来价值的同时，自身也实现了价值的实现和升华，品牌价值创造的核心就在于满足利益相关者对现实的需求和对未来的憧憬。

上述三类品牌价值观表现了不同时期对品牌价值的不同看法，展现了品牌价值理论发展的历史沿革和未来趋势，决定了各阶段品牌建设和培养的方法与理念。品牌的价值构成是一个完整的体系，利益相关者视角的品牌价值理论并不是对前两者的简单否定，而是继承并发展了前者的精华，从而丰富了对于品牌价值本质的认识，在此基础上为完善已有评估方法提供思路。①

四、宏观评价法和个别评价法

世界商业评论中提出的品牌价值评估方法划分是“品牌价值宏观评价”和“品牌价值个别评价”。②

根据这种划分，“品牌价值宏观评价”是在品牌的产权并不发生变动的情况下，把众多的品牌放在一起，用一种公式对它们的价值进行评价，这种做法是同时评价众多的品牌，而且更多的是采用比较研究，所以把它称作“宏观评价”。“品牌价值个别评价”是在品牌的产权发生变动的情况下，对其品牌价值进行评价。这种做法的对象只是一个企业的品牌，根据收益的方法进行评价。所以，把它称作“品牌价值个别评价”。

这一对品牌价值评价分类的方法有三个明显的缺点：

首先是它的不完全性。根据品牌产权是否变动以及一次性评价品牌数量的多寡来划分品牌价值评价的二分法显然过于简单。例如，品牌价值的内部评价就完全不在这种二分法之列。另外，涉及品牌特许权许可时，品牌产权并未实际转让，转让的只是品牌的有限使用权，那么这时进行的品牌价值评价属于“品牌价值宏观评价”还是“品牌价值个别评价”？

其次是它的不精确性。从“品牌产权是否变动”这个划分准则来看，并不太确切。在特许权许可、企业到银行融资等许多时候，品牌产权不发生变化，但需要通过品牌价值评价将品牌资产化，这和企业并购、品牌转让时的品牌价值评价没有什么区别。因此将“品牌产权是否变动”作为二分的标准未免过于狭窄了。

---

① 原峰．企业品牌价值评估方法改进研究［D］．合肥：安徽财经大学硕士学位论文，2015.

② ICXO（转载）．品牌评估方法［Z］．世界商业评论，2004.

最后，这种分类法认为“品牌价值个别评价”就是“根据收益的方法进行评价”。将品牌价值评价的某种具体方法与品牌价值评价分类相联系，混淆了目的、性质和手段。

五、品牌交易价值评价和品牌内在价值评价

苏勇和陈小平（2003）从评估的目的出发，将评估方法区分为揭示品牌的“交易价值”和“内在价值”两种。[①]“内在价值”是在产权并不发生变动的情况下对品牌价值给予一个评价；“交易价值”是在某个企业的产权发生变动的情况下对其品牌价值给予特定的量化。

六、从评价目的视角分类

重新理清品牌价值评价的概念体系，从评价目的着手是一种理想的方法。在此，我们将品牌价值评价分为如下三类：

（一）品牌价值资产化评价

众所周知，品牌是企业最重要的无形资产之一。在资本运作和交易中，合理的品牌评价使企业在资本并购、资产处置、特许权许可、资金筹措等事宜中能够有据可依；品牌价值资产化评价的时机不仅局限于品牌产权变更，在企业正常发展时期，进行权威的品牌资产评价也有利于衡量股东权益，使股东获得有效使用品牌资产的指示器，掌握自己真实的资产总量。[②]

品牌价值资产化评价，即以品牌资产化为目的，评价品牌的金融价值，它是对品牌资产在某一时点上的价格判断。

（二）品牌价值社会化评价

品牌价值的社会化评价必须是选择同一标准、方法、基准日，进行统一的群体评估。它只有在用于价值量化比较时才有意义，评价结果不能直接作为品牌资产化依据，只有一定的参考价值。

品牌价值的社会化评价不仅是“好事者为之”，实际上这种评价是经济全球化以及品牌竞争时代的产物。如果把品牌价值的资产化评价值比作品牌的市场价格的话，品牌价值的社会化评价表明品牌资产所带来的超值创利能力，相当于政治经济学中的价值。

---

① 苏勇，陈小平．品牌通鉴［M］．上海：上海人民出版社，2003.

② Lall，R. A. and Khurana，V.. Brand Valuation［EB/OL］. http：//www. naukri. com，2002.

（三）品牌价值内部评价

品牌价值的内部评价主要指企业内部的品牌评价，它是企业品牌管理的内部评价和绩效考核手段，有利于企业有针对性地制定品牌管理和经营战略。

品牌价值的内部评价无论在国内外都是一个相对薄弱的领域，由于评价结果一般不会公之于众，不具有外部轰动效应，所以很少引起外界的关注。①

三种不同的品牌价值评价含义和评价目的不同，其对品牌价值的理解或解释也不同。相应地，它们的评价主体、评价所需的信息、评价所要考虑的重点、评价方法和评价体制等也不同，不能混为一谈。表3－2对三种品牌价值评价的特点进行了比较。

表3－2　三种品牌价值评价的对比

项目	品牌价值资产化评价	品牌价值社会化评价	品牌价值内部评价
评价目的	以品牌资产化为目的，评价品牌的金融价值	从社会、消费者视角出发的品牌评价，用于对品牌价值的横向比较	企业品牌管理的内部评价和绩效考核手段，用于企业有针对性地制定品牌管理和经营战略
评价主体	有资质的外部或第三方评估机构，如资产评估事务所或会计师事务所	具有社会公信力的权威评价机构	企业领导者或者品牌管理者自我评价
评价时机	企业并购、资产处置、特许权许可、资金筹措时；在企业正常发展时期，需要准确衡量股东权益或企业资产时	一般是按年度评价，选取某一基准日，对一批品牌同时评价，并做出比较	企业日常经营管理中，一般在业绩评价关键时间节点进行
评价所需数据	数据量较大，需要较多的企业财务和经营指标	数据量相对较小，需要少量的企业财务和经营指标	第一手的市场数据，部分财务数据
数据来源	由企业提供并经会计师事务所审定	企业正式披露的信息，部分数据由专家估计，有时也由企业提供	市场数据通过市场调研得到，财务数据由企业内部取得
评价方法特点	以定量为主，评估全面、客观、精确，方法相对复杂，需要符合国家标准或得到国家认可	定性与定量相结合，评价方法相对简洁、有公信力，对不同品牌的评价具有可比性，评价程序公开、公正、透明	基于指标体系的评价。在品牌生命周期的各个阶段，评价指标的选取及权重有所不同
评价结果的形式	货币价值（精确值）	货币价值（粗略值）	一系列的指标值

① 王成荣．品牌价值的评价与管理研究［D］．武汉：华中科技大学博士学位论文，2005.

续表

项目	品牌价值资产化评价	品牌价值社会化评价	品牌价值内部评价
评价结果效用	品牌资产化的权威依据，能够确定品牌的价格	确定品牌的社会影响力，只有一定的参考价值，和品牌资产化没有直接关系	在企业内部，作为评价品牌管理效果，品牌经营绩效，市场推广以及消费者认同程度的依据
评价举例	成本法、现行市价法、收益现值法、特许权免除法、折扣现金流法等	Interbrand 评价法、金融世界评价法、世界品牌实验室最有价值品牌评价、中国最有价值品牌评价等	—

资料来源：王成荣．品牌价值的评价与管理研究［D］．武汉：华中科技大学博士学位论文，2005.

在确立了新的品牌价值评价体系，以及研究了三种品牌价值评价的特点后，我们可以发现，关于上述三种品牌价值评价的研究是相当不平衡的，研究中也都各自存在一些问题（见表3－3）。

表3－3　关于三种品牌价值评价研究的对比

项目	品牌价值资产化评价	品牌价值社会化评价	品牌价值内部评价
相关研究的数量	相关研究非常繁多	相关研究较多	极少见之于文献，还未引起学者关注
研究的历史	几十年	十几年	—
研究方法的成熟度	方法形形色色，改进和衍生的方法也很多，方法比较成熟	初步形成几个较有影响的方法，多是从品牌价值资产化评价简化而来，方法已经具有一定的稳定性	系统、科学的方法还未出现
国内研究的现状	大都是照搬国外方法，缺少具有中国特色的方法	近几年开始仿照国外方法进行研究	与国际上一样，基本上是空白
国内研究中存在的问题	评价方法中没有充分考虑中国品牌的价值变化规律	是一种“灰色评价”，除了名称上与国际接轨外，评价方法不透明，评价主体、评价过程和评价机制上存在很多问题	—
迫切需要研究或解决的问题	在现有方法基础上进行改进，发展出适合中国国情的方法	促进定性与定量方法相结合，提高评价的科学性；研究科学透明、公平公正的评价体制与方法	尽快建立一个初步的理论体系

资料来源：王成荣．品牌价值的评价与管理研究［D］．武汉：华中科技大学博士学位论文，2005.

七、多重标准分类

卢泰宏（2002）曾按照财务要素（成本、溢价、附加现金流）、市场要素（市场表现、市场业绩、竞争力、股市）和消费者要素（态度、行为、信仰；认知、认同、购买意愿）三类要素的不同组合将国外现有的评估方法分为四类。① 该方法首先分离有形资产与无形资产，其次从无形资产中估测品牌资产（见表3－4）。

表3－4 产品品牌价值评估方法分类

评估方法要素	评估方法的特点	代表性方法
评估方法Ⅰ 财务要素	品牌资产是公司无形资产的一部分，是会计学意义的概念	成本法、替代成本法、市值法
评估方法Ⅱ 财务要素＋ 市场要素	品牌资产是品牌未来收益的折现，因此，对传统的财务方法进行调整，加入市场业绩的要素	Interbrand评估法、Financial World评估法
评估方法Ⅲ 财务要素＋ 消费者要素	品牌资产是相对于同类无品牌或竞争品牌而言，消费者愿意为某一品牌所付的额外费用	溢价法、品牌抵补模型、Conjoint Analysis
评估方法Ⅳ 消费者要素＋ 市场要素	品牌资产是与消费者的关系程度，着眼于品牌资产的运行机制和真正驱动因素	Brand Asset Valuator Brand Equity Ten EquiTrend Brand Equity Engine

资料来源：卢泰宏．品牌资产评估的模型与方法［J］．中山大学学报（社会科学版），2002，42（3）：88－96.

八、根据评估方法理论依据分类

从评估方法的理论依据来看，品牌价值评估方法大体可以分为两大类：一是基于运筹学的评价方法；二是采用消费者行为理论（微观经济理论）和计量经济学方法开展经验研究，并据此进行品牌价值预测。

基于运筹学的评价方法，主要是将品牌价值分解成多层级的指标体系，然后依据一定的合成方法对该指标体系进行加总得到综合的或总的品牌价值。该方法的优点是简洁、明了，适合用于指标不健全、数据积累不丰富的评价对象。方法的研究热点主要体现在指标体系遴选设计和合成方面。目前，有关这方面的研究

① 卢泰宏．品牌资产评估的模型与方法［J］．中山大学学报（社会科学版），2002，42（3）：88－96.

比较多，大多数发表在运筹与决策领域的学术期刊上。例如，针对当前品牌价值评估因多维度导致模型不满足一致性问题，Hsu 等在 *Annals of Operations Research* 提出了基于质量功能展开的方法（Quality Function Deployment，QFD）和模糊分析相结合的方法，并在餐饮业开展了应用。① Ailawadi 等提出了用收入溢价来度量品牌价值的方法。② Keller 提出了基于消费者视角的品牌价值评估方法。③ Dillon 等分析了品牌价值评级中的有偏性问题，并将品牌评级的分解模型以对有偏性进行分析，将品牌评级分解为两个部分：与品牌特定相关的成分（无竞争性）、一般性的品牌印象（有竞争性）。④ Sriram 把品牌作为一种存量资产，进而把最优控制理论引入品牌价值评估中，从时间轴上对品牌投资和产出做出最优设计。⑤ 基于运筹学的品牌价值评估方法的缺点是，评估过程过度依赖于指标遴选和合成方法，导致评估结果缺乏稳健性。

基于消费者行为理论（微观经济理论）和统计学（或计量经济学）方法已经开始渗透到企业品牌价值研究中。近年来，单笔交易数据越来越容易采集，应用大规模微观个体数据来刻画消费者行为的研究越来越多，这也体现在品牌价值研究领域。这类方法的优点是考虑了消费者的异质性，并不需要事先严格界定品牌价值的指标体系，也不需要对各个指标进行严格量化。该方法只需要将品牌价值划分为多个维度（不需要合成），然后依据消费者选择行为理论建立多维面板数据模型，并应用大规模的实际交易数据进行模型参数估计，进而得到提升（或预测）品牌价值的启示。由于这类研究以实证研究为主，故此得到的结论相对比较稳健，并且具备统计意义。目前这类方法的研究主要发表在营销科学类学术期刊上。例如，Srinivasan 等在美国运筹与管理科学学会（INFORMS）主办的著名期刊 *Management Science* 发表了 *An Approach to the Measurement, Analysis and Prediction of Brand Equity and Its Sources* 一文。作者将品牌价值定义为以潜在的无品牌产品或服务作为参照系，有品牌的产品或服务的增值效应，并从品牌感知度、

---

① T. –H. Hsu, L. –C. Hung and J. –W. Tang. An Analytical Model for Building Brand Equity in Hospitality Firms ［J］. Annals of Operations Research, 2012, 195 (1): 355 –378.

② Kusum L. Ailawadi, Donald R. Lehmann and Scott A. Neslin. Revenue Premium as an Outcome Measure of Brand Equity ［J］. Journal of Marketing, 2003, 67 (October): 1 –17.

③ Kevin Lane Keller. Conceptualizing, Measuring, and Managing Customer – Based Brand Equity ［J］. Journal of Marketing, 1993, 57 (January): 1 –22.

④ Dillon, W. R., Madden, T. J., Kirmani, A. and Mukherjee, S.. Understanding What's in a Brand Rating: A Model for Assessing Brand and Attribute Effects and Their Relationship to Brand Equity ［J］. Journal of Marketing Research, 2001, 38 (4): 415 –429.

⑤ Sriram, S.. Essays on the Dynamics of Brand Equity ［D］. West Lafayette: Purdue University, 2004.

属性认知有偏性、非属性偏好三个方面对品牌价值的影响。① 作者还应用韩国手机市场的实际数据进行了检验。Park 是较早从微观层面开展品牌价值评估的学者之一。② Sriram 等使用了大量杂货铺的交易数据进行品牌价值评估。③ Sonnier 和 Ainslie 从消费者的支付意愿视角，应用贝叶斯选择模型来度量品牌形象。④ Huang 用离散选择方法提出了动态品牌价值评估方法，并实证研究了不同营销手段对品牌价值的影响。⑤ Ha 则将风险管理方法纳入品牌价值评估中，并应用金融计量方法开展了实证研究。⑥ Collard 专门从股东价值的视角对社会媒体对品牌价值的影响分析了分析。⑦ Lee 对品牌价值评估中常用的层次分析法（AHP）和联合分析法（CA）进行了对比研究，作者发现，在品牌价值预测精度方面，AHP 和 CA 方法没有显著差异。⑧

这类方法的局限性在于需要大规模微观数据（数千个甚至数十万个样本），这不仅要求评价对象能够产生大规模数据，还要求研究人员能够获取到这些数据。因此这类方法主要适合大众消费品及其企业的品牌价值评估，不适合装备制造企业、非营利组织等数据量少或不便提供数据的机构的品牌价值评估。此外，与前述方法不同的是，这类方法并不是（也无法）直接给出某个评价对象品牌价值的绝对值，而是得到一套量化的影响品牌价值的回归方程，依据该回归方程，可以对评价对象的品牌价值进行决策模拟或预测，从而帮助企业或机构遴选提升品牌价值的有效方式。⑨

① Srinivasan, V., Chan Su Park and Dae Ryun Chang. An Approach to the Measurement, Analysis, and Prediction of Brand Equity and Its Sources [J]. Management Science, 2005, 51 (9): 1433–1448.

② Park, C. S.. Estimation and Prediction of Brand Equities Through Survey Measurement of Consumer Preference Structures [D]. Palo Alto: Stanford University, 1992.

③ Sriram, S., Subramanian Balachander and Manohar U. Kalwani. Monitoring the Dynamics of Brand Equity Using Store – Level Data [J]. Journal of Marketing, 2007, 71 (April): 61–78.

④ Sonnier, G., Ainslie, A.. Estimating the Value of Brand – image Associations: The Role of General and Specific Brand Image [J]. Journal of Marketing Research, 2011, 48 (3): 518–531.

⑤ Huang, B.. Brand Value and New Product Quality: Measurement, Theory, and Evidence [D]. Michigan: Michigani University of Michigan, 2010.

⑥ Ha, K. N.. Marketing Expenses, Brand Equity, and a Firm's Financial Value [D]. Washington: Washing University of Washington, 2012.

⑦ Collard, M.. Musicians Utilizing Social Media to Increase Brand Awareness, Further Promote Their Brand and Establish Brand Equity [D]. California: University of Southern California, 2012.

⑧ Lee, S. H.. A Comparison of Two Approaches to Measuring Brand Equity in the Hotel Industry [D]. Phoenix: Arizona State University, 2014.

⑨ 潘苏彦. 大型公立医院品牌价值评估方法及应用研究 [D]. 北京：北京理工大学博士学位论文，2016.

在具体的数据获取方面，有的研究采用实际调查的方法（如消费者的实际购买行为、企业的实际财务数据等），采用这类方法往往要耗费大量的人力财力；也有的采用实验方法（如支付意愿问卷调查等），采用这类方法的局限性在于很难获得准确数据，样本也可能存在系统性偏差。

九、从评估构建途径分类

各种方法尽管从不同的视角、按不同的原理对品牌价值进行评估，但是无论这些方法的具体操作过程是怎样的，它们都必须遵循同样的构建原则。一般说来，品牌价值测评方法的构建途径分为以下三种：①

（一）从品牌资产的定义出发

根据有关品牌资产的定义来设计品牌价值测评方法，通常是比较容易接受的。例如，法古哈曾定义，品牌资产是“品牌给产品带来的超越其使用价值的附加价值或附加利益”。美国学者 Aaker 也曾给出类似的定义，即品牌资产是“能增加或扣减某产品、服务所带给该企业或顾客的价值的一组或某个品牌的名字及符号相连的资产与负债”。根据这些定义可以确认，品牌资产能够给顾客和企业带来不同于产品的特别价值或利益，那么品牌价值的高低自然可以根据品牌资产产生的特别价值或利益的高低来测评，具体的测评指标可以包括品牌商品的市场价格超常率、企业利润的超高率等。又如，美国学者 Keller 定义，品牌资产是由于消费者拥有相关品牌的知识而对该品牌的营销活动所产生的差异性反应。② 这个定义强调顾客拥有有关品牌的知识这个前提条件，并把品牌资产的作用过程描述为有关品牌的知识引起顾客在市场上产生差异性的采购行为。根据这个定义，社会各界都会比较关注品牌知名度这个指标。

尽管不少定义对人们产生很有意义的启示，但是，由于通常不可能把品牌资产的内涵和外延做出全面、清楚的描述，因此，单纯依靠定义或概念来构建品牌价值的测评方法是不合适的。

（二）从品牌发挥作用的过程出发

品牌资产在市场营销中发挥作用，是一个向顾客传递知识和信息并对顾客消费与购买欲望、观念产生影响的过程。对这个过程进行的机理做出分析，也是设计和选择品牌价值测评方法的一个比较理想的途径。通常假设，顾客是理智的，

---

① 张传忠．品牌价值的评估方法略论［J］．价格理论与实践，2002（9）：29－31.

② Keller，K. L．Conceptualizing，Measuring and Managing Customer－Based Brand Equity［D］．Journal of Marketing，1993，57（1）：1－22.

他们不会在市场购买自己不熟悉的品牌商品，也不会购买他们信不过的品牌商品。在他们信得过的、愿意购买的品牌商品集合中，如果不是价格因素、促销因素和渠道因素的影响，顾客的购买决策在很大程度上取决于他们过去的购买经验或有关的品牌知识。

在分析品牌发挥作用的过程时，一个品牌是否为顾客所了解或熟悉、是否为顾客所喜欢和信赖、是否让顾客感觉到潜在的价值和消费效应、是否让顾客总是清楚地记忆而不忘记、是否确确实实让顾客产生企业预期的购买行为，都关系到品牌的作用效果，也关系到品牌价值的高低。可以说，正是基于这种分析，Aaker 提出了品牌资产构成的观点，认为品牌资产由五大核心要素组成，这些要素分别是品牌忠诚度（Brand Loyalty）、品牌知晓度（Brand Awareness）、感知品质（Perceived Quality）、品牌联想（Brand Association）和其他专属性品牌资产（Other Proprietary Brand Assets）。根据这些要素以及若干公司测评品牌价值的实践经验，Aaker 进一步提出了“品牌资产十要素”的指标系统。不少专家和机构也提出了大同小异的品牌价值测评指标系统。

按照品牌发挥作用的过程来构建品牌价值测评方法，便于比较深刻地把握品牌资产的内涵和外延，也为设计品牌营销策略提供了方向。

（三）从品牌发生作用的方式出发

从品牌资产发生作用的方式来考察，也可以得到一些具有启发性的知识。例如，英国英特品牌公司所设计的测评品牌价值的方法。在这个方法所使用的指标体系当中，有一些指标就反映了品牌资产发挥作用的方式，比如“稳定性”“所进入的市场”“国际化程度”“强度变化趋势”，尤其是后两项指标，说明了品牌资产价值是如何增值的。其实，一个品牌资产的价值在很大的程度上，取决于该品牌使用的商品类别、各类商品所在子市场的总价值、各品牌商品的市场占有率、品牌商品的价格水平以及该品牌市场竞争力的保持趋势，后者反映品牌维持市场领导力的生命周期。

这是从品牌资产发生作用的方式来构建品牌价值的测评方法的。品牌生命周期说明品牌资产的变动趋势，子市场数量反映着品牌在商品类别、地域广度方面的延伸使用强度，市场份额和价格超常率则说明有关品牌的品质、形象或市场领导力。[①]

---

① 王敏轶．品牌价值形成机理与测评方法研究［D］．长沙：中南大学硕士学位论文，2003.

十、基于不同价值分类

美国学者 W. D. Well 曾说："对品牌价值的研究好像盲人摸象，不同的人处于不同的目的和受个人背景的限制，从而赋予其不同的含义及采用不同的评估方法。"由此看来，品牌价值评价的方法也多种多样。

国内品牌价值评估可分为四类：基于成本的方法、基于市场的方法、基于收入的方法、包含未来收益或比较优势的方法。

（1）基于成本的方法很合乎评估资产标准化的会计实践，是最保守的方法，也是会计人员最熟悉的，宣称最可以接受的品牌评价方法。它主要包括粗略估值法与成本法。粗略估值法指简单地将品牌产品年利润的 4～6 倍作为对品牌价值的粗略估计。① Stobart（1989）认为，品牌价值等于创建于发展品牌的会计原始成本，涉及研发设计、商标注册、知识产权保护、试销促销等环节。② 又可分为历史成本法与重置成本法。

（2）基于市场的方法是一种更多聚焦外部的方法，立足于出售品牌的数量估计。这种方法要求能确定市场价值，对于缺乏实际市场的大多数品牌来说，这是一个很难估计的挑战。这种方法主要包括现行市价法、收益现值法、特许权免除法。现行市价法，又叫金融市场法，它认为存在包括品牌的各种资产交易的资本市场，就可以将品牌的市价作为品牌的评估价值。收益现值法，首先预测未来品牌产品的销量和收入，然后，扣除成本和费用，计算其利润，并折为现值。特许权免除法指品牌非拥有者获取品牌的使用权，必须向品牌拥有者支付特许权使用费。品牌价值就是被免除的特许权使用费累积值。③

（3）基于收入的方法避免了许多依赖成本的相关问题。估值过程涉及确定直属于品牌的未来净营业收入和使用恰当的折现率、折现值。这类方法主要有品牌溢价法、世界品牌实验室评价法、品牌资产趋势模型与品牌资产引擎模型。品牌溢价法：品牌价值的大小可以通过消费者购买品牌而愿意额外支付货币来衡量。世界品牌实验室评价法：通过综合分析企业的销售收入、利润等数据，判断企业当前的盈利状况，运用"经济附加值法"确定企业的盈利水平，运用"品牌附加值工具箱"（BVA Tools）计算出品牌对收益的贡献程度，运用数理分析预

① Keller, Kevin Lane. Strategic Brand Management［M］. NJ: Prentice Hall, 1998.

② Stobart, P.. Alternative Method of Brand Valuation［A］. In: Murphy (ed.), Brand Valuations: Establishing a True and Fair View［C］. London: The Interbrand Group, 1989: 35-49.

③ Haigh, D.. Brand Valuation Measuring and Leveraging Your Brand［Z］. Institute of Canadian Advertising, May, 2000.

测企业今后的盈利趋势及品牌贡献的比例，最后通过对竞争环境的风险分析，计算出品牌的当前价值。品牌资产趋势模型：主要是由消费者通过对品牌的认知程度（Salience）、认知质量（Perceived Quality）和使用者的满意程度（User Satisfaction）三指标的衡量，计算得出品牌资产得分。品牌资产引擎模型：认为消费者心目中真正驱动品牌资产的关键因素是品牌形象。

（4）包含未来收益或比较优势的方法。该类方法运用多重标准来评判品牌价值。英特品牌公司与 Financial World 都运用了建立在基于收入的方法相似的方法来评价品牌价值，Aaker 教授提出了品牌资产十要素模型。英特品牌（Interbrand）公司评估法①，主要是以市场表现为评估依据，结合主观判断的品牌力量，以货币现值作为价值评估结果。Financial World 评估法，对产品品牌和公司品牌的评价分别采取不同的方法。对产品品牌进行评价，借鉴了 Interbrand 公司的品牌评价方法，并加以简化，但较多采用了第三方估测数据作为评价依据。Financial World 评估法由财会预测、品牌附加值分析、未来收入风险分析、品牌评价和敏感性分析等模块组成。品牌资产 = 纯利润 × 品牌强度系数。对公司品牌的评价采用了 TLA 公司（TLA Trading Limited）的方法。该方法认为衡量一个公司品牌价值的最好尺度是现实中其他当事人为使用该品牌所愿意支付的特许权使用费。TLA 公司的评估方法主要仍是基于收益现值法。品牌资产十要素模型从品牌忠诚度、认知质量或领导能力、品牌联想或差异化、品牌认知和市场行为五个方面的十项具体评估指标来对品牌价值进行评价。十要素模型中的要素指标都很敏感，可以用来预测品牌价值变化。

十一、基于品牌价值来源分类

品牌价值从何而来？2000 年以后的主流文献可以归纳为三种观点，即顾客观点、雇员观点和利益相关者观点，从而品牌价值评估也可以分为以下三类观点：

（一）顾客观点

顾客观点是过去在研究品牌价值时的一种主流观点，认为顾客是产生品牌价值的源泉，企业必须充分理解顾客的需要，并据此开展生产和营销活动，为品牌价值打下根基。

当顾客对品牌建立起一定的认知，并为该品牌支付溢价时，这种溢价便产生

① Interbrand. World Greatest Brands [M]. London: Macmillan Press Ltd., 1996.

了品牌价值，并且只有当顾客长期地持续地为品牌支付溢价，品牌才有了源源不断的价值源泉。因而有效的顾客关系管理是使顾客源源不断地创造品牌价值的重要途径。①

（二）雇员观点

在21世纪服务经济的背景下，顾客观点的品牌价值来源理论已经逐渐难以适应对服务行业的研究。服务业中，雇员或服务人员对企业品牌价值的获得起到至关重要的作用。Leslie De Chernatony 和 Susan Drury 认为，品牌价值来源于雇员与顾客之间的接触和交往，由于雇员的服务表现和服务水平直接决定了顾客对服务质量的评价。②

（三）利益相关者观点

近几年来有学者开始从利益相关者的视角来解释品牌价值的来源。他们认为，品牌价值的产生实际上起源于企业品牌与多方利益相关者的接触，在多方接触的过程中建立起品牌与利益相关者的关系，并且最终这种关系的价值便是品牌价值。③ 该观点所考虑的利益相关者包括企业管理者、雇员、供应商、渠道商、竞争者、顾客、公众、政府组织、非政府组织以及媒体，将企业与各利益相关者的关系放在一个交互的背景下，认为品牌价值并不是各个关系价值的简单叠加，而是相互作用的结果。企业与各个利益相关者的关系都能够为其创造品牌价值，但具体情况视行业和企业而异。为此，有研究者提出了利益相关者品牌价值模型，解释品牌价值的产生要经历这样的过程。④

十二、基于宏观和微观视角分类

龙妍静将品牌价值的评估方法分为宏观和微观的评估方法两种。宏观的评估方法是赋予公司品牌一个目标价值，而这个目标价值就是决定品牌价值的因素。微观的评估方法是测量品牌价值对营销活动的反应，并通过它来分别改变品牌价值的各个因素。可见这些观点的争论点在于品牌价值不能忽视市场因素，营销决

---

① Paul Temporal and Martin Trott. Romancing the Customer: Maximizing Brand Value Through Powerful Relationship Management [J]. Journal of Consumer Marketing, 2003, 20 (4): 372–384.

② Leslie De Chernatony and Susan Drury. Identifying and Sustaining Service Brands' Values [J]. Journal of Marketing Communications, 2004 (10): 73–93.

③ Richard Jones. Finding Sources of Brand Value: Developing a Stakeholder Model of Brand Equity [J]. Brand Management, 2005, 13 (1): 10–32.

④ 王镠莹. 21世纪品牌价值理论研究的新发展：文献评述 [J]. 理论界，2007 (6): 59–60.

策一定会影响股票价格。①

十三、基于品牌价值构成的分类

根据上文分析，结合书中品牌价值的定义，可提出品牌价值的三维度构成要素：基于企业视角的价值、基于消费者视角的价值及基于社会视角的价值。其中，基于企业视角的价值包括：产品质量、产品特点、产品属性、品牌领导性、市场状况等；基于消费者视角的价值包括：客户让渡价值、品牌忠诚度、品牌认知度、品牌联想等；基于社会视角的价值包括：品牌关系价值、品牌权力价值等。②

（一）基于企业视角的分析

基于企业视角品牌价值的影响因素包括：产品质量、产品特点、产品属性、品牌领导性、市场占有率、市场地位等。此处产品质量并不是产品真正客观具备的质量特性，而是消费者所感知和认同的产品质量。产品质量和特性是品牌价值的基础。产品质量好，市场占有率高均显示了品牌价值的高水平。品牌所处的市场环境稳定性强、所处市场地位领先，在某种程度上也体现了品牌价值的高水平。

（二）基于消费者视角的分析

品牌价值来自消费者对品牌的认知总和，具体可由两个方面说明。一是消费者的品牌联想。品牌联想包括消费者记忆中所有和品牌相关的感知、购买、使用等的总和。二是消费者的品牌忠诚度。品牌忠诚度是指消费者对企业产品的认同程度，也可理解为消费者继续购买该企业产品的惯性程度。笔者认为，基于消费者视角的品牌价值的影响因素除上述两方面外，还包括客户让渡价值、品牌知名度等。客户让渡价值是总客户价值与总客户成本之差。总客户价值是客户期望从某一特定产品或服务中获得的一组利益，而总客户成本是评估、获得和使用该产品和服务时引起的客户的预计费用。品牌知名度是消费者头脑中对某品牌的熟悉和知觉存在，与消费者接触某品牌的频率及强度有关。

（三）基于社会视角的分析

基于社会视角的品牌价值，具体包括品牌关系价值、品牌权力价值等。品牌

① 龙妍静．基于消费者视角的电子商务品牌价值评估方法研究［D］．北京：北京交通大学硕士学位论文，2014.

② 王晓灵．品牌价值的结构、影响因素及评价指标体系研究［J］．现代管理科学，2010（11）：95－97.

关系价值是指建立、保持并发展某一品牌与品牌利益相关者关系的投入和由此给品牌利益相关者所带来的利益所体现的价值。品牌利益相关者是与品牌的形成、品牌价值的实现等密切相关的人员等，包括：影响和约束品牌形成的各项法律、法规的制定者——政府、社会，以及利于品牌价值实现的主体——消费者等。其影响因素为：支持力、趋势力、品牌文化的消费者认同性等。品牌权力价值是通过品牌权力的行使和利用而获得的利益所体现的价值，可分为品牌的法律权力价值与品牌的市场权力价值两部分。

十四、基于能否用货币计算分类

从能否用货币计算分类，大致来说，品牌价值评估方法可以划分为两类：

（一）无法用货币计量的模型

该类方法主要通过调查消费者对某一品牌的认知高低来确定品牌的价值高低。通过这样的模型虽然也可以用来比较不同品牌的价值高低，但是一个确定的品牌价值却无法计量，显然它对企业资产负债表不会产生任何影响。消费者的认知高低可以直接通过消费者对某一品牌或品牌的某一方面特征进行询问来确定，也可以把某一品牌的很多方面的特征包括进去，通过调查每项特征在消费者心目中的位置（权数），再考虑这项特征的认知程度来确定品牌的综合价值。这一类模型适用于品牌的管理，特别是可以针对消费者的判断和评价找出影响品牌价值的原因，从而通过营销组合来消除不利的影响因素。①

（二）品牌价值货币化的模型

该类方法就是给予某一品牌以具体的价值尺度。总体来看，现有大部分的模型都属于这一类。在这类模型当中可以进一步划分为简单模型和指标分层模型。前者是指按照一定的标准选定一个确定的指标，通过对这一个指标的计算来直接得出某一个品牌的价值。属于这类的模型有成本模型和收益模型，两者正好从不同的方向来评估品牌价值。成本模型着眼于查清创建某一个品牌的所有支出总额，它着眼的是过去，而收益模型则要强调某一个品牌在未来可以给所有者带来的收益，它着眼的是未来。成本模型的难点在于划分成本，就是说企业的哪些支出适用于某一品牌，这里有一个对共同费用的分摊问题。收益模型的难点则在于未来收益的测算有很大的不确定性，因为未来的市场状况无法知晓。成本模型和收益模型的好处在于它们和企业的资产负债紧密联系在一起，有利于企业加强成

① 朱瑞庭，许林峰，李节．品牌价值的理论、模型及其评估［J］．商业时代，2003（13）：44－45.

本核算和资产管理。指标分层模型按照一定的标准选定一系列的指标，往往通过不同的方法确定每一项指标的权重（如专家估计、行业测算等），最后通过一定的计算方法得出一个加权的指标值，它可以直接就是品牌价值，也可以做进一步的计算以后获得最终的品牌价值。

第四节　新的分类方法

通过上述品牌价值评估方法分类的对比辨析表明，不同的评估方法分类各有所长，但也各有其局限性。首先，这些分类都未能将现有品牌价值评估方法明确地区分开来，导致每种方法分类都只能包含一部分方法，不能涵盖在内的方法只能归入其他类别。其次，以上的方法分类已经不能满足目前出现的一些使用了新技术、新方法和考虑了新要素的方法，比如基于大数据、基于文化视角的品牌价值评估新方法。正是由于新的评估方法层出不穷，仅仅依照以前的分类方法远远不能满足现在的需求。最后，国内的方法分类也多是根据国外的方法分类演化而来，并不是完全适合中国的国情现状。

本章认为，品牌价值评估活动是作为一种整体现象出现的，而且由于市场体系、评估规范、指标建立甚至人为局限（如有限理性、职业经验等）使品牌价值评估方法分类过程和结果的复杂性比理论方法的描述会大得多。所以，综合各种评估方法分类分析后，本章提出了一种新的分类方法（分别用图 3 -7 和表 3 -5 体现）。该分类方法以企业（或组织）为范围将评估方法分为三类，即企业内部视角的评估方法、企业外部视角的评估方法和综合视角的评估方法。其中，企业内部视角的评估方法包括传统的财务评估方法和新兴的财务评估方法（见第四章）；企业外部视角的评估方法包括基于顾客视角的评估方法和基于市场视角的评估方法（见第五章）；综合视角的方法包括以财务视角为主的综合评估方法和以市场视角为主的综合评估方法（见第六章）。

通过分析，我们知道品牌可以为企业带来超额利润。品牌价值是通过一个系统的支撑来实现的。品牌的支撑系统包括企业内部和企业外部两个方面的多种因素，任何一个要素发生变化，都将导致品牌价值的变化。

企业内部因素包括：

（1）品牌创新。创新是企业进步和发展的活力之源，是品牌成长的推进器，

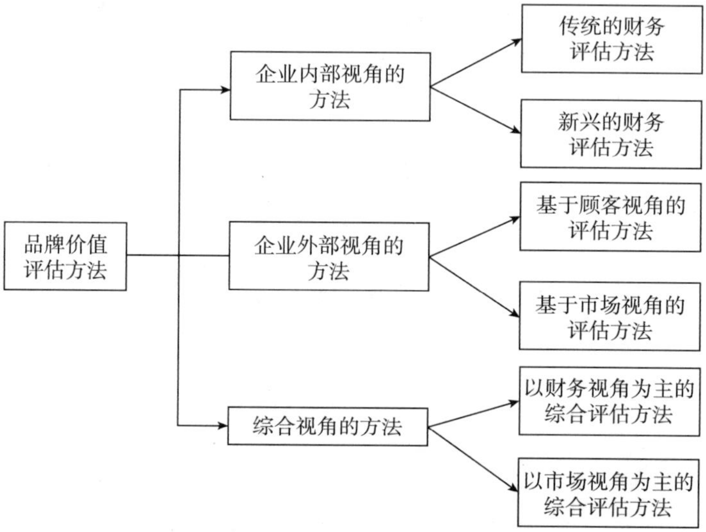

图 3-7　品牌价值评估方法的新分类

表 3-5　品牌价值评估方法的新分类

品牌价值评估方法	企业内部视角的方法	传统的财务评估方法	成本法（重置成本法、历史成本法）；股票价格法；收益法
		新兴的财务评估方法	盈利能力法；综合效益法；品牌溢价法；专利税节约法
	企业外部视角的方法	基于顾客视角的评估方法	品牌资产五星模型；品牌资产十要素模型；品牌资产金字塔模型；品牌资产合成模型；扬·罗必凯公司品牌资产评估模型；品牌资产引擎模型；品牌资产趋势模型；奥美集团品牌资产组合模型；博报堂品牌价值评估法
		基于市场视角的评估方法	上市公司比较法；交易案例比较法
	综合视角的方法	以财务视角为主的综合评估方法	Interbrand 评估法；Financial World 评估法；Brand Finance 评估法；北京名牌资产评估有限公司法；明略行的 BrandZ 评估法；日本的 Hirose 模型；品牌价格抵补模型
		以市场视角为主的综合评估方法	联合分析法；忠诚因子法

不仅包括技术创新和制度创新，还包括品牌产品和服务创新、广告创新、文化定位创新、形象创新等各个方面。企业通过创新使品牌的内涵和外延得以延伸，从而保持其长盛不衰的活力。

（2）战略管理。品牌的基础是管理，企业只有基于战略做品牌，制定和实施科学的品牌战略，才能不断开发品牌资源，使其不断发展壮大。

（3）企业文化。文化支撑着品牌的丰富内涵，品牌是现代社会的消费心理和文化价值取向的结合，品牌的文化内涵反映了一个企业的文化，企业文化是品牌文化的缔造者。

（4）广告公关。广告和公关是品牌塑造和品牌形象提升的途径，成功的广告宣传和公关活动可以提升品牌知名度、美誉度和信任度。

（5）产品质量。产品质量是品牌的本质，也是品牌的生命。名牌的显著特征就是能向顾客提供更高的使其可感觉的质量。品质是企业创品牌的根本，是使顾客产生信任感和追随度并愿意支付溢价的直接原因。

（6）服务水平。服务水平是对品牌的重要支持，是创品牌的利器，服务可以减少或避免顾客的购买风险，为顾客提供超值的满足，也是品牌组成不可缺少的重要部分。

（7）营销手段。一个好的品牌战略的实施需要具体的营销手段作为品牌拓展的方法。产品的营销和推广对于品牌发展尤为重要，是企业品牌提升不可或缺的力量。

（8）企业业绩。企业业绩是品牌竞争力的表现，也是品牌拓展的重要依托，良好的企业业绩可以增加消费者的信心，提高消费者的忠诚度，有助于企业品牌的成长。

企业外部因素包括：

（1）国内外经济形势。国内经济形势、国际政治经济形势等宏观因素的影响都会对企业品牌价值产生重要影响。

（2）市场竞争情况。市场竞争激烈与否，对于企业品牌价值也会产生重要影响，通常市场竞争越激烈，越能体现强势品牌的竞争优势。

（3）文化及消费习惯。品牌的定位要根据不同的文化及其文化背景下消费者的消费习惯和消费偏好来进行。不同文化的消费者对于品牌价值的认同会有所差异。

（4）政策法规。国家的政策法规、宏观政策如果发生变化，会引起品牌价值的变动。

第四章　企业内部视角的品牌价值评估方法

所谓基于企业内部视角的评估方法主要是指基于企业内部财务视角的评估方法。很多现有品牌价值评估的方法和模型是基于企业财务视角，或以此为基础发展而来的。从侧重于财务要素的角度来看，品牌属于无形资产。财务导向品牌价值评估方法主要分为两类：财务评估方法和财务要素与市场要素相结合的综合评估方法。本章将财务评估方法归为企业内部视角的评估方法，因此本章主要详细介绍基于财务视角的品牌价值评估方法，综合视角的评估方法将在后文中详细论述。

企业内部视角的评估方法又分为传统的财务评估方法和新兴的财务评估方法。

传统财务视角的评估方法模型主要由 Simon 和 Sullivan（1993），Sander（1994，1995），Bekmeier – Feuerhahn（1998），Repenn（1998），Kern（1962），Crimmins（1992），Fischer、Hermann 和 Huber（2001）等学者提出，并为之后的研究打下基础。传统财务视角评估方法主要包括成本法（重置成本法、历史成本法）、股票价格法和收益法等。

本章致力于梳理较为传统的基于经济理论的财务视角评估方法，在此基础上，概述近年来新兴的基于企业内部财务视角的品牌价值评估方法。①

① Stobart, P.. Alternative Methods of Brand Valuation［A］//Brand Valuations: Establishing a True and Fair View［C］. London: The Interbrand Group, 1989: 93.

第一节 传统的企业内部视角评估方法

一、成本法

成本法于 1989 年由 Stobart 提出，该方法是指把常见获得品牌所需要的费用作为品牌的价值，这些费用包含研发费用、广告促销费用和销售费用等。在实际的操作过程中成本法分为两种：一是历史成本法，该方法沿用了会计计量中的传统做法，品牌价值是通过获取品牌时，企业所付出的现金或者现金等价物来衡量的；二是重置成本法，此方法中品牌价值是通过再次获取相当品牌或相同品牌所需要付出的现金或现金等价物来衡量的。

然而，使用成本法来评估品牌的价值也有不合理、不适当的地方，这种方法仅仅考虑过去用来创建品牌或获得品牌所付出的代价，更多的是去考察沉没成本，并没有正确反映品牌资产价值所在，品牌资产的价值不仅体现在沉没成本上，更多地体现在品牌所能为企业带来未来收益的能力上，因此品牌价值更多的是取决于品牌的市场表现和消费者的评价，单纯采用成本法计算品牌价值是无法反映出品牌这一特性的，品牌投入越大并不代表品牌价值就越大。

还有两种成本法也经常被提及：一是成本复制法，这种方法假设了品牌发展的潜在成本达到它的当前状态。这种方法包括相同的不足和无法量化的无形资产（Reilly，1999）。[①] 二是品牌归因资本化费用法。开发成本归因于品牌费用的比例依托于历史的发展。通常，品牌价值估计基于累积的广告费用在总营销费用上的比例。

品牌作用的发挥依赖于品牌使用者的能力，同时品牌价值取决于品牌的市场表现。品牌价值评估实质上是评估主体通过对品牌发展状态和使用价值的判断来推断品牌价值的过程。品牌的价值体现在它为企业带来新增利润的能力，而这是在市场竞争中不断积累起来的，它无法在会计记录上得到充分、完整的体现。事实上，投入巨额资金后失败的品牌案例屡见不鲜（Aaker，1996）。[②] 因此，在考

① Reilly, R. S. . Valuing Intangible Assets [R] . 1999.

② Aaker, D. A. . Measuring Brand Equity Across Products and Markets [J] . California Management Review, 1996, 38 (3): 102 - 120.

察品牌价值应该看品牌的未来收益和贡献时，不应该忽略其市场表现。

综上所述，相对而言，成本法估价并不是一个较好的指标价值，但其作为相对简单的方法也被大众所接受。这种方法不能捕捉品牌的增值。如果品牌在市场上已经很长一段时间，则很难识别所有发生的费用。在决定创造的历史成本时，很难确定无形资产的初始时刻的发展状态。它的局限性限制了其适用性，一般多用于可轻易替换的资产，如软件或客户数据库。

二、股票价格法

股票价格法由 Simon 和 Sullivan（1993）最先提出，适用于上市公司的品牌价值测评。该方法以公司股价为基础，首先将有形资产与无形资产相分离；其次从无形资产中分离出品牌资产、非品牌无形资产（如专利等）以及行业外可以导致获取垄断利润的因素（如法律等）三个部分，确定其各自的影响因素；最后，建立股市价值变动与各影响因素的数量关系模型，就得到了品牌价值占总资产价值的百分比。

在金融市场中，品牌被视为企业的一种无形资产，将其价值看成构成企业金融市场总价值的一个部分。企业的金融市场价值是企业有形资产和无形资产收益的总和，是企业资产创造的未来现金流和收益的期望值。如果存在完善的资本市场，证券（包括普通股票、优先股票、长期负债和短期负债）的价值提供了企业资产价值的无偏估计。剔除掉有形资产、能够降低成本的其他非品牌因素（如专利）和产业环境（如管制）等因素之外，就可以从企业的总体市场价值中识别出品牌的价值。利用股票价格法需要具备成熟和完善的资本市场，因此，这种方法在资本市场不发达的国家和地区的使用受到限制。股票价格法虽然考虑到品牌的市场表现，但是从企业的财务数据中推算出品牌价值，无法提供给企业足够的有用信息，也没有明确说明品牌价值的真正来源。正如联合利华公司总裁迈尔克·佩里（Michael Perry）所指出的，以这种方式评估企业的品牌资产价值，企业无法了解品牌价值的真正来源；给消费者造成的印象是，品牌仅就是高价格和剥削顾客。著名的品牌问题专家、美国加州大学伯克利分校教授 Aaker（1996）也指出，品牌价值评估的一个基本要求是充分反映品牌价值的来源，为企业改善经营提供必要的依据。① 正如许多营销专家，对于将品牌丰富的内涵简单地归结为单一的财务数据也颇有微词。

---

① Aaker, D. A. . Measuring Brand Equity Across Products and Markets [J] . California Management Review, 1996, 38 (3): 102 - 120.

三、收益法

收益法的基本原理是首先估算出品牌将会带来的预期收益，其次对这个预期收益通过一个合理的贴现率将其折算成现值，最后将这些折算后的现值累积起来，得出品牌价值。这种评估方法的主要要素是预期收益、贴现率以及预期收益的期限。理论上来说，这种方法在无形资产评估中是一种比较科学、合理的评估方法。收益法不仅考虑品牌未来带来的预期收益，同时还需要考虑其历史收益，这就使对收益额的分析变得异常复杂，但是该方法能够较好地反映品牌未来的获利能力，因而被国际上的专家和学者公认为是一种较为客观合理的品牌价值评估方法，也是使用较多的一种方法。

Interbrand 模型是目前国际上影响力较大的品牌价值评估方法，它就是由收益法变形和发展而来的，该方法将过去三年品牌带来的年平均利润乘以一个品牌强度因子，作为品牌价值的估计值。采用这种方法，首先要将品牌所带来的利润从企业总的利润中分离出来。具体做法是将品牌产品的总销售收入减去销售成本、营销费用、分摊费用、资本开销等，再减去具有类似功能的非品牌产品的利润和税收。品牌强度因子由七个方面决定，包括市场领导能力、长期的稳定性、所处的市场环境、市场的地理分布、品牌发展趋势、获得的支持（营销和沟通活动的数量和连贯性）和法律上的保护。根据专家意见，赋予这些指标不同的权重，再由专家就这七项内容打分，最终的强度因子最高分为 20。英国《金融世界》和我国国内一些机构基本上也以此为基础进行最有价值品牌测评。除了这些正式的评估方法外，国外一些公司的会计人员还常常简单地将品牌产品年利润的 4 ~6 倍作为品牌价值的粗略估计（Keller and Aaker，1998）。① 所以采用收益法来评估某品牌所具有的价值还是具备较大的合理性的。

第二节 新兴的企业内部视角评估方法

新兴的企业内部视角评估法是在传统的方法基础上发展来的，主要有盈利能力法、综合效益法、品牌溢价法等。

① Keller，K. L. & Aaker，D. A. . The Effects of Sequential Introduction of Brand Extensions [J] . Journal of Marketing Research，1992，29 (1)：35 -50.

一、盈利能力法

决定品牌价值的核心因素是品牌的盈利能力或潜在盈利能力，特别是长期盈利能力。我们在评估品牌价值时评估的是品牌拥有者（企业）的价值，因此评估的基础是企业的利润。这个利润应该是由品牌（而非其他因素）创造的利润，在实际评估中应考虑剔除非品牌因素给企业带来的收益。具体操作方法如下：①

（1）减去企业生产销售非被估品牌产品所创造的利润。非被评估品牌产品，是指与被评估品牌标识的产品一同在企业里生产，但销售时未使用被评估品牌的产品。例如一家公司共有 A、B、C 三个品牌产品，现要评估 A 品牌的价值，应将企业全部利润减去 B、C 品牌产品部分的利润，从而准确计算出 A 品牌的收益。

（2）剔除其他经营要素的报酬。在评估时，如果我们采用品牌标识产品创造的全部利润，可能会高估品牌价值。因为该产品的所有利润并不能完全归因于品牌本身，其中必然包括企业其他经营要素的贡献，如固定资产、分销体系、管理等。如果不能从品牌标识产品的收益中恰当剔除源于其他资产的收益，很可能产生重复计算的问题。一种常用的方法是，计算并扣除生产品牌标识产品所用资本的预期收益。这些经营性资产创造的价值会因企业所在行业的不同而异，品牌效应较小的重工业行业与效应较大的日用品行业（如化妆品、食品等）相比，非品牌因素创造的收益高得多。计算资产现值时，一般假定资本报酬率在 5% ~10%。

（3）扣税。计算品牌价值时使用的是品牌的税后利润，一般按公司实际税率的平均值扣除。

（4）为确定品牌适当的持续盈利能力，应对品牌的历史收益作加权处理。一般情况下，当年品牌收益的权数是 3，前年的收益权数为 2，上前年的权数为 1，即（当年收益 ×3 + 前年收益 ×2 + 上前年收益 ×1）÷（3 +2 +1）。如果预期的未来收益大于利润的加权和，且在可预见的未来一直保持这样的收益水平，则有必要重新确定权数的分配。例如，通过调整权数减少历史收益的影响，提高最近年份收益的权数。另外，考虑到通货膨胀因素，必须将历史收益折现，以保证品牌收益历年数据的可比性。

（5）坏账准备。会计的一项基本原则是“利润只有在发生时才能被记入，

① 周海．品牌价值评估方法［J］．中国流通经济，2001（2）：44 –47.

而亏损一旦被预见就要做坏账准备”。因此，为将品牌价值记入资产负债表，则必须估计品牌未来的盈利能力，以测度作为评估基础的利润能否长久保持。如果历史收益的加权平均值明显低于品牌未来几年的预期收益，只要预测合理，就无须为品牌盈利能力的下降做准备。反之，就必须降低对品牌未来盈利能力的预期。

二、综合效益法

实践表明，任何企业现有的订单、销售、成本、收入和利润资料都难以直接用于计算品牌资产价值。问题在于，品牌资产的创建与运用都只是市场营销策略的一部分。在企业的市场营销管理中，企业家在品牌营销策略方面的投入通常总是与他们在产品技术营销策略、价格营销策略、渠道营销策略以及促销策略等方面的投入相组合而发生的，品牌资产带来的营销效果（如销售收入）同样是与其他各种市场营销策略带来的营销效果混合在一起的。在企业的市场营销管理中，品牌只是市场营销组合中的一个因素。品牌资产不是独立发挥作用的，而是与其他企业资产具有协同作用。例如，品牌知名度在很大程度上取决于广告与公共宣传活动，有人甚至说，“广告是对于品牌的一种长线投资”。可口可乐公司平均每年拿出十亿美元在美国市场上作广告，宝洁公司平均每天的广告费超过100多万美元。可以说，广告与公共宣传策略的价值绝大部分与品牌资产的价值是联系在一起的。又如，品牌商品的市场份额在很大程度上与分销渠道的覆盖面、销售促进和销售服务等营销策略是联系在一起的，市场份额所反映的企业收益是品牌资产、分销渠道、销售促进和销售服务等策略的价值的总和。在评估品牌资产价值时，又必须把品牌作为一个独立因素来考虑，应当避免把产品技术营销策略、价格营销策略、渠道营销策略以及促销策略的作用力或营销效果都算在品牌资产上面。基于这个原因，设计品牌资产价值的评估方法，还必须找到一种途径，通过科学定义和合理分解诸项企业资产之间的协同关系，才能方便地提炼出品牌资产的价值：从企业的综合效益中把品牌资产价值分离出来，在很大程度上取决于对各项企业资产或营销策略的协同关系的分解程度。可选择的分解方法如下：

方法一：在企业综合效益中，首先减除品牌资产之外的有关资产和营销策略的效益贡献，将最后所得的剩余额作为品牌资产的贡献。例如，假设在某个企业某年3000万元的净利润中，已知其中500万元来自企业文化的贡献，100万元来自对目标市场的正确选择，还有1200万元来自渠道、广告、促销等其他策略的贡献，那么品牌资产的贡献就是剩余的1200万元。采用这种方法的前提是品牌资产之外的其他资产和营销策略的贡献是已知的，或者从综合效益中分离出来相对容易。

方法二：根据有关资产或营销策略方面的投资物价值，将企业综合效益按照投资物价值的比例进行分摊。假设企业有500万元的综合性收入来自品牌策略、促销策略和渠道策略三方面，而企业过去在三方面的投资分别是200万元、600万元和200万元，则品牌资产的贡献则是综合收入的20%，即100万元。这种方法不仅假定有关投资物价值是已知的，而且假定各方面的投资具有相同的贡献率，即品牌资产的投资贡献率与促销策略的投资贡献率、渠道策略的投资贡献率是彼此均等的。

方法三：通过历史资料分析和同行资料分析，直接确定一个品牌资产的投资贡献率标准或者平均每个使用单元贡献额标准。再根据品牌资产的投资额或者使用单元总数量，计算品牌资产的总贡献，进而可以提炼出品牌资产的价值。还可以考虑其他一些分离品牌资产价值的归因提炼方法。虽然具体计算结果可能有些差异，但是企业家可以从这种分析中了解，他们在创造品牌资产方面是否充分发挥了自己的创造力，或者了解在若干资产的运用、不同营销策略的设计与实施中，个人的贡献力与创造力呈现何种分布状态，进而为合理运用资源和企业家创造力，提供有益的参考。

随着社会经济的日益繁荣和市场营销的快速发展，市场上品牌化商品将越来越多，品牌竞争将越来越激烈，品牌资产的交易或许可交易也将越来越多。在这样的背景下，深刻研究品牌资产价值的评估方法就显得越来越重要。

三、品牌溢价法

品牌作为识别产品的标识是不能单独存在的，它必须依附于一定的产品（或服务）。那么，品牌究竟对顾客有多重要，或者说对顾客而言，品牌的差别化效应有多大呢？如何进行识别呢？这里从溢价法的角度加以介绍。溢价即是消费者对于某品牌产品愿意支付的超出具有类似功能的无品牌产品（或竞争性产品）的价格差。溢价法的基本思路是，品牌资产的大小可以通过顾客由于选择这一品牌而愿意额外支付多少货币加以衡量。在其他条件相同的情况下，如果顾客为选择某一品牌而愿意支付的额外费用越多，则表明该品牌越有价值。

这种方法是估计该品牌的增量利润，是通过比较其价格与一个等价的无品牌产品的差异来进行的（Seetharaman et al.，2001）。品牌价格溢价范围就是在一些假定情况之下，对于某些品牌特性（如顾客的感知质量或是意识）允许商品制造商收取的品牌价格溢价的范围（Aaker，1991）。换句话说，它假设这个品牌会对消费者产生一个额外的好处，使他们愿意支付一些额外的费用。Aaker（1991）提出，溢价可以通过直接观察来测量。通过比较有品牌的产品的价格与另一个相同的无品牌的产品的价格来建立品牌价值。品牌价值估计总现金流现值的税后利润归因于该品牌的利润，年度利润应由品牌的不同单价乘以单位销量。

在理论上，品牌溢价方法是可取的，因此品牌溢价是一个普遍的方法，被众人所接受。但它也存在一些缺点，在实践中，这种方法由于客观性的问题，将很难适用于企业。因为企业依靠独立的分销渠道，可能不愿意参与实验。企业通常在出售商品会同时进行服务捆绑，这导致很难比较竞争对手的报价。这些现实中的问题，使完全基于品牌溢价的价格定位很难维持一段时间。因此，我们不能考虑将整个利润所给出的价格作为品牌的溢价。如果当一个品牌产品不涉及价格溢价，利润生成只关乎成本和销量，这时只关注产品价格，忽略了成本和其他因素，如规模经济的品牌生产（Tollington，1999）。也许是由于这些缺点和难操作性，很少有公司在报表中会报告会计政策的价格溢价（Tollington，1999）。然而，不同供应商提供的方法较为相似，即比较特定品牌和基准品牌之间的价格差或实用价值。这种方法的操作大致为：预测销售品牌产品和一个基准产品的差异，在一个给定的一段时间内，假设这两家公司将出售同样份额的产品或服务。品牌和无品牌产品的单价差异，乘以销量即可预测。在同一类别中，品牌产品和一个基准产品过去三年的平均价格溢价差，乘以销量亦可预测。品牌效用相对比其他基准品牌，乘以销量预测。

品牌获取溢价能力可以用下式表示：

$E = P - P^{\circ}$

E 表示某品牌的溢价，P 表示有品牌时单位产品的价格，P°表示无品牌时同一产品的价格。这里可以采用三种方法来获取数据：第一种是比较产品的实际销售价格，即有品牌时单位产品的销售价格与无品牌时单位产品的销售价格。例如，某衬衫厂为外商加工外销产品，卖给外方的单价是每件衬衣 7 美元，而贴上外方商标后，在国际市场上卖到每件 50 美元，那么，43 美元的差价反映了品牌的附加价值。第二种是比较有品牌和无品牌时，顾客愿意支付价格的差额。第三种是比较具有相同物理功能的新产品的价格（无权益）与本品牌产品的价格。

四、其他品牌价值评估方法

上文谈到的是品牌绝对价值的含义，有时企业也需要了解品牌的相对价值，或相对的获利性。例如，与同类竞争性品牌相比，本品牌附加价值的大小；本企业拥有的各种品牌的相对价值如何等。考察品牌的相对获利性可以采用相对价值指数：

品牌相对价值指数 = （某品牌产品的价格/功能相同的其他品牌同类产品的价格）

如果该指数大于 1，说明本品牌的获利性大于竞争品牌。在企业拥有的各种品牌中，该指数越大的品牌，品牌的附加价值越大。这些信息对于企业了解品牌的获利性和合理配置资源有一定的参考价值。

联合分析法被认为是诠释品牌价格溢价最为恰当的品牌估值方法。这个统计方法适用于确定性的资源，例如，给不同消费者分配不同的产品属性，抽取和这些个人属性特征相近同时影响消费者的总体偏好的产品。通过选择试验，研究人员让消费者选择不同属性的组合。具体来说，询问消费者对于某些属性他们愿不愿意多付出从而获得更多的属性。分析这些种类的选择是如何揭示了每个属性的效用，并如何提供给消费者愿意支付特定产品的特性。这种方法的优势是定量统计，可以减少主观性的程度，品牌估值一般相对容易。其缺点在于这个方法限定了一些假设：联合分析要求各个品牌之间没有影响。鉴于光环效应这个先决条件几乎是不现实的。把主体性搬到一个不同的水平：联合分析法介绍了某些元素的构建和应用，在很大程度上，使其可靠地估计无形资产的公允价值。在某些情况下，它可能会产生一个单独的品牌资产，但不可以衡量总体市场或特定领域（Kamakura and Russell，1993）。①

此外，享乐性分析法也是品牌价格溢价法的一种。它是根据享乐价格模型而来，是以无形资产的转让价格作为潜在估值的方法。在享乐价格模式下，资产价格或价值被认为具有一个函数的特点。下面提供了一组特点 x_i，价格 y 的函数将有以下表达式：

$$y = \beta_0 + \beta_1 \times x_1 + \beta_2 \times x_2 + \cdots + \beta_i \times x_i + \cdots + \beta_n \times x_n + \varepsilon$$

其中，y 表示资产的价格；β_0 表示常数；β_i 表示个人特征的系数；x_i 表示个人资产相关的特征；ε 表示一个随机误差项。

享乐性分析法量化了每个特点对资产价格的影响。因此，它可以识别和分离每个产品的价值特点。如果品牌特征及其系数之间的关系是积极的，那么品牌属性将是可取的，因此会有一个积极的市场价值。如果某些产品特征改变，享乐功

① Kamakura, W. A., Russell, G. J.. Measuring Brand Value with Scanner Data [J]. International Journal of Research in Marketing, 1993, 10 (1): 9-22.

能可以预测价格的变化。单位品牌特征乘以单位收入直接归因于该品牌销售的总量，我们得到的收入就是所获得品牌价值。计算品牌的净利润，我们必须扣除特定的品牌费用，即那些不会发生在无品牌产品上的费用。这种分析方法的优势在于定量统计，品牌估值一般容易得到。缺点在于它是一个非常复杂烦琐的理论实践，并且将主观判断建立在估值过程的另一个层面上，在选择产品的变量特征和相关的成本时存在潜在的偏见。因此，这种方法不应该取代传统的分析，而应是传统分析方法的补充。

第五章 企业外部视角的品牌价值评估方法*

本章将介绍企业外部视角的评估方法，主要包括基于顾客视角的品牌价值评估方法和基于市场视角的品牌价值评估方法。

第一节 基于顾客视角的评估方法

产品或服务的市场占有率能够有效体现一个品牌的价值，而市场占有率只有通过顾客对品牌的认可和购买才能得以实现。因此，顾客视角的品牌价值评估模型认为品牌价值来源于顾客对品牌的反应，品牌形象的塑造需要通过顾客的体验产生共鸣。具体来说，当品牌具有一定的知名度和美誉度时，品牌就能唤起顾客的正面感知并获取顾客的心智资源，顾客由此产生购买偏好，进而形成品牌忠诚，此时企业就能获得销售额的增长或溢价价格，最终提升其产品或服务在市场上的占有率，从而凸显出品牌的价值。基于顾客视角的品牌价值评估方法主要包括：品牌资产五星模型、品牌资产十要素模型、品牌资产金字塔模型、品牌资产合成模型、扬·罗必凯公司品牌资产评估模型、品牌资产引擎模型、品牌资产趋势模型、奥美集团品牌资产组合模型和日本博报堂品牌价值评估模型等。

一、品牌资产五星模型

1991 年戴维·阿克（David A. Aaker）教授出版了其第一部品牌专著《管理

---

* 本章表格均为笔者整理和制作。

品牌资产》（*Managing Brand Equity*），不仅率先研究了品牌资产，也成为品牌研究的经典著作。在该专著中，戴维·阿克教授通过综合前人的研究提出品牌资产五星模型。

戴维·阿克（1991）提出，品牌资产由品牌知名度（Brand Awareness）、感知质量（Perceived Quality）、品牌联想度（Brand Association）、品牌忠诚度（Brand Loyalty）和其他品牌专有资产（Other Proprietary Brand Assets）五方面组成（见图5－1），各指标具体阐述如表5－1所示。

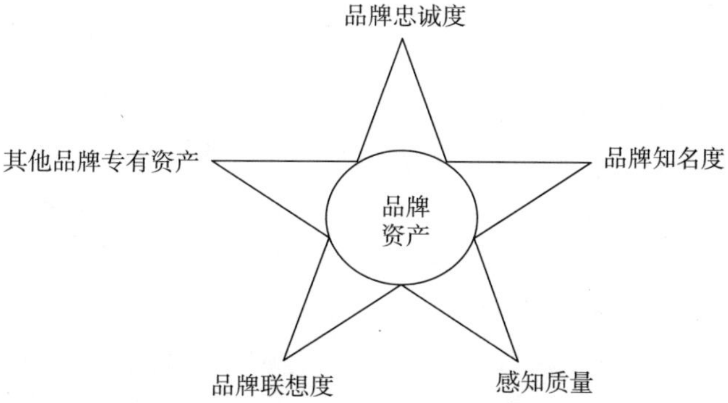

图5－1　戴维·阿克的品牌资产五星模型

资料来源：David A. Aaker. Managing Brand Equity［M］. New York：Free Press，1991.

表5－1　戴维·阿克的品牌资产五星模型

要素名称	含义	细分级别
品牌知名度	潜在顾客认识到或记起某一品牌是某类产品的程度，涉及产品类别与品牌的联系	品牌识别
		品牌回想
		第一提及知名度
感知质量	顾客依据自己的使用目的和需求状况，通过与其他品牌或期望相比较，对某一品牌产品的整体性能优良度所做的主观评价	—
品牌联想度	顾客通过品牌而产生的所有联想，即一提及某个品牌时，顾客脑海中所想到的任何与品牌相关的事物，这些联想是对产品特征、顾客利益、使用场合、产地、人物、个性等的人格化描述	—

续表

要素名称	含义	细分级别
品牌忠诚度	顾客在购买决策中多次表现出来对某一品牌有偏向性的（而非随意的）行为反应的程度，也表现为顾客持续购买某一品牌产品的意愿程度	无品牌忠诚者
		习惯购买者
		满意购买者
		情感购买者
		忠诚购买者
其他品牌专有资产	主要包括商标、专利等知识产权等资产，以及如何保护和管理商标、知识产权等其他与此相关的项目	—

戴维·阿克教授认为，品牌资产的五个组成方面中，感知质量和品牌联想度是核心，而品牌知名度、感知质量、品牌联想度、其他品牌专有资产这四个方面有助于品牌忠诚度的建设，其中品牌知名度、感知质量、品牌联想度这三方面反映出顾客对于品牌的知觉和反应，品牌忠诚度则是以顾客为基础的忠诚度。

该模型给出的指标较为全面，是目前衡量品牌资产的模型中较有影响力的一个。该模型从顾客角度出发，提出由五个维度构成的五星模型来衡量品牌资产，但该模型只是一个抽象的概念模型，戴维·阿克教授并没有给出如何测算品牌资产的具体方法，应用价值有所欠缺。

二、品牌资产十要素模型

1996 年，戴维·阿克教授在《建立强势品牌》（*Building Strong Brands*）一书中，在五星模型的基础上进一步提出品牌资产五个方面的十项评价指标，从而进一步增强了其模型的应用价值，称为品牌资产十要素模型（Brand Equity Ten）。

戴维·阿克教授认为品牌资产①是与品牌名称、品牌标志联系的一系列资产或负债，它可以增加或减少产品或服务给企业或顾客提供的价值。他分析了品牌资产是如何创造顾客价值和企业价值的，并指出，顾客价值是创造企业价值的基础。同时，他也强调，品牌价值应当由基于长期发展的品牌强度指标及短期性的财务指标结合构成，而非单一的财务数据或单一的顾客数据。因为财务数据可呈现品牌获取利润的盈利能力，顾客数据可呈现品牌的市场占有可能。

从表 5 - 2 中可以看出品牌资产十要素模型衡量的内容及具体评价指标。

① ［美］戴维·阿克．管理品牌资产［M］．吴进操，常小虹译．北京：机械工业出版社，2012.

表 5-2　品牌资产十要素模型

品牌的五个方面	十项评价指标
品牌忠诚度	价格效应 满意度/忠诚度
感知质量/领导能力	感知质量 领导性/受欢迎度
品牌联想/差异化	价值认知 品牌个性 企业联想
品牌知名度	品牌知名度
市场行为	市场占有率 市场价格与分销区域

（一）品牌忠诚度

品牌忠诚度是品牌价值的核心构成要素，是指当顾客对某一种商品有了偏好和依赖时，就会重复购买或消费该商品。品牌忠诚度可以通过观察顾客对品牌价格变化的敏感程度和满意度（忠诚度）两个指标来考虑，顾客如果对价格变化反应不敏感且对该品牌满意度较高，则增加了该品牌的价值。

（二）感知质量/领导能力

感知质量是指顾客按自己对产品的使用目的和需求状况，综合分析市场上各种经由正式或非正式途径获得的相关信息，对一种产品或服务所做的抽象的主观的评价。当一个品牌给大多数顾客的感觉是质量水平高，或者某个品牌在行业中占领导地位，普及程度很高时，那么这个品牌的价值会比其他品牌的价值更高。

（三）品牌联想/差异化

品牌联想是指所有能将该品牌和顾客相联系的要素集合，包括品牌产品的外观、商标、企业形象、产品特性等。品牌联想可以通过顾客对品牌感觉中的价值、品牌个性和对公司组织的联想这三个指标加以量化和测量。例如，一提到"苹果"这个品牌，顾客往往会立即联想到该品牌产品比其他同类产品价格偏高，但功能完善、科技含量高，一般针对商务人士和追求时尚的年轻人，甚至会想到创始人史蒂芬·乔布斯，该公司也逐渐成为高科技、高品质、高性能的代名词。跟其他品牌相比，这样的品牌在价值方面的优势无疑会更加显著。

（四）品牌知名度

品牌知名度是指顾客可以识别和回忆起某一品牌属于一定产品类别的能力，可以用品牌知名度进行量化和测量。例如，提到“麦当劳”，顾客就可以马上识别出这是快餐行业的品牌。品牌知名程度越高的产品或服务，其品牌价值也就越高。

（五）市场行为

市场行为是指该品牌同其他同类商品相比在市场上的表现情况，可以通过市场份额和分销区域来测量。占据较大市场份额、分销区域覆盖率较大的品牌，其竞争力也就较强，品牌的价值相对同类型品牌也就较大。

品牌资产十要素评估体系兼顾了两套评估标准：长期发展的品牌强度指标和短期性的财务指标。其中前四个方面表示的是顾客对品牌的认知，这种认知来源于品牌资产的四个方面：忠诚度、品质认知、联想度、知名度。第五个方面则是两种市场状况，表示来自市场而非顾客方面的信息。

品牌资产十要素模型为品牌价值评估提供了一个更加全面、精准的思路。该评估系统以顾客为主，它既可以用于连续性研究，也可以用于专项研究。同时也加入了市场业绩的要素，而且该模型中所有指标都比较敏感，可以据此来预测品牌价值的变化。但不足之处在于，对于研究具体某一行业的品牌价值时，该模型是不能直接借用的，需要将模型指标作相应的调整，以适应所研究行业的特点。例如，服装行业的品牌资产研究与高科技行业品牌资产研究所选用的指标就可能有所不同。

三、品牌资产金字塔模型

1993 年，凯文·莱恩·凯勒（Kevin Lane Keller）教授在其被誉为“品牌圣经”的著作——《战略品牌管理》（*Strategic Brand Management*）中提出“基于顾客的品牌资产”（Customer – Based Brand Equity，CBBE）这一概念，具体包括品牌知名度和品牌联想两个方面。在该著作第二版中，凯勒教授在“基于顾客的品牌资产”这一概念的基础上又提出了“基于顾客的品牌资产金字塔模型”。

凯勒教授是在《概念化、测量和管理以客户为基础的品牌权益》一文中提出 CBBE 模型的。① 文中强调，品牌价值存在于顾客的认知。顾客对品牌的知识、感觉和体验是品牌价值存在的基础。如果没有顾客的体验，品牌便无价值可言，

① Keller，K. L. Conceptualizing，Measuring，and Managing Customer – Based Brand Equity［J］. The Journal of Marketing，1993，57（1）：1 – 22.

因为品牌是存在于顾客心目中所有认知和感觉的综合。换句话说，品牌价值是顾客基于自己的品牌知识而对品牌营销活动作出的差异性反应，顾客具有的品牌知识是建立品牌价值的关键。也可以说，品牌价值是顾客头脑中强烈的、积极的和独特的联想，品牌价值取决于品牌联想的强度、品牌的受欢迎程度和独特性。

CBBE 模型的理论基础为心理学中的“关联网络记忆模型”。该理论强调，记忆是由节点和链环构成的，节点代表储存的信息和概念，链环代表信息或概念间的关联强度，信息在节点与节点之间通过扩散和激活得到传递。凯勒认为，顾客的品牌知识是创造品牌资产的关键要素，而品牌知识由顾客记忆中的品牌形象和品牌知名度构成。在这里，品牌形象是节点，是顾客对品牌的认知、感觉与联想，品牌知名度是链环。通过品牌知名度（品牌确认与品牌记忆）这一链环，顾客可在不同的场合、情境下因为品牌确认与品牌回忆链接品牌形象。

品牌资产金字塔模型建立的前提条件——品牌资产存在于顾客对品牌的知识、感觉和体验，也就是说品牌资产是一个品牌随着时间的推移存在于顾客心目中的所有体验的总和。该模型试图解决一个成功的品牌是由哪些因素构成，以及企业如何打造一个成功品牌这两个问题（见图 5－2）。

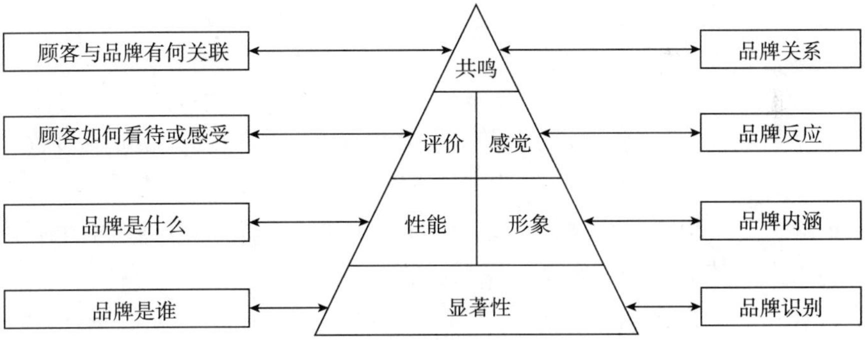

图 5－2 基于顾客的品牌资产金字塔模型

资料来源：［美］凯文·莱恩·凯勒．战略品牌管理（第二版）［M］．李乃和等译．北京：中国人民大学出版社，2006.

从图 5－2 最右边我们可以看到，凯勒教授认为品牌资产是由存在逻辑上和时间上先后关系的四个不同层面构成，即品牌识别（Brand Identity）、品牌内涵（Brand Meaning）、品牌反应（Brand Responses）和品牌关系（Brand Relationships）。这四个层次从金字塔最底层的品牌识别到金字塔最顶层的品牌关系，反映出品牌资产在顾客心中的形成过程，即品牌资产的建立需要经过先建立正确的品牌识别，然后创建合适的品牌内涵，接着引导正确的品牌反应，最后缔造出适当的品牌与顾客关系的一系列过程。图 5 – 2 的左边表示的是这四个层次分别在回答着四个不同的问题。图 5 – 2 的右边部分表示这四个层次又依赖于构建品牌的维度及其对应的层次。在表 5 – 3 中可以清晰地看出品牌资产金字塔模型包含的要素及要素间的对应关系。

表 5 – 3　品牌资产金字塔模型

层次	含义	维度
品牌识别	品牌是谁（Who are you）	品牌显著性（Brand Salience）
品牌内涵	品牌是什么（What are you）	品牌性能（Brand Performance） 品牌形象（Brand Imagery）
品牌反应	顾客如何看待或感受品牌 （What do I think or feel about you）	品牌感觉（Brand Feeling） 品牌评价（Brand Judgment）
品牌关系	顾客与品牌之间有何关联 （What kind of association and how much of connection would I like to have with you）	品牌共鸣（Brand Resonance）

品牌资产金字塔模型不只是将品牌资产的构成要素进行简单的罗列，而是各构成要素紧密相连。同时，该模型展示了品牌资产在顾客心中的形成过程，为企业在建立品牌、打造品牌资产时提供指导性依据。然而，尽管凯勒教授的品牌资产金字塔模型是一个具有严密性、逻辑性和实践性的模型，但是模型包容范围太广、内容繁多，使其应用起来不够灵活，实际操作起来也较为复杂。而且其动机并非是计算品牌的财务价值，只是一个引导品牌经营者发现品牌价值产生的源泉，科学创建强势品牌，构建具有品牌价值的品牌要素的模型，而非财务化计算模型，无法提供财务最终数值。①

四、品牌资产合成模型

2006 年，英国营销学者理查德·艾略特（Richard H. Elliott）与品牌研究学者拉里·珀西（Larry Percy）合作出版了《战略品牌管理》（*Strategic Brand Management*）一书。在该书中，艾略特和珀西提出了品牌资产合成模型（Model of

① 胡晓云. 品牌价值评估研究：理论模型及其开发应用［M］. 杭州：浙江大学出版社，2013.

Brand Equity Synthesis)，该模型不仅展示了品牌资产的形成过程，同时也阐述了品牌资产的作用机理（见图5－3）。

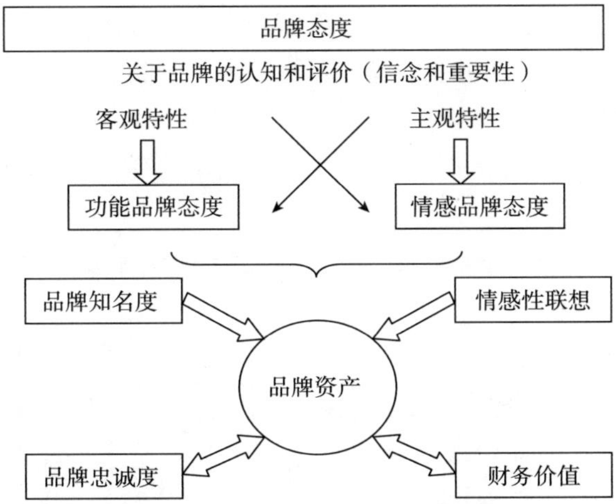

图5－3　品牌资产合成模型

资料来源：Richard Elliott，Larry Percy. Strategic Brand Management［M］. England：Oxford University Press，2006.

艾略特与珀西认为品牌资产的核心是品牌态度，其能够反映出顾客对品牌的认知和评价，是顾客形成品牌信念的基础，也是决定品牌对于顾客的重要程度的关键。同时，由于品牌态度具有客观特性和主观特性两方面的特征作用，品牌态度又可分为功能性品牌态度和情感性品牌态度。除了核心的品牌态度外，艾略特与珀西认为品牌资产的构成要素还包括品牌知名度、情感性联想、品牌忠诚度和财务价值四个方面。该模型有一个需要注意的地方，品牌忠诚度和财务价值与品牌资产是双向箭头，这是因为艾略特与珀西认为品牌忠诚度和财务价值既是品牌资产的构成要素，同时这两方面也是品牌资产的产出结果要素。

该模型的独特之处在于，他们发现构成品牌资产一部分要素受到非理性因素的情感性联想的影响，这使现实中许多不可思议的品牌追求现象有了理论依据。但是，品牌资产合成模型对于具体如何评估品牌资产，以及品牌资产构成要素之间的关联性等问题并未作出解释。

五、扬·罗必凯公司品牌资产评估模型

扬·罗必凯公司品牌资产评估模型（Brand Asset Valuator，BAV），也有文献

将其翻译成品牌资产电通模型、品牌资产评估标量以及品牌资产评估者等。该模型是全球著名的广告公司美国的扬·罗必凯（Young & Rubicam，Y&R）公司于1993年提出，其前身是英国朗涛品牌咨询公司的朗涛形象力模型（Landor Image Power）。该公司成立于1923年，是美国历史最长、规模最大的广告公司之一。该模型通过邮寄自填问卷的方式，每三年对19个国家的450个全球性品牌及24个国家的8000多个区域性品牌进行一次顾客调查。迄今为止，该模型已调查了超过66万名顾客，4.3万多个品牌，进行了264项研究，调查涉及51个国家，收集了数十年的数据。①

该模型的战略基础是品牌哲学与品牌建设模型的结合。② 扬·罗必凯广告公司的品牌哲学强调品牌管理是在寻找或保持一个品牌的基因。他们认为，一个品牌在演化过程中，因其拥有的伟大产品和伟大理念形成了品牌本质，拥有其核心的价值和个性、视觉识别，并通过发出的各种行为（如品牌生产、品牌传播等）与顾客对接，形成顾客的产品使用、产品记忆、产品联想、产品好感度等品牌经验主观判断与品牌接触、品牌使用体验，最终形成品牌形象。顾客因此对品牌的属性、利益、个性、价值等有一个完整的了解和联想。扬·罗必凯广告公司认为，一个品牌有其个性、生命，有其自身存在的价值与意义，它不会一成不变，而是在其生命历程发展的过程中生发出自己的灵魂及品牌本质，并进一步进化成品牌，直至品牌演化为强势品牌。而无论一个品牌如何演化，它的本质与演化都反映到品牌的内在密码（品牌基因）里，随着时间的变化，也许这些基因被慢慢忘却，但扬·罗必凯公司试图通过品牌基因管理品牌进化，重新找到它。

因此，扬·罗必凯广告公司品牌资产评估模型的基本立场是顾客立场。强调一个品牌的价值源自顾客对一个品牌的差异化、品牌基因、品牌本质等的认知和态度。一个具有不同水平的资产或价值的品牌，首先是因为顾客对该品牌不同的认知程度、态度倾向。模型从顾客出发，立足于品牌建构的差异化战略特征，强调品牌的差异性，认为品牌的差异度越小，品牌的价值便越小；其次，强调品牌与顾客的相关性；再次，强调品牌在顾客中的地位；最后，强调顾客对品牌的认知和价值理解。在四个指标都高的情况下，品牌才能处于领导地位。

该模型主要是从品牌的差异性、相关性、尊重度以及认知度来评估品牌（见图5-4）。

---

① 参见扬·罗必凯广告公司网站，http：//www.vmlyr.com.

② 扬·罗必凯广告公司内部培训资料，2013年。

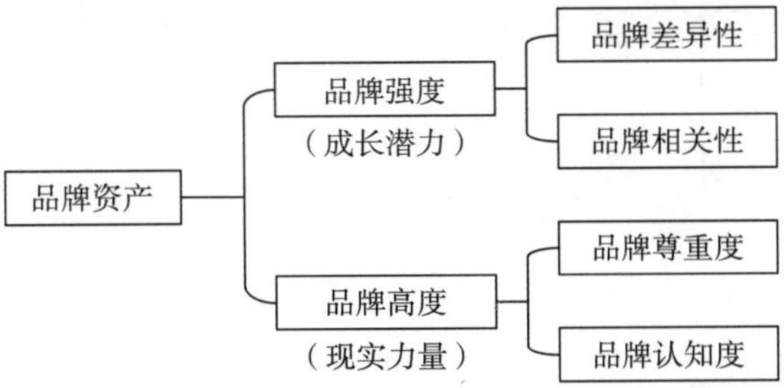

图 5－4　扬·罗必凯广告公司品牌资产评估模型

资料来源：周志民．品牌管理［M］．天津：南开大学出版社，2008.

扬·罗必凯广告公司开发的品牌评估模型针对顾客从四个方面对每一个品牌的表现进行评估（见表 5－4）。品牌差异性（Differentiation），即品牌在市场上的独特性及与竞争对手差异程度；品牌相关性（Relevance），即品牌与顾客相关联的程度以及品牌个性与顾客适合程度；品牌尊重度（Esteem），即顾客对品牌的喜欢程度以及把品牌放在何种重要的位置。换言之，就是品牌在顾客心目中受尊敬的程度，档次、认知质量及受欢迎程度；品牌认知度（Knowledge），即顾客对品牌内涵及价值的认识和理解的深度，顾客对品牌认知度能够体现出顾客与品牌关系的密切程度，同时品牌知识的获得是要在品牌差异性、相关性、尊重度这三方面基础上的。

表 5－4　扬·罗必凯广告公司品牌资产评估模型

评估因子	评估方面	含义
品牌强度	品牌差异性	品牌在市场上的独特性及与竞争对手差异程度
	品牌相关性	品牌与顾客相关联的程度以及品牌个性与顾客适合程度
品牌高度	品牌尊重度	顾客对品牌的喜欢程度以及把品牌放在何种重要的位置
	品牌认知度	顾客对品牌内涵及价值的认识和理解的深度

通过从顾客那里获得的评估结果，该模型建立了两个因子：一是品牌强度（Brand Strength），等于品牌差异性与品牌相关性评估结果的乘积；二是品牌高度（Brand Stature），等于品牌尊重度与品牌认知度评估结果的乘积。根据品牌强度和品牌高度的结果，可以得到品牌资产分类矩阵，如图 5－5 所示。

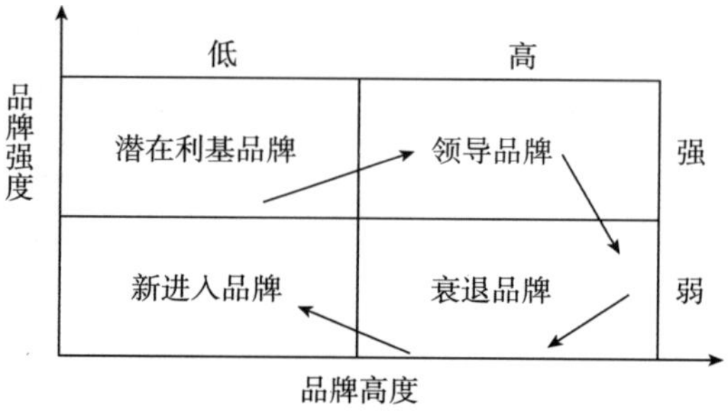

图 5－5 品牌资产分类矩阵

资料来源：笔者整理。

从图 5－5 中可以看到，根据品牌资产的不同可以将品牌分为四类：品牌高度高并且品牌强度强的品牌为“领导品牌”；品牌高度低但品牌强度强的品牌为“潜在利基品牌”；品牌高度高而品牌强度弱的品牌为“衰退品牌”；品牌高度低且品牌强度弱的品牌为“新进入品牌”。

扬·罗必凯广告公司的品牌评估模型突出了从品牌力的角度进行评估，有利于品牌资产的诊断和品牌战略管理。它的优点是比较简单，可以覆盖的品牌范围及产品种类范围很广，摆脱了传统的认知—回忆模型，不仅测量了当前品牌的表现，也对品牌的未来发展潜力进行了测量，因而比较新颖独特，是一个比较完整的品牌评估模型。2005 年，扬·罗必凯公司又根据实际的需要，对该模型进行了改进，在原有的顾客评估四个维度的基础上又增加了“品牌力量”（Energy）这一测评指标，使 BAV 模型更加完善。

六、品牌资产引擎模型

品牌资产引擎模型（Brand Equity Engine，BEE）是英国的国际市场研究公司（Research International）的研究成果。国际市场研究公司于 1973 年在英国成立，分支机构遍及全球 60 多个国家，在全球市场研究集团中名列前茅。品牌资产引擎模型已于 1996 年注册成为品牌资产研究专利。

该模型认为，品牌资产的实现虽然要依靠顾客的购买行为，但购买行为并不是揭示顾客心目中真正驱动品牌资产的关键因素，品牌资产归根结底是由顾客对品牌的看法，即品牌形象所驱动的。也就是说，强势品牌的力量归根结底来自该品牌与顾客之间的关系，强势品牌比弱势品牌具有更多的品牌资产，品牌的拥有者通过树立品牌形象，最终赢得顾客和保留顾客，从而实现利润的最大化。①

如图5－6所示，品牌资产引擎模型认为：品牌资产是由品牌形象的“软性”属性品牌亲和力（Affinity）和品牌形象的“硬性”属性品牌功能表现（Performance）两个形象引擎构成，而品牌的亲和力又来源于品牌权威性（Authority）、对品牌的认同（Identity）和品牌价值的社会承认（Approval）三方面。具体构成内容如表5－5所示。

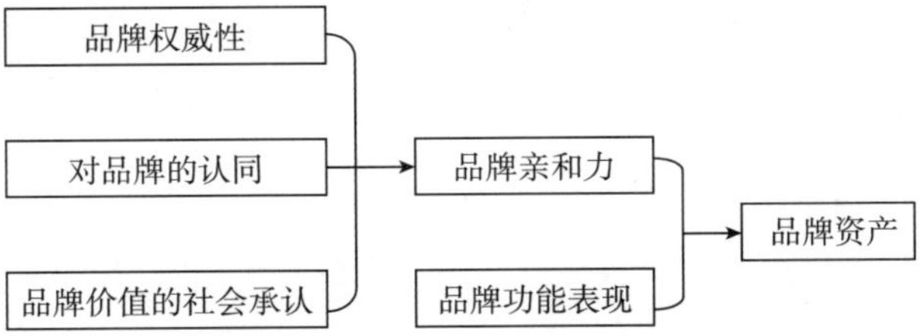

图5－6 品牌资产引擎模型

资料来源：卢泰宏．品牌资产评估的模型与方法［J］．中山大学学报，2002，42（3）：88－96.

表5－5 品牌资产引擎模型构成

	形象引擎		来源
品牌资产	软性属性	品牌亲和力	品牌权威性 对品牌的认同 品牌价值的社会承认
	硬性属性	功能性表现	产品特性及产品在功能上的表现

其中，品牌亲和力主要是指包括历史延续、信赖感、创新性、需要理解、情感联结、美好回忆、高档、接受性、权威认同等产品所包含的情感元素。品牌功能表现主要指产品除情感元素之外的其他因素，包括味道、质量、原料、外观等诸如此类。例如，对于手机品牌而言，相关的功能表现可能有外观好看、通话功能好、上网速度快、电池使用时间长等。品牌权威性主要指品牌的市场领导地位；对品牌的认同主要指顾客对品牌精神的认同程度；品牌价值的社会承认主要指外界对品牌形象的认可程度。

① 李向辉，周刺天．品牌资产引擎视角下的品牌价值模型及其应用研究［J］．商业研究，2007（11）：120－124.

品牌资产引擎模型通过发放一套标准化的问卷，然后再借助专门的统计软件程序，从而得到所调查品牌在亲和力和功能性表现这两个引擎指标的标准化得分，并进一步分解为各子项的得分，从而可以了解每项因素对品牌资产总得分的贡献，以及哪些因素对品牌资产的贡献最大，哪些因素是真正驱动品牌资产的因素，最终得出该品牌的品牌资产的标准化得分及情况分析报告。品牌资产引擎从品牌形象的角度来评估品牌资产，摆脱了传统的认知—回忆模型，有助于发现品牌资产的真正驱动因素。它既可以用于连续性研究，也可以用于专项研究，但该模型在测量时要针对具体行业品牌做相应调整，这使其操作会有更多的不确定性。

七、品牌资产趋势模型

品牌资产趋势模型（Equi Trend）是由美国整体研究公司（Total Research）提出的。该公司自1989年以来，每年都会使用该方法向2000位美国顾客进行调研，1995年的调查包括100多个产品类别的700多个品牌，并发布相关的数据，这为品牌资产趋势模型积累了大量的数据资源，使其可以更好地评估出各品牌资产的运作机理及效果，同时也扩大了该方法的社会影响力。

品牌资产趋势模型主要针对顾客用以下三个指标来评估品牌资产。一是品牌的认知程度（Salience）。主要是指顾客对品牌认知比例，可以分为第一提及、提示前及提示后知名度。二是认知质量（Perceived Quality）。它是指顾客对品牌质量的评估直接影响到品牌的喜欢程度、信任度、价格等，这是品牌资产趋势模型的核心，因为顾客对品牌质量的评估直接影响到品牌的喜欢程度、信任度、价格以及向别人进行推荐比例。三是使用者的满意程度（User Satisfaction）。这是指品牌最经常使用者的平均满意程度。然后再综合品牌在这三个指标的表现，从而计算出品牌在品牌资产趋势模型中的品牌资产得分。

品牌资产趋势模型比较简单，而且能覆盖较广泛的品牌和产品种类，并且摆脱了传统的认知－回忆模型。

八、奥美集团品牌资产组合模型

品牌资产组合模型是美国奥美集团（Ogilvy & Mather）提出的。该模型认为，品牌资产主要体现在产品、形象、商誉、客户、通路和视觉六个方面（见图5－7）。

奥美集团的品牌资产组合模型认为品牌资产评估应该从六个方面展开：产品

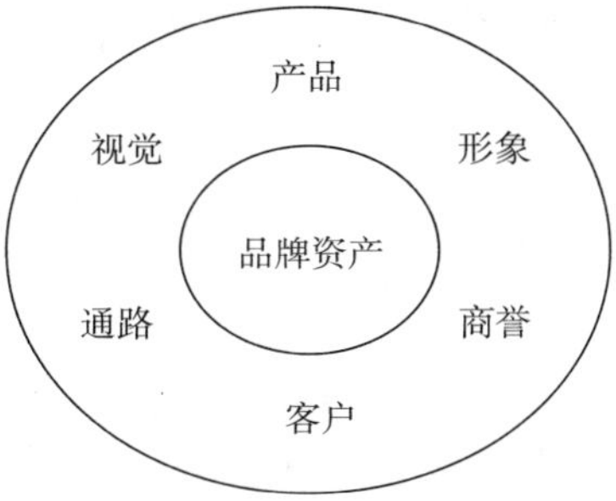

图 5－7　奥美集团的品牌资产组合模型

资料来源：笔者制作。

(Product）主要是指产品力表现如何；形象（Imagery）主要指品牌形象是否强大和富有魅力；商誉（Goodwill）主要是指品牌是否获得有影响力人群和其生存的社区的支持；客户（Customer）主要是指品牌的客户群是否强大；通路（Place）主要指在贸易环境中，品牌的力量是否可以被有效地利用；视觉（Vision）主要是指品牌的表现是否清晰、持续和差异化。

对比奥美集团的品牌资产组合模型与戴维·阿克的品牌资产五星模型可以发现它们存在很多相似之处，比如产品相当于五星模型中的感知质量，形象相当于品牌联想，商誉相当于其他品牌专有资产，客户相当于品牌忠诚度，视觉相当于品牌知名度，通路则是奥美集团品牌资产组合模型的不同所在。奥美集团的品牌资产组合模型不仅是对戴维·阿克的品牌资产五星模型相关概念的转变说法，这种变化使其更贴近于影响顾客与品牌关系的营销策略因素，从而使该模型的评估结果对于品牌资产的管理具有更加直接的指导作用。

九、日本博报堂品牌价值评估模型

博报堂是日本第二大广告公司。该公司除了广告业务之外，更特别设置了生活综研机构，研究顾客的生活状态，其研究成果在国际广告界具有较大的影响力。2003 年，博报堂发表了博报堂品牌价值测定法。

博报堂公司的研究人员认为，品牌价值指的是品牌带来的附加价值，但这种附加价值并非指实际的价格溢价，而是所谓的“心理溢价”，即由顾客心理预期而产生的品牌溢价额。但是由于博报堂的广告公司性质，其研究人员在研究开发品牌价值评估模型的立足点并非为了品牌资产评估，而是为了品牌培养和管理。因此，博报堂的品牌价值评估方法并不是对一个品牌资本价值的计算，而是一种探索品牌价值的思维逻辑，是调查、研究与判断一个品牌的价值成长情况，为持续的品牌咨询与品牌战略管理服务的工具。

参照美国学者凯文·莱恩·凯勒的品牌价值概念，博报堂公司研制了品牌价值评估模型概念图。品牌价值由溢价指标、品牌形象指标、品牌接触周期审查指标三项指标构成。

图5－8中所显示的博报堂品牌价值评价体系各要素解释如下：①

（1）溢价指标指用溢价评估手法获得品牌价值，其评估对象分忠诚消费层、评价层、周边层等。其评价指标为：主要购买、有时购买、购买也可、几乎不买、不想买。

（2）品牌形象指标指基于品牌价值构成，寻找顾客的认知深层，分析其渗透度。品牌形象指标中，评价品牌价值的两个因子是关系深度、关系的质量。评价关系深度的指标为：知名、理解、熟知、好感、选择候补、爱好、购买。评估关系质量的指标为品牌价值规定要素的整合性：属性印象、功能价值印象、心理价值印象、品牌个性印象。

（3）品牌接触周期审查指标同样指基于品牌价值构成寻找顾客的认知深层，分析其渗透度。其指标为留存在顾客心目中的品牌接触点：商标、大众传播评判、各种信息发表、广告、社会活动、商品、销售店铺、展示厅、促销活动等。

根据相关分析把握品牌力：提高品牌价值的接触点是在各种接触点上的各阶层人士的评价，如忠诚者评价、评价者评价等。

博报堂的模型也是基于顾客的评价模型，立足顾客心目中的品牌形象和品牌接触，与溢价指标形成一个整合的指标与评估体系。该模型中，品牌的价格溢价是顾客对品牌的知觉，是从顾客调查/数据中得到的金额。模型采用对顾客进行调查的方法，获悉顾客对品牌的评价，认定品牌价值的源泉在于顾客评价。该模型强调，品牌的财务价值也是因单个顾客组成的顾客整体的附加资金价值累计，加上成本结构，产生财务性的附加价值。因此，财务性的附加价值也是由顾客赋予的。从理论上看，博报堂公司的品牌价值评估模型是合理的。但在具体操作时，由于顾客的多元化、复杂性，对溢价的心理值判断会存在巨大差异，进而可能导致对某一品牌价值评估存在不合理的判断。

① 胡晓云．品牌价值评估研究：理论模型及其开发应用［M］．杭州：浙江大学出版社，2013.

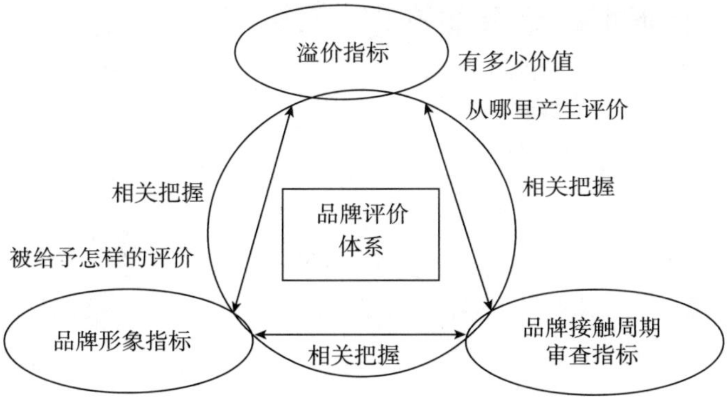

图 5－8　博报堂品牌价值评估体系概念

资料来源：［日］刈屋武昭．ブランド評価と価値創造—モデルの比較と経営戦略への適用［Z］．东京：日経広告研究所，2005.

第二节　基于市场视角的评估方法

一、理论基础

企业品牌价值评估中的市场法，其理论核心就是我们所熟知的“替代原则”，基本评估思路就是在证券市场中选取与被评估企业处于同一行业的上市公司作为可比企业，通过可比企业与被评估企业之间在某一个显著变量，例如现金流、销售收入、账面价值、税后利润等方面的差异，来估算被评估企业价值。当资本证券市场发展得相对完善并且在大量的上市公司中能够找到与被评估企业相类似的企业时，市场法往往最容易被应用。该方法的应用过程可以用公式简单地表示为：

$$\frac{V_1}{X_1}=\frac{V_2}{X_2}\Rightarrow V_1=\frac{V_2}{X_2}\times X_1$$

式中：V_1 表示被评估企业价值；V_2 表示可比企业价值；X_1 表示被评估企业与其企业价值密切相关的可比指标；X_2 表示可比企业与其企业价值密切相关的可比指标。

市场法中常用的两种方法是上市公司比较法和交易案例比较法。上市公司比较法是以获取并分析可比上市公司的经营和财务数据为基础，据此计算出适当的价值比率，通过与被评估企业比较分析来确定待估对象价值的方法。上市公司比较法中的可比企业应当是公开市场上正常交易的上市公司，评估结论应当考虑流动性对评估对象价值的影响。

交易案例比较法与上市公司比较法相比，最大的不同在于价值比率的计算依据是通过获取并分析可比企业的买卖、收购及合并案例资料。运用交易案例比较法时，应当考虑评估对象与交易案例的差异因素对价值的影响。在查阅文献的过程中，并没有查找到具体应用模型的介绍，因而在此引入一个应用的案例帮助理解市场法的内容和使用方法。

二、应用案例

（一）被评估企业分析

1. 业务结构

被评估企业 A 公司是一家科技工程股份有限公司，自公司成立以来，虽然其业务范围包括工程设计、工程项目总承包、监理、项目管理、咨询、环境影响评价、电子高科技与高端制造、生物医药与保健、市政与路桥、物流与民用建筑、电力、综合业务等，但是其主营业务收入主要来源于设计、工程总承包、监理、项目管理、咨询以及市政与路桥建设这六大业务内容，这几项业务所获得的业务收入占有 A 公司主营业务总收入的 80% 以上，随着目前行业竞争的日益激烈，A 公司在传统业务结构的基础上，正在致力于其他业务内容如电子高科技、生物医药保健等市场份额的拓展，旨在丰富业务结构内容，为企业创造多元化收益，使 A 公司未来健康平稳地发展。①

2. 盈利能力分析

盈利能力是一个企业经营成败的关键，只有长期盈利，企业才能做到真正的持续经营。一般而言，净资产收益率和总资产报酬率是反映企业盈利能力的两个最基本的指标，这两个指标的构成要素涵盖了企业经营活动的各个方面，可以对企业资本或资产整体获得收益的能力进行综合反映。根据 A 公司提供的财务报表可知，虽然 A 公司的主营业务收入保持增长的趋势，但是近五年增长的幅度却相差很大，而且该公司的净利润并没有保持持续的增长，这是不是就说明了 A 公司的盈利能力存在隐患呢？另外，A 公司的主营业务成本以及期间费用尤其是管理

① 刘凤丽．基于 A 公司企业价值评估市场法的案例研究［D］．沈阳：辽宁大学硕士学位论文，2014.

费用账面值很大，已经构成了影响 A 公司营业利润的关键因素，因此考虑到 A 公司的以上原因，本节在对 A 公司进行盈利能力分析时，在净资产收益率和总资产报酬率两个基本分析指标的基础上，追加了营业利润率、成本费用利润率等分析指标，旨在更加全面地分析被评估企业 A 公司的盈利能力。

（1）净资产收益率。

净资产收益率是指企业一定时期内所取得的净利润与该企业所拥有的资产和负债差值的比率。该指标从投资与报酬的角度反映了投资者投入一个企业的总资本通过生产运营而获取净收益的能力。该指标的计算公式为：

净资产收益率 = 净利润 ÷ 平均净资产 × 100%

平均净资产 =（年初净资产 + 年末净资产）÷ 2

根据被评估企业 A 公司提供的资产负债表、利润表，应用上述公式，可以准确地计算出净资产收益率的值，本节列出的计算过程以被评估企业资产负债表以及利润表的 2012 年的数据为例：

年初净资产 = 17262 − 8369 = 8893.00（万元）

年末净资产 = 14547.6 − 3973.9 = 10573.70（万元）

平均净资产 =（8893.00 + 10573.70）÷ 2 = 9733.35（万元）

净资产收益率 = 3224.7 ÷ 9733.35 × 100% ≈ 33.13%

工程行业的净资产收益率的平均水平为 15% 左右，由表 5 − 6 可知，A 公司从 2009 年至 2012 年的净资产收益率都在 20% 以上，净资产收益率越高，表明 A 公司的投资者投入的自有资本获取收益的能力越强，这将使 A 公司积累更多的资本，运营效率也就越好，对 A 公司的投资人、债权人利益保障程度也就越高。

表 5 − 6　2009 ~ 2012 年 A 公司净资产收益率　　单位：万元，%

资产指标	2009/12/31	2010/12/31	2011/12/31	2012/12/31
年初净资产	5129.00	7968.00	9685.00	8893.00
年末净资产	7968.00	9685.00	8893.00	10573.70
平均净资产	6548.50	8826.50	9289.00	9733.35
净资产收益率	20.52	35.78	26.61	33.13

（2）总资产报酬率。

总资产报酬率是指企业一定时期内获得的报酬总额与平均资产总额的比值。

该指标反映企业所拥有的全部资产的整体获取收益的水平，表明企业获利能力和资产总额的关系。该指标的计算公式为：

总资产报酬率 =（利润总额 + 利息支出）÷ 平均资产总额 × 100%

平均资产总额 =（年初资产总额 + 年末资产总额）÷ 2

根据被评估企业提供的表 5 – 6 以及表 5 – 7 可知，2012 年利润总额为 3827 万元，利息支出为零，年初资产总额为 17262.00 万元，年末资产总额为 14547.63 万元，依据上述公式计算如下：

平均资产总额 =（17262 + 14547.63）÷ 2 = 15904.82（万元）

总资产报酬率 =（3827 + 0）÷ 15904.8 × 100% = 24.06%

表 5 – 7　2009 ~ 2012 年 A 公司总资产报酬率　　单位：万元，%

资产指标	2009/12/31	2010/12/31	2011/12/31	2012/12/31
年初资产总额	6876.00	13620.00	13850.00	17262.00
年末资产总额	13620.00	13850.00	17262.00	14547.63
平均资产总额	10248.00	13735.00	15556.00	15904.82
总资产报酬率	15.39	26.15	18.00	24.06

资本的市场利率一般在 6% ~ 8%，从表 5 – 7 中可以看出，2009 ~ 2012 年，A 公司的总资产报酬率都远远大于资本的市场利率，这表明 A 公司运用资本获得收益的能力较强，可以充分利用财务杠杆进行负债经营，这样有了充足的运营资金，依靠较高的总资产报酬率，A 公司可以获取尽可能多的收益。

（3）营业利润率。

营业利润率是指企业在一定时期内其主营业务利润与主营业务收入净额的比值，该指标从最直接的角度反映了企业的生产经营活动获得收益的能力，主营业务利润是企业收益能力高低的最直观体现。该指标的计算公式：

营业利润率 = 主营业务利润 ÷ 主营业务收入净额 × 100%

主营业务利润 = 主营业务收入 – 主营业务成本 – 主营业务税金及附加

根据被评估企业提供的表 5 – 8 可知，该企业的 2012 年主营业务收入为 47331.37 万元，主营业务成本为 29146.97 万元，营业税金及附加为 1037.6 万元。根据上面叙述的公式计算如下：

主营业务利润 = 47331.37 – 29146.97 – 1037.60 = 17146.80（万元）

主营业务利润率 = 17146.80 ÷ 47331.37 × 100% ≈ 36.23%

表 5-8　2009~2012 年 A 公司营业利润率　　单位：万元,%

资产指标	2009/12/31	2010/12/31	2011/12/31	2012/12/31
主营业务利润	11765.39	16672.17	15082.35	17146.79
主营业务收入净额	13115.16	25556.90	40126.67	47331.37
主营业务成本	506.47	7151.33	24040.62	29146.97
营业税金及附加	843.30	1733.40	1003.70	1037.60
营业利润率	89.71	65.24	37.59	36.23

该指标越高，说明利润占营业收入的比率越大，产品附加值越高，主营业务市场竞争力强，企业未来发展空间大。从表 5-8 中可以了解到，A 公司的营业利润率虽然保持较高的水平，但是 2009~2012 年，该公司的营业利润率逐年下降，而主营业务收入逐年增加，所以说明导致 A 公司营业利润率逐年下降的原因是成本费用的增加，这就要求 A 公司要想保证高的营业利润率，必须适当降低营业成本，使企业始终保持高效运营。

（4）成本费用利润率。

成本费用利润率是指企业在一定时期内其利润总额与为获得这些利润所花费的各项成本费用总额的比值，该指标反映的是企业为取得利润而付出的代价，从支出的角度补充评价企业的收益能力。该指标的计算公式为：

成本费用利润率 = 利润总额 ÷ 成本费用总额 × 100%

成本费用总额 = 营业成本 + 营业税金及附加 + 销售费用 + 管理费用 + 财务费用

根据 A 公司提供的财务报表可知，该企业 2012 年的利润总额为 3827.01 万元，营业成本为 12415.25 万元，营业税金及附加为 972.44 万元，销售费用为零，管理费用为 11718.17 万元，财务费用为 -10.45 万元，根据上述公式计算如下：

成本费用总额 = 12415.25 + 972.44 + 11718.17 - 10.45 = 25095.41（万元）

成本费用利润率 = 3827.01 ÷ 25095.41 × 100% ≈ 15.25%

从表 5-9 中可以看出，A 公司在 2011 年的成本费用利润率明显低于其他几年，这说明 A 公司在 2011 年成本费用较多，为取得收益所付出的代价越高，而 2011~2012 年，A 公司的成本费用利润率上升了大约 7.5 个百分点，相对于前三年，上升幅度较大，这说明 A 公司在成本费用方面进行了有效控制，并且效果显著，成本费用利润率的提供也是获利能力增强的一种表现。

表 5-9　2009~2012 年 A 公司成本费用利润率　　单位：万元，%

资产指标	2009/12/31	2010/12/31	2011/12/31	2012/12/31
营业成本	623.23	7383.35	24113.02	12415.25
营业税金及附加	726.54	1501.38	931.30	972.44
销售费用	—	—	—	—
管理费用	10214.45	12997.59	12187.75	11718.17
财务费用	-29.78	-41.11	-13.14	-10.45
成本费用总额	11534.44	21841.21	37218.93	25095.41
利润总额	1577.20	3591.43	2871.43	3827.01
成本费用利润率	13.67	16.44	7.71	15.25

3. 资产质量状况分析

资产质量对于一个企业的发展能力、偿债能力等都有重要的影响，在反映资产质量状况的财务指标中总资产周转率和应收账款周转率是两个基本指标，反映企业资产、应收账款的周转情况，考虑到 A 公司的流动资产是总资产的重要组成部分，所以本部分增加了流动资产周转率，与总资产周转率和应收账款周转率一起综合分析 A 公司的资产质量状况。

（1）总资产周转率。

总资产周转率是指企业一定时期内的营业收入净额与平均资产净额的比值。表明企业所拥有的总资产在生产经营期间从投入到产出这一循环周而复始的流转速度，该指标反映的是企业全部资产的利用效率，总资产周转率越低，说明企业总资产周转得快利用得好。总资产周转率的计算公式为：

总资产周转率（次）=营业收入净额÷平均资产总额

总资产周转率（天）=360÷总资产周转率（次）

根据被评估企业提供的报表可知，该企业的营业收入净额为 47331.37 万元，年初资产总额为 17262.00 万元，年末资产总额为 14547.63 万元，根据上述公式计算如下：

平均资产总额=（17262.00+14547.63）÷2=15904.82（万元）

总资产周转率（次）=47331.37÷15904.82=2.98（次）

总资产周转率（天）=360÷2.98≈121（天）

从表 5-10 中我们可以很直观地看到，2009~2012 年，A 公司的总资产周转次数越来越多，周转天数越来越少，这说明 A 公司的总资产的周转速度越来越快，资产利用效率在逐渐提高，也间接说明了 A 公司的盈利能力在逐渐增强。

表 5-10　2009~2012 年 A 公司总资产周转率　　单位：万元

资产指标	2009/12/31	2010/12/31	2011/12/31	2012/12/31
营业收入净额	13115.16	25556.90	40126.67	47331.37
年初资产总额	6876.00	13620.00	13850.00	17262.00
年末资产总额	13620.00	13850.00	17262.00	14547.63
平均资产总额	10248.00	13735.00	15556.00	15904.82
总资产周转率（次）	1.28	1.86	2.58	2.98
总资产周转率（天）	281	194	140	121

（2）应收账款周转率。

应收账款周转率是指企业一定时期主营业务收入净额与应收账款年平均值的比率。明确的应收账款周转率可以帮助企业制定合理的赊销制度，根据企业生产经营所需资金的需要，保证应收账款的回收速度。该指标的计算公式为：

应收账款周转率（次）=营业收入净额÷平均应收账款

应收账款周转率（天）=360÷应收账款周转率（次）

平均应收账款=（年初应收账款+年末应收账款）÷2

根据 A 公司提供的财务报表可知，该公司的 2012 年主营业务收入额为 47331.37 万元，年初应收账款为 1599.00 万元，年末应收账款为 3628.70 万元，根据上述公式计算如下：

平均应收账款=（1599.00+3628.70）÷2=2613.85（万元）

应收账款周转率（次）=47331.37÷2613.85≈18（次）

应收账款周转率（天）=360÷18=20（天）

由表 5-11 整体来看，A 公司的应收账款周转次数较多，其周转天数较少，这样说明 A 公司应收账款的回收程度较高，这使应收账款占用资金水平较低，然而表中的数值也可直观地显示出，2009~2012 年，A 公司的应收账款周转次数逐渐减少，周转天数逐渐增加，如果这样的趋势持续保持，那么 A 公司的营运资金就会越来越多地呆滞在应收账款上，将影响正常的资金周转以及偿债能力。

表 5－11　2009～2012 年 A 公司应收账款周转率　　单位：万元

资产指标	2009/12/31	2010/12/31	2011/12/31	2012/12/31
营业收入	13115.16	25556.90	40126.67	47331.37
年初应收账款	245.00	274.00	1310.00	1599.00
年末应收账款	274.00	1310.00	1599.00	3628.70
平均应收账款	259.50	792.00	1454.50	2613.85
应收账款周转率（次）	51	32	28	18
应收账款周转率（天）	7	11	13	20

（3）流动资产周转率。

流动资产周转率，是指企业一定时期主营业务收入净额与流动资产总额年平均值的比率，反映了企业的流动资产周转快慢程度。企业通过对其流动资产周转率的分析，可以通过制定相关政策加强企业内部管理，以及采用降低生产成本、对短期闲置的流动资产的短期投资用以创造收益等方式合理有效地利用流动资产。另外，企业也可以通过采取一定措施扩大销售的方式提高流动资产的综合使用效率。当流动资产周转较快时，在较快的周转速度下，流动资产会相对节约，换一个角度来讲相当于增加了流动资产的投入，在一定程度上增强了企业的盈利能力；然而当企业流动资产的周转速度比较慢时，为了满足正常生产经营的需求，企业需要额外注入流动资金参加周转，这无形中就会造成资金的浪费，进而降低企业的盈利能力。在生产经营中的各个环节，只要企业改善一个环节，都会使流动资产周转天数变少，流动资产周转率的计算公式为：

流动资产周转率（次）＝主营业务收入净额÷平均流动资产总额

流动资产周转率（天）＝360÷流动资产周转率（次）

根据被评估企业提供的数据可知（见表 5－12），该企业 2012 年主营业务收入为 47331.37 万元，年初流动资产总额为 16074.00 万元，年末流动资产总额为 13428.23 万元，根据上述公式计算如下：

平均流动资产总额＝（16074.00＋13428.23）÷2＝14751.12（万元）

流动资产周转率（次）＝47331.37÷14751.12≈3（次）

流动资产周转率（天）＝360÷3＝120（天）

总体来说，A 公司的流动资产周转情况较好，与同行业内的其他企业相比，周转次数较多，周转天数较少，这表明 A 公司流动资产周转速度较快，这对于 A 公司来讲，其意义相当于增加了在流动资产方面的投入，充足了企业日常运营资金，可以获得更多的收益，从而使该公司在某种程度上增强了盈利能力。由表5-12的数据可以看出，2009~2012年，A公司流动资产周转得越来越快，这是一个良好的现象，从侧面反映出A公司的盈利能力逐渐增强。

表5-12　2009~2012年A公司流动资产周转率　单位：万元

资产指标	2009/12/31	2010/12/31	2011/12/31	2012/12/31
营业收入	13115.16	25556.90	40126.67	47331.37
年初流动资产总额	5114.00	11583.00	12154.00	16074.00
年末流动资产总额	11583.00	12154.00	16074.00	13428.23
平均流动资产总额	8348.50	11868.50	14114.00	14751.12
流动资产周转率（次）	2	2	3	3
流动资产周转率（天）	180	180	120	120

4. 经营增长状况分析

经营增长对于一个企业长期的生存发展至关重要，也是企业持续经营前提和动力。在反映企业经营增长状况的指标中，主营业务收入增长率是最基本的指标。企业经营增长状况主要体现在两个方面，即企业规模的增长以及资本的不断积累，而经营规模的增长体现在主营业务收入的增加，主营业务收入增加的同时又随着营业利润的增长，最终使企业的资本得到保值增值，使总资产持续增长，因此，在对A公司的经营增长状况进行分析时，增加了营业利润增长率和总资产增长率。

（1）主营业务收入增长率。

主营业务收入增长率是指企业本年主营业务收入增长额同上一年主营业务收入总额的比值。该指标反映企业经营增长能力以及未来发展潜力，能够表明企业的生产经营状况以及市场竞争能力，是预测企业主营业务拓展市场占有率的重要标志，该指标的计算公式为：

主营业务收入增长率 = 本年主营业务收入增长额 ÷ 上年主营业务收入总额 × 100%

根据A公司提供的营业利润表即表5-8可知，该企业2012年的主营业务收入净额为47331.37万元，上一年主营业务收入净额为40126.67万元，根据上述公式计算为：

主营业务收入增长率 = (47331.37 - 40126.67) ÷ 40126.67 × 100% ≈ 17.95%

由表5-13可知，A公司的主营业务收入增长率从2009年至2012年该指标都大于0，这表明A公司当年的主营业务收入比上一年有所增长，尤其是2009～2010年，该指标变化非常大，这表明A公司主营业务收入在这一年增长得特别快，但2010年以后至2012年，增长率逐渐下滑，这说明A公司主营业务收入的增长速度减慢，究其原因主要是最近这两年A公司的成本费用的大幅度提高所导致，所以A公司要想保持高增长率，那么就必须在主营业务收入一定的情况下，控制成本费用的增加，为自身有良好的发展前景奠定基础。

表5－13　2009～2012年A公司主营业务收入增长率　　单位：万元,%

资产指标	2009/12/31	2010/12/31	2011/12/31	2012/12/31
本年主营业务收入	13115.16	25556.90	40126.67	47331.37
上年主营业务收入	12057.69	13115.16	25556.90	40126.67
本年主营业务收入增长额	1057.47	12441.74	14569.77	7204.70
主营业务收入增长率	8.77	94.87	57.01	17.95

（2）营业利润增长率。

营业利润增长率是指企业本年主营业务利润的增加额同上一年主营业务利润的比值。该指标能够反映企业的主营业务利润的增长趋势以及增长程度，体现了企业持续发展以及成长的能力。该指标的计算公式为：

营业利润增长率＝(本年主营业务利润总额－上年主营业务利润总额)÷上年主营业务利润总额×100%

根据被评估企业提供报表可知，该企业2012年的主营业务利润为3793.80万元，上一年的主营业务利润为2907.74万元，根据公式计算如下：

营业利润增长率＝（3793.80－2907.74）÷2907.74×100%≈30.47%

通过表5－14可以了解到，近几年A公司的营业利润增长率变化很大，2009年和2010年其营业利润增长得特别快，企业发展迅猛，然而到2011年末，A公司的营业利润出现负增长，营业利润骤减的原因是与2010年相比，A公司2011年的营业成本大幅度增加，致使影响了营业利润的积累，总体来看，A公司营业利润增长率虽然增长幅度下滑，但是仍有保持增加的趋势。

表5－14　2009～2012年A公司营业利润增长率　　单位：万元,%

资产指标	2009/12/31	2010/12/31	2011/12/31	2012/12/31
本年主营业务利润	1580.72	3715.69	2907.74	3793.80

续表

资产指标	2009/12/31	2010/12/31	2011/12/31	2012/12/31
上年主营业务利润	785.01	1580.72	3715.69	2907.74
本年主营业务利润增加额	795.71	2134.96	-807.95	886.06
营业利润增长率	101.36	135.06	-21.74	30.47

(3) 总资产增长率。

总资产增长率是指本年资产增长额同上一年企业资产总额的比率。该指标反映的是企业资产的积累程度以及经营规模的扩大程度，企业总资产积累速度越快，抵抗风险、持续发展的能力越强。如果一个企业的总资产周转率为负值，那么表明该企业的经营规模在缩小。该指标的计算公式为：

总资产增长率=(年末资产总额-年初资产总额)÷年初资产总额×100%

根据被评估企业提供的报表可知，该企业2012年的年末资产总额为14547.60万元，年初资产总额为17262.00万元，根据上述公式计算如下：

总资产增长率=(14547.60-17262.00)÷17262.00×100%=-15.72%

表5-15中的数据反映出，A公司的资产积累速度非常快，这使A公司可以长期使用的资金比较充足，抗风险能力和持续发展能力比较强。

表5-15 2009~2012年A公司总资产增长率 单位：万元,%

资产指标	2009/12/31	2010/12/31	2011/12/31	2012/12/31
年末资产总额	13620.00	13850.00	17262.00	14547.60
年初资产总额	6876.00	13620.00	13850.00	17262.00
资产增加额	6744.00	230.00	3412.00	-2714.37
总资产增长率	98.08	1.69	24.64	-15.72

(二) 选择可比企业

市场法实际上是一种相对估价法，那么选择可比企业这一环节在市场法中尤为重要，在同行业大量的企业中，如何选择出相对于A公司而言可比性高的企业以及具体用哪些标准来衡量可比性呢？以下内容主要解决这个问题。

1. 选择过程

要想在众多上市公司中选择出与A公司具有可比性的企业，首先要界定一个大的范围，可比企业必须是最近几年盈利、至少有两年的上市历史、只发行人民币A股、所从事的行业或其主营业务与A公司相似，即为工程设计、监理、总承包等，以此为依据，本节共选取了九家上市公司，然后在这九家上市公司中，最后确定四个可比企业，确定的依据为：

第一，企业规模相当。衡量企业规模的标准有很多种，包括营业收入、总资产、净资产、员工总数、营业成本、子公司数目、股票和债券的市场价值等，考虑到本次评估数据的收集情况以及A公司近几年的利润总额构成情况，本节选取营业收入作为衡量A公司与可比企业之间企业规模可比性的标准。

第二，经营业绩相当。企业的经营业绩是衡量一个企业是否具有良好发展前景的关键方面要素。企业的管理团队根据行业发展现状制定的未来发展计划、发展战略等都会影响其经营业绩，另外，经营业绩也能反映一个企业在同行业中是否具有一定的竞争力，是否能提高市场占有率等。在评价企业的经营状况时，主营业务利润率、净资产收益率是通常被使用的评价指标，因为这两个指标不仅可以评价企业的经营业绩，还可以侧面反映企业财务状况以及竞争力水平。本节选取衡量A公司与可比企业经营业绩的可比性指标是净资产收益率。

第三，成长能力相当。一个企业的成长能力水平通常反映在企业的生产规模、利润以及所有者权益的积累程度等方面。良好的成长能力是企业持续发展的动力和前提，是投资者关注企业未来发展前景的重要方面。根据上文A公司的财务状况分析，本节选取主营业务收入增长率作为衡量A公司与可比企业成长能力可比性的指标。

如表5-16所示，本节首先考虑了衡量可比性的三个指标即营业收入、主营业务收入增长率以及净资产收益率对于A公司而言重要程度相当，所以不对每个指标设置一定的权重。其次采取打分的方法来量化每个企业对于A公司的可比性，将三项指标的打分进行简单的平均。最后计算出平均得分，选择得分最高的四个企业为可比企业。

表5-16　可比企业选择

证券代码	证券简称	营业收入（万元）	打分	主营业务收入增长率（%）	打分	净资产收益率（%）	打分	总分
001240. SZ	东华科技	183584. 00	6. 0	3. 70	4. 0	22. 64	8. 0	6. 0
002062. SZ	宏润建设	604497. 00	4. 0	0. 89	1. 0	17. 75	7. 5	4. 2
000065. SZ	北方国际	182916. 00	6. 0	-2. 39	0	9. 13	4. 5	3. 5
601668. SH	中国建筑	37041800. 00	1. 5	42. 26	5. 0	11. 96	5. 0	3. 8
600284. SH	浦东建设	93164. 40	7. 5	-47. 06	0	9. 44	4. 5	4. 0

续表

证券代码	证券简称	营业收入（万元）	打分	主营业务收入增长率（%）	打分	净资产收益率（%）	打分	总分
002116. SZ	中国海诚	273880. 00	5. 0	30. 60	7. 5	13. 34	6. 0	6. 2
002060. SZ	粤水电	393016. 00	4. 5	61. 57	4. 0	6. 21	2. 0	3. 5
600970. SZ	中材国际	393300. 00	4. 5	32. 92	7. 0	42. 89	7. 5	6. 3
002097. SZ	山河智能	283814. 00	5. 0	25. 51	8. 0	13. 13	6. 0	6. 3
—	A 公司	47331. 17	10. 0	17. 95	10. 0	30. 49	10. 0	10. 0

根据得分情况，最后确定的可比企业为东华科技、中国海诚、中材国际、山河智能四家。

2. 选择适当的价值比率

应用市场法评估企业价值时，选择价值比率是其关键的步骤之一，根据被评估企业的特点，价值比率的适当与否直接影响着最后评估结果的合理性。常见的价值比率如下：

（1）市盈率。

市盈率的定义为每股市场价格与每股收益比值，简单来理解就是人们为获得股票收益所要付出的代价。然而根据不同形式的每股收益所得到的市盈率很可能会存在很大的差异，这种情况在技术型企业中表现最为明显，这主要是因为技术型企业具有高增长性，每股收益增长可能非常快，预期每股收益显著高于当前每股收益。尽管市盈率是能够将股票价格和企业的盈利状况联系在一起的一种指标，可是在我国目前证券市场还不是很成熟，存在很多投机行为，这使市盈率并不能很好地反映企业投入与产出的关系。如果某一年，企业的净利润为负值时，那么市盈率就失去了意义，另外，市盈率容易受到整个经济景气程度的影响，所以本次评估 A 公司的股东全部权益价值时不选用市盈率作为价值比率。

（2）市销率。

市销率的定义为股票价格与企业销售收入之比，意义是企图用企业销售收入与股票价格的关系来说明企业的价值。与市盈率一样，在其他条件相同的情况下，市销率价值比率越低，所得的评估值就越低；相反，市销率越高，所得的评估值也就越高。虽然与市盈率相比，市销率有一定的优势，也就是在一般情况下，企业的销售收入都不会出现负值，即使是亏损或者资不抵债的企业，用市销率作为企业价值评估的价值比率都是有意义的，但是市销率存在的最大缺点就是不能反映企业成本的变化，而成本不仅是影响 A 公司甚至可以说是影响任何一个企业现金流量和价值的关键因素，所以评估A公司的价值时不选用市销率作为市场法的价值比率。国外的估值人员经常使用市销率对成长型的企业（如网络公司）进行估值，因为在这些公司的初创阶段，其净利润和现金流往往为负。

（3）市净率。

市净率定义为股权交易价格与股权账面价值的比率。其中，股权账面价值为企业资产的账面价值减去负债的账面价值，股权的账面价值虽然反映了其初始成本，但是从A公司提供的财务报表以及对A公司的相关财务分析可知，A公司股权资本的收益能力在最近几年不是很稳定，如果未来有很大的降低或提高，那么，股权的账面价值与其市场交易价格之间有可能相差很多，所以遵循谨慎性原则，本节不选用市净率评估A公司的价值。

3. 拓展的价值比率

由于我国证券交易市场目前发展得相对还不完善，有时股权交易价格存在虚高或虚低的现象，致使上述三种常见的价值比率在企业价值评估实践中将会影响评估值的合理性，所以本节对企业价值评估市场法的价值比率进行了拓展。

（1）NOIAT价值比率。

NOIAT价值比率的定义为可比企业市场价值与其税后净现金流的比率，本节选取该价值比率作为市场法评估A公司企业价值的价值比率，不但可以减少由于资本结构和折旧/摊销政策可能产生的可比性差异，还可以最大限度地减少由于A公司与可比企业之间不同折现率及税率等对价值的影响。

NOIAT价值比率的计算公式为：

NOIAT价值比率 = 可比企业市场价值 ÷ [EBIT × (1 − T) + 折旧/摊销]

（2）EBIT价值比率。

EBIT价值比率的定义为可比企业的市场价值与其息税前利润的比率，将该价值比率应用到评估A公司企业价值的好处是最大限度地减少了A公司与可比企业之间由于资本结构方面的差异而对评估结果产生的影响。EBIT价值比率的计算公式为：

EBIT价值比率 = 可比企业市场价值 ÷ 息税前利润

（3）EBITDA价值比率。

EBITDA价值比率是指可比企业的市场价值与其息税折旧及摊销前利润的比率。该价值比率的优势在于可以减少A公司与可比企业资本结构的影响，同时还能最大限度地减少两者之间由于企业折旧/摊销政策不同所可能带来的影响。EBITDA价值比率的计算公式为：

EBITDA 价值比率 = 可比企业市场价值 ÷ 息税折旧及摊销前利润

三种常见价值比率的计算结果如表 5－17 所示。

表 5－17 三种常见价值比率

对比公司名称	NOIAT 价值比率	EBIT 价值比率	EBITDA 价值比率
中国海诚	34.74	34.51	30.18
中材国际	46.22	40.65	39.49
东华科技	46.00	41.61	39.46
山河智能	22.29	21.21	19.25

（三）价值比率的修正

1. 分析差异

上文选取的可比企业即使与 A 公司具有很大的可比性，然而对于可比企业与 A 公司之间的差异仍需要认真对待，并依此来修正价值比率，使评估结果更加合理。为了全面地分析被评估企业与可比企业之间的差异，本节从三个方面来考虑，即企业的盈利能力、长期偿债能力以及成长能力，这三个方面分别选用的衡量指标依次为：销售净利率、资产负债率和主营业务收入增长率（见表 5－18）。

表 5－18 财务指标比较 单位：%

证券代码	证券简称	销售净利率	资产负债率	营业收入增长率
001240.SZ	东华科技	10.76	66.11	3.70
002116.SZ	中国海诚	2.72	72.82	30.60
600970.SZ	中材国际	6.08	80.44	32.92
002097.SZ	山河智能	7.06	63.79	95.51
	A 公司	6.81	27.32	17.95

根据表 5－18 中的数据我们可以了解到，A 公司与其他四个可比企业在盈利能力、长期偿债能力、成长能力三个方面都存在或多或少的差异。在依据销售净利率反映的盈利能力方面，差异较小；然而在以资产负债率反映的企业长期偿债能力以及营业收入增长率反映的企业成长能力方面，A 公司与其他四个可比企业之间存在一定的差异。这说明被评估企业 A 公司与可比企业可能处于企业发展的不同期间，A 公司相比其他四个可比企业而言，未来存在相对较大的经营风险。另外，企业的经营能力也会对未来预期增长率产生影响，因此需要对增长率进行相关修正。在本节中，主要采用市场法价值比率与收益资本化率的转换关系来对各个价值比率进行修正。资本化法的公式为：

$$V=\frac{NCF_1}{k-g}$$

其中：k 表示折现率；g 表示增长率；NCF_1 表示第一年净收益。

公式变形为：

$$\frac{V}{NCF_1}=\frac{1}{k-g}$$

通过上述变形的公式可以看出以收益的相关指标定义的价值比率实际上就是相应口径资本化率 k－g 的倒数，这就是本节构造价值比率修正系数的基础。

2. EBITDA 修正系数

EBITDA 价值比率是息税折旧及摊销前利润口径下的价值比率，因此采用税前的加权平均资本成本及 WACC 作为折现率构造价值乘数修正系数，公式为：

$$\text{EBITDA 修正系数}=\frac{\dfrac{1}{WACC_1-g_1}}{\dfrac{1}{WACC_2-g_2}}$$

其中：$WACC_1$ 表示 A 公司的折现率；g_1 表示 A 公司的增长率；$WACC_2$ 表示可比公司的折现率；g_2 表示可比公司的增长率。①

加权平均资本成本的计算公式为：

$$WACC=Re\times E/(D+E)+Rd(1-T)\times D/(D+E)$$

其中：$Re=Rf+\beta(Rm-Rf)+Rs$。

根据上述的计算公式，可以计算出可比企业的 WACC 计算过程，如表 5－19 所示。

表 5－19　可比企业 WACC 计算

可比企业名称	负息负债（万元）	债权比例（%）	股权价值（E）（万元）	股权价值比例（%）	β 值	无风险报酬率（%）	超额风险报酬率（%）	公司特有风险超额报酬率（%）	股权资本成本（%）	债权资本成本（%）	所得税税率（%）	可比企业加权平均资本成本（%）
中国海诚	3225	2.2	140848	97.8	0.7933	4.25	7.4	2.12	12.24	6.31	15	12.09
中材国际	29606	1.2	2529783	98.8	0.7009	4.25	7.4	0.64	10.07	6.31	15	10.02
东华科技	1249	0.1	1108295	99.9	0.9543	4.25	7.4	1.38	12.69	6.31	15	12.68
山河智能	175458	24.2	549951	75.8	1.2052	4.25	7.4	0.97	14.13	6.31	15	12.01

① 张洁慧．市场途径中比率乘数及其修正研究［J］．中国证券期货，2011（12）：205－206.

计算A公司的加权平均资本成本时，为了与可比企业进行对比修正分析，本节通过修正可比企业的加权平均资本成本来求取。根据分析可知，A公司未来的经营风险要大于可比企业，所以与可比企业相比，本节把A公司特有风险超额报酬率修正为5.5%，然后再计算A公司相对于可比企业的加权平均资本成本，计算过程如表5-20所示。

表5-20 A公司WACC计算

可比企业名称	负息负债（万元）	债权比例（%）	股权价值（E）（万元）	股权价值比例（%）	β值	无风险报酬率（%）	超额风险报酬率（%）	公司特有风险超额报酬率（%）	股权资本成本（%）	债权资本成本（%）	所得税税率（%）	可比企业加权平均资本成本（%）
中国海诚	3225	2.2	140848	97.8	0.7933	4.25	7.4	5.5	15.93	6.31	15	15.39
中材国际	29606	1.2	2529783	98.8	0.7009	4.25	7.4	5.5	14.93	6.31	15	14.82
东华科技	1249	0.1	1108295	99.9	0.9543	4.25	7.4	5.5	16.81	6.31	15	16.80
山河智能	175458	24.2	549951	75.8	1.2052	4.25	7.4	5.5	18.67	6.31	15	15.45

计算出A公司以及可比企业的WACC之后，根据EBITDA修正系数的计算公式可知，我们还要计算出A公司与可比企业的EBITDA增长率，本节根据可比企业近五年的息税折旧及摊销前利润计算其增长状况，然后以此为依据，预测出未来五年的增长率变化情况，计算如表5-21所示。

表5-21 A公司增长率计算

年份		中国海诚		中材国际		东华科技		山河智能		A公司	
		EBITDA	增长率（%）	EBITDA	增长率（%）	EBITDA	增长率（%）	EBITDA	增长率（%）	EBITDA	增长率（%）
历史数据	2008	3452.3	—	19026.1	—	5415.8	—	14199.1	—	1156.5	—
	2009	3502.7	1.5	14144.9	-25.7	8386.8	54.9	17561.6	23.7	1965.8	70.0
	2010	4081.4	16.5	38487.6	172.1	11741.9	40.0	10657.7	-39.3	3654.7	85.9
	2011	4944.2	21.1	22127.2	-42.5	21590.6	83.9	15765.2	47.9	2903.3	-20.6
	2012	6158.5	24.6	57220.2	158.6	23000.9	6.5	33651.0	113.5	3621.6	24.7

续表

年份		中国海诚		中材国际		东华科技		山河智能		A 公司	
		EBITDA	增长率（%）	EBITDA	增长率（%）	EBITDA	增长率（%）	EBITDA	增长率（%）	EBITDA	增长率（%）
未来五年预测	2013	7082.3	15.0	65803.2	15.0	26451.1	15.0	38698.7	15.0	3911.3	8.0
	2014	7790.6	10.0	72383.6	10.0	29096.2	10.0	42568.6	10.0	4106.9	5.0
	2015	8413.8	8.0	78174.2	8.0	32005.8	10.0	45974.1	8.0	4230.1	3.0
	2016	8834.5	5.0	82083.0	5.0	33606.1	5.0	48272.8	5.0	4314.7	2.0
	2017	9011.2	2.0	83724.6	2.0	34278.2	2.0	49238.2	2.0	4357.8	1.0
平均增长率		8.00		8.00		8.40		8.00		3.80	

由表 5－21 和表 5－22 可知，被评估企业 A 公司的加权平均资本成本以及增长率的值分别为 15.61%、3.80%，根据 EBITDA 修正系数的计算公式就可以得到 A 公司相对四个可比企业 EBITDA 修正系数（见表 5－22）。

表 5－22　EBITDA 修正系数

公司	WACC（%）	增长率（%）	EBITDA 修正系数
中国海诚	10.02	8.00	0.1710
中材国际	12.68	8.40	0.3624
东华科技	12.09	8.00	0.3463
山河智能	12.01	8.00	0.3395

3. EBIT 与 NOIAT 修正系数

由于 EBIT 与 NOIAT 价值比率的修正系数计算过程与上节 EBITDA 价值比率修正系数的计算过程大体相同，所以本节不作过多赘述，而是在 EBITDA 价值比率修正系数的基础之上，通过一定的比率关系来直接求取 EBIT 以及 NOIAT 价值比率的修正系数（见表 5－23）。

根据表 5－23 计算出的 EBITDA、EBIT、NOIAT 这三种价值比率的修正系数，就可以对对应的价值比率进行修正，修正前的价值比率乘以与其相对应的价值比率的修正系数就可以将可比企业的价值比率修正为 A 公司的价值比率（见表 5－24）。

表 5-23 价值比率修正系数

对比公司名称	EBITDA	EBIT		NOIAT	
	修正系数	NOIAT/EBITDA (λ)(%)	修正系数	EBITDA/EBIT (δ)(%)	修正系数
中国海诚	0.3463	87.5	0.3958	86.9	0.3009
中材国际	0.1710	97.1	0.1761	85.4	0.1460
东华科技	0.3624	94.8	0.3823	85.8	0.3109
山河智能	0.3395	90.8	0.3729	86.4	0.2933

表 5-24 A公司价值比率计算

对比公司名称	NOIAT 价值比率			EBIT 价值比率			EBITDA 价值比率		
	修正前 NOIAT 价值比率(%)	修正系数	A公司 NOIAT 价值比率(%)	修正前 EBIT 价值比率(%)	修正系数	A公司 EBIT 价值比率(%)	修正前 EBITDA 价值比率(%)	修正系数	A公司 EBIT 价值比率(%)
中国海诚	34.74	0.3009	10.45	34.51	0.3958	13.63	30.18	3.463	10.45
中材国际	46.22	0.1460	6.75	40.65	0.1761	7.16	39.49	0.1710	6.75
东华科技	46	0.3109	14.30	41.61	0.3823	15.91	39.46	0.3624	14.30
山河智能	22.29	0.2933	6.54	21.21	0.3739	7.93	19.25	0.3395	6.54
A公司	9.51			11.16			9.51		

（四）评估结果

根据A公司股权转让的评估目的，评估结果应为A公司的股东全部权益价值，而本节中应用的三种价值比率计算出的是A公司的全投资价值即整体价值，扣除全部付息负债的价值之后，得到的才是股东全部权益价值。根据A公司提供的财务报表可知，该公司的付息负债为零，所以本次评估中，A公司的股权价值等于其全投资价值的数值。考虑到被评估企业A公司是非上市公司，其资本的流动性与上市公司相比较差，根据国内最新的证券市场研究结果，在不同的市场交易条件下，各行业总体流动性折扣率的平均水平在30.6%～35.6%。本节遵从“就高不就低”的原则对A公司资本的流行性折扣率定为35%，最后评估结果取三种价值比率计算出结果的平均值，为25271.00万元（见表5-25）。

表5-25　评估结果

评估基准日：2012年12月31日

被评估单位名称：A公司　　金额单位：万元

指标	NOIAT比率乘数	EBIT比率乘数	EBITDA比率乘数
A公司比率乘数取值	9.51	11.16	9.51
A公司对应参数	3621.59	3793.80	4190.66
A公司全投资计算价值	34441.32	42338.81	39853.18
A公司负息负债	0.00	0.00	0.00
A公司股权价值	34441.32	42338.81	39853.18
流动性折扣率（%）	35	35	35
A公司股权市场价值	22386.86	27520.23	25904.56
评估结果（取整）	25271.00		

第六章　综合视角的品牌价值评估方法

本书第四章、第五章分别介绍了企业内部视角的评估方法和企业外部视角的评估方法，这些单一视角各有特点和优势，但明显有偏颇，因此本章将介绍一些综合视角的评估方法。品牌价值评估综合视角的方法又分为以财务视角为主的综合评估方法和以市场视角为主的综合评估方法，本章分两节分别加以介绍。

第一节　以财务视角为主的综合评估方法

前面的内容中，我们系统地介绍了在企业内部，基于财务视角的品牌价值估算方法。尽管后来的学者在传统的财务方法之外又衍生出一系列新兴的品牌价值财务估算方法，但单一的财务方法由于缺乏一系列的外部因素而有明显缺陷，因此有人提出了基于财务视角发展而来的比较流行的综合模型。这些模型或方法主要有 Interbrand 评估方法、Brand Finance（英国品牌金融咨询公司）评估方法、美国 Financial World 评估方法、北京名牌资产评估有限公司评估法、明略行的 BrandZ 评估法、日本 Hirose 模型、品牌价格抵补模型等。

其中，Interbrand 评估方法以对未来收益的预测为出发点，在世界范围有最为广泛的影响；美国 Financial World 评估方法也是在其基础上稍作变动而来的。在国内，北京名牌资产评估有限公司所采用的“名牌法”则有较大的影响，因为它更多地考虑到了我国的国情，评估结果能更加真实地反映国内各品牌的现状，但是其以市场份额为核心的思路在一定程度上偏离了品牌以盈利为先的宗旨。明略行的 BrandZ 评估法基于大量可靠的调查数据，利用日本产经省 Hirose 模型从公开的财务报表中直接估测品牌价值。每种方法都各有特色，需要我们取长补短为中国的品牌建设服务。

一、Interbrand 评估方法

Interbrand 评估方法是由 Interbrand Group（英特品牌公司）开发的，Interbrand Group 公司是 1974 年成立于英国伦敦的著名品牌咨询公司，它是世界上最早和最权威的研究品牌资产评估专业机构之一。从 1990 年开始至今，英特品牌公司每年都会评出“全球最佳品牌 100 强”，这一评估活动成为人们了解全球知名品牌的平台，上榜企业也都纷纷成为业界关注的焦点。该公司所独创的 Interbrand 评估方法也得到了全球众多市场营销和金融专业人士的认可。每年各大企业排名的变化情况，能够为利益相关者带来相对有价值的信息。目前，除了在全球范围内进行“全球最佳品牌 100 强”评选以外，英特品牌公司也在各国当地开展品牌的评选和排名。

Interbrand 评估方法的一个基本假定是，品牌之所以会有价值，“不全在于创造品牌所付出的成本，也不全在于有品牌产品比较无品牌产品可以获得更高的溢价，而在于品牌可以使其所有者在未来获得比较稳定的收益”。也就是说，短期内对比有品牌和没有品牌的企业，收益的差异并不明显；但是从长期来看，企业有无品牌、所拥有的品牌影响力大小将对收益的稳定产生很大的影响。以餐饮业为例，“麦当劳”“必胜客”等知名品牌与其他一些地方性品牌，甚至不知名品牌相比，明显更具有稳定的市场需求。因为选择这些品牌的顾客，在将来很可能还会选择这些品牌；而对不具备竞争力的品牌而言，存有其顾客很可能在将来转换品牌消费的风险。知名品牌的价值就在于，它能为企业带来稳定的市场需求，从而保持稳定的未来收益。

所以，英特品牌公司认为，一个品牌的价值和其他经济资产的价值一样，是未来收益的折现值，用公式表达为：

$$V = E \times B$$

其中，V 为品牌价值；E 为品牌未来净收益；B 为品牌强度。由公式可知，Interbrand 评估方法的计算需要三个阶段来完成，图 6－1 列出了这一方法的基本思路。

Interbrand 模型采用综合视角，在公司内部财务分析之外，集合了企业外部的市场分析和品牌分析，进一步完善了对品牌价值的估算方法。

（一）财务分析

财务分析的目的是计算某个产品或服务的无形资产未来所带来的回报。用公

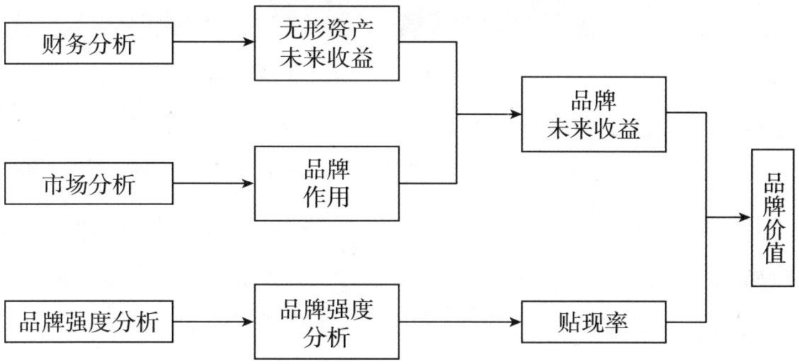

图 6－1　Interbrand 评估方法基本思路

资料来源：笔者整理。

式表示为：

无形资产未来收益＝产品或服务的未来总收益－有形资产收益

其中，未来总收益（一般是五年内）计算的数据通常来源于该品牌五年的发展统计数据、对外公开的财务数据和第三方提供的数据。扣除的有形资产收益是整个行业，即使是无品牌产品也能创造的价值，比如存货、固定资产、流动资金等投入，一般在固定的行业中会有一个公认的平均回报率。

在估计无形资产未来收益的过程中，需要注意以下几个问题：

（1）应只包括使用被评估品牌所创造的收益，由非品牌产品或不在该品牌名下销售的产品应排除在外。在企业销售产品的过程中，可能会有一部分产品并未使用该品牌，那么这时就应该把这部分产品创造的利润扣除，避免过高估计品牌所创造的未来收益。

（2）合理估计有形资产所创造的收益。应合理界定与产品或服务相联系的有形资产，如设备投资、分销系统等，并对其创造的收益进行合理估计，从总收益中扣除。

（3）收益的计算应扣除所得税的影响。这样才能使品牌收益的计算具有一致的基础，才能符合品牌作为企业资产一部分的性质，同时也具有可比性。

（二）市场分析

市场分析目的是将品牌收益从无形资产收益中剥离出来，从而确定无形资产未来收益中属于品牌创造的收益部分。用公式表示为：

品牌未来收益＝无形资产未来收益－非品牌无形资产未来收益

由于行业性质的不同，品牌对顾客购买行为的影响也有大有小。例如，食品、饮料、化妆品等，商品的品牌对顾客的影响较大，因此这些行业中品牌所带来的收益占无形资产收益的比重也较大；而像许多高科技产品和工业产品，如专利技术、客户数据库、分销协议等非品牌无形资产占无形资产收益中的较大部分，品牌的作用则不是很明显。为了要确定品牌价值，必须要将无形资产未来收益中的非品牌因素扣除。Interbrand 公司在确定品牌收益比重时，采用一种叫作“品牌作用指数”的方法，其基本思路是：从多个层面审视哪些因素影响产品无形资产的未来收益，以及品牌在多大程度上促进了无形资产未来收益的形成。行业品牌的作用越大，品牌作用指数就越高。尽管“品牌作用指数”带有一定主观和经验的成分，但 Interbrand 公司认为，它仍不失为一种较系统的品牌作用评价方法。

（三）品牌强度分析

品牌强度分析的目的是确定被评估的品牌与同行业其他品牌相比的相对地位，从而衡量该品牌在将其未来收益转变为现实收益过程中的风险，并最终以此确定适用于未来收益贴现时的贴现率。

Interbrand 评估方法主要从以下十个方面评价一个品牌的强度。

（1）品牌承诺（Commitment），即公司内部对品牌的承诺或信仰，体现于品牌在时间、影响力、投资方面所获得的支持程度。恰当的品牌承诺能够有助于扩大企业规模，增加企业价值。越能够做出合理承诺并能将其付诸实践的企业，其品牌价值也就越高。

（2）品牌保护（Protection），即品牌所有者的合法权利受到法律保护的程度，主要是指企业的专利权和商标专用权情况。获得法律保护的商标专用权，并积极采取措施保护其品牌名称的企业，会比没有获得法律保护、在品牌名称上仍存在争议的企业获得更高的分数。

（3）品牌明晰性（Clarity），即品牌价值、定位和主张必须清楚地阐明和跨组织共享。企业不但需要让目标受众明确了解该品牌的作用，也要从顾客角度洞察不断变化的品牌价值观念。能够洞察到顾客需求的企业才能够占据更大的市场份额，从而获得更高的分数。

（4）品牌反应（Responsiveness），即企业品牌适应市场挑战、变化和机遇的能力。品牌应该具有不断发展和更新自己的愿望和能力，尤其在近两年经济衰退的背景下，品牌被迫需要更加灵活地应对社会经济和竞争的压力。越是能够适应变化的品牌，越能够得到更高的分数。

（5）品牌可靠性（Authenticity），即顾客对品牌的认可程度。顾客更愿意为他们觉得可靠的品牌埋单，因此传承性强、顾客认可度高的品牌更具有价值。

（6）品牌相关性（Relevance），即品牌能够在多大程度上满足地区内甚至全球范围内顾客的需求。随着互联网技术的发展，在扩大了市场范围的同时，也要求品牌能够适应各地区顾客不断增长的需求。因此，能够满足更多顾客需求的品牌就能创造更多的利润，品牌也就能获得更高的分数。

（7）品牌了解性（Understanding），即品牌所有者和顾客不但可以了解品牌的标识，还能够了解品牌所具有的与众不同的特点和品质，只有这样才能提高顾客对品牌的忠诚度，从而保证市场份额，使品牌更有价值。

（8）品牌一致性（Consistency），即品牌在其所有市场中经历的成功程度。目前在这方面能够成为典范的是耐克这个品牌，该品牌以它标志性的品牌标志符号，在世界范围内的各个地方用相同或相似的款式，创造了一个普遍共通的成功经验。

（9）品牌表现（Presence），即一个品牌给顾客带来的积极感觉，可以通过传统或先进的社会媒介表现出来。品牌的表现越好，越能为商家提升信誉度从而进一步提高销售业绩。新生媒体的不断涌现，也为品牌提供了新的机会来提高自身价值。

（10）品牌差别化（Differentiation），即在顾客心目中该品牌在多大程度上能区别于其他品牌。品牌的差异化越大，说明品牌的不可替代性越强，顾客的忠诚度也就越高，企业就能够有较大的盈利空间，从而使品牌更有价值。

对于上述品牌强度组成的十个方面，Interbrand 评估方法首先根据历史经验和实际的对比参照进行打分，其次对每一个分数加权，最后得出一个总分数，即品牌强度分。在实际经济生活中，任何一个品牌都很难达到满分的理想状态，但是在上述因素中得分越高，说明品牌竞争实力就越强、品牌的获利年限也就越长。根据大量的数据调查，在 Interbrand 评估方法中将品牌的最低预期获利年限确定为6 年，最高预期获利年限确定为 20 年，也就是说 B 的取值范围为 $6 \leq B \leq 20$。

以上简要介绍了 Interbrand 评估方法的思路和基本做法，下面，我们将用一个例子来演示如何利用 Interbrand 模型计算品牌价值。为了简便我们做出如下假定：

（1）净销售收入是以当年年度为基数，即第 0 年不变价计算的。

（2）销售净额全部都是被评估品牌所创造的销售额，不包括自有品牌和无品牌产品的销售。

（3）有形资产包括固定资产和流动资产，均以第0年不变价计价。

（4）有形资产的收益剔除了通货膨胀的影响。

（5）品牌所产生的未来收益按照无形资产未来收益的75%来计算。

（6）在对行业、市场和品牌分析的基础上，确定贴现率为15%。

（7）第五年之后品牌收益增长为0。

具体计算如表6-1所示。

表6-1 Interbrand品牌评估方法计算实例 单位：万元

时间	前年	去年	第0年	第1年	第2年	第3年	第4年	第5年
净销售额	440.0	480.0	500.0	520.0	550.0	580.0	620.0	650.0
营运收益	66.0	72.0	75.0	78.0	82.5	87.0	93.0	97.5
使用的有形资产	220.0	240.0	250.0	260.0	275.0	290.0	310.0	325.0
有形资产计提收益（5%）	11.0	12.0	12.5	13.0	13.8	14.5	15.5	16.3
无形资产收益	55.0	60.0	62.5	65.0	68.8	72.5	77.5	81.3
品牌收益	41.3	45.0	46.9	48.8	51.6	54.4	58.1	60.9
税率	33%							
税后品牌收益	27.6	30.2	31.4	32.7	34.5	36.4	38.9	40.8
贴现率	15%							
贴现因子		1.0	1.15	1.32	1.52	1.75	2.01	—
现值现金流		31.4	28.4	26.1	24.0	22.3	20.3	—
第五年时品牌创造价值	152.4							
第五年后品牌残值	135.3							
品牌总价值	287.7							

具体计算过程如下：

（1）营运收益＝净销售额×15%

（2）有形资产收益＝使用的有形资产×5%

（3）无形资产收益＝营运收益－有形资产收益

（4）品牌收益＝无形资产收益×75%

（5）税后品牌收益＝品牌收益×（1－33%）

（6）现值现金流＝税后品牌收益/贴现因子

（7）第五年品牌所创造价值 = ∑现值现金流

（8）第五年品牌残值 = ∑税后品牌收益/贴现因子

（9）品牌总价值 = 第五年品牌所创造价值 + 第五年品牌残值

从表 6 - 1 中可以看出，被评估的品牌到第五年所创造的累积收益现值为 152.4 万元，第五年后品牌残值折合现值为 135.3 万元，因此，该品牌的总价值为 287.7 万元。

二、美国 Financial World 品牌评估方法

美国《金融世界》（*Financial World*）杂志从 1992 年开始，组织了六人专家小组进行研究讨论，旨在寻找一种正确评估品牌价值的方法，并在每个年度对世界顶级品牌做出品牌资产的评估报告。从总体来说，Financial World 品牌评估方法是对 Interbrand 评估方法的继承和发展，在基本思路和基本假定方面都大致相同。但其特色表现在以下两个方面：

第一，Financial World 更多地以专家意见来确定品牌的财务收益等数据。

第二，Financial World 将品牌分为产品品牌和公司品牌两个层次来评估，产品层面称为商标，公司层面称为商号。因为 Financial World 认为，产品品牌和公司品牌是两种性质不同的无形资产，能够为企业带来不同的收益和现金流。品牌是指公司生产的主要产品所使用的名称和标志，如潘婷。而公司商号是指公司的名称和标志，如生产销售潘婷品牌的宝洁公司。两者的区别就在于公司可以同时生产一系列不同产品品牌的商品，并且能够通过收取特许权使用费来获得收入。因此，对公司商号进行评估时需要考虑该公司的全部收入，而对产品品牌评估时，则需要剔除其他产品收入对该产品品牌收入的影响。这是 Financial World 评估方法的一个重要基础。

这种品牌评估方法的基本思路分为两方面：一是对产品商标的评估，二是对公司商号的评估。

（一）对产品商标的评估方法

（1）计算品牌的利润贡献额。首先，从公司报告、分析专家、贸易协会、公司主管人员处得到有关品牌销售额的数据，并基于专家对行业利润率的估计，计算出公司的营业利润。其次，从营业利润中剔除与品牌无关的利润额，主要涉及资本净收益（营业利润 × 资本报酬率 × 扣除通货膨胀后行业资金平均利润率）和税收，从而最终得出与品牌相关的利润。

（2）估算品牌强度倍数。即按照 Interbrand 公司建立的模型估计品牌强度倍

数，该数值的范围在6～20。品牌越强，倍率越高。

（3）计算出品牌价值。

V＝P×B

上式中，V为品牌价值，P为品牌利润贡献额，B为品牌强度倍数。

（二）对公司商号的评估方法

Financial World对公司商号评估采用了特许经营协会（Trade & Licensing Associates，TLA）的方法，其理论基础在于衡量一个公司商号价值的最好尺度就是在现实生活中其他当事人为使用该商号所愿意支付的特许权使用费。TLA建立了一个大型数据库，包含涉及几乎所有消费品的5000多种特许经营协议，并以这些具有可比性的许可协议为基础进行评估。TLA评估思路的基础仍是现值法。首先根据顾客认可度、利润、产品扩张能力、市场份额增长率等20种因素确定商号强度，将公司分为1～5级，5级为最高；强度越大，公司可能获得的特许权使用费率就越高。同时，不同行业间的特许权使用费率差别很大，在某些食品行业可能低至0.25%，而在珠宝或化妆品等高利润行业中可能高达15%。然后确定公司商号的有效寿命、预期销售增长率、折现率等，将未来收益期内的预期收益进行折现。TLA的公式为：

商号价值＝当年销售收入×特许权费率×有效寿命×预期销售增长率×折现因子

在具体评价时，金融世界评价法并没有全部采用各相关公司的实际数据，而是通过咨询财务分析师、商会，阅读财务报表甚至咨询被评价公司的竞争对手等方法来收集数据。这是基于以下考虑：①某些公司的实际财务数据难以完全获得；②由于不同公司财务制度不同；③避免不同企业提供数据的不可比性，避免与被评价者产生利益关系。

下面，我们将以“吉列”品牌剃须刀为例，来展示如何利用Financial World品牌评估方法计算品牌价值。

第一步，经调查，“吉列”品牌产品在全球范围内的销售收入为26亿美元。

第二步，计算“吉列”品牌产品税前的营业利润，即：

营业利润＝销售收入×营业利润率

在评估客观性的原则下，根据咨询人员、竞争对手和剃须刀行业专家的估计，认为“吉列”的营业利润率应为37%，由此可以算出该产品的税前利润为：26×37%＝9.62亿美元。

第三步，计算品牌产品的税前超额利润，即在营业利润中扣除企业的正常投资回报。计算公式为：

品牌税前超额利润额 = 税前利润 - 品牌产品销售额 × 平均资本产出率 × 扣除通货膨胀后的平均资本利润率

该步骤的计算过程为：

（1）根据估算平均资本产出率 = 占用资金/营业收入，确定与该销售收入规模相对应的企业正常投入资本。

根据专家分析，1 元的销售收入需要使用 0.38 元的资本，那么相应产品的平均资本产出率即确定为 38%。则正常投入的资本为：26 × 38% = 9.88 亿美元。

即“吉列”剃须刀当年 26 亿美元的销售额需要投入 9.88 亿美元的资本额。

（2）估算投入资本的正常回报，即普通品牌投资所能获得的平均资本利润额。根据调查，普通品牌的剃须刀在扣除通货膨胀后的资本平均利润率为 5%，则正常资本回报为：9.88 × 5% ≈ 0.49 亿美元。

（3）扣除正常回报，计算品牌带来的超额利润。

“吉列”剃须刀所获得的税前超额收益为：9.62 - 0.49 = 9.13 亿美元。

第四步，确定品牌的净收益。为了防止品牌价值受整个经济或整个行业波动的影响过大，Financial World 采用最近两年税前利润的加权平均值，最近一年的权重是上一年的两倍。两年加权后的修正利润结果为 8.71 亿美元。

第五步，从品牌税前超额收益中扣除所得税的影响，由此计算出品牌所获得的净利润增加额。按照规定，“吉列”剃须刀的所得税率为 34%，则品牌净收益为：8.71 ×（1 - 34%）≈ 5.75 亿美元。

至此，“吉列”品牌利润贡献额（P）已经求出，为 5.75 亿美元。

第六步，专家根据品牌影响因素打分确定品牌强度倍数。考虑到“吉列”剃须刀在世界品牌排名中的稳定性，并且其品牌领导地位、品牌全球化、品牌支持和品牌保护等都处于良好状况，只是品牌趋势和市场类别受到顾客和社会追求健康产品的影响有所削弱。因此品牌强度倍数 B 定为 17.9。

第七步，税后品牌价值计算：

品牌价值（V） = 5.75 × 17.9 = 102.925（亿美元）

三、Brand Finance 评估方法

Brand Finance（英国品牌金融咨询公司）是全球性的独立第三方品牌价值评估和咨询机构，总部位于英国伦敦金融城中心。该公司致力于构建市场营销与金

融之间的桥梁，帮助客户对无形资产进行估价，提供以企业增值为目标的品牌战略咨询服务，为市场营销人员与金融人员建立合作纽带，驱动企业业务可持续增长。其业务范围涉及品牌战略咨询、市场研究、品牌视觉识别管理、财务金融、税务、知识产权法务等领域。Brand Finance 公司通过提供品牌估值、分析、战略及交易等服务，帮助客户进一步了解其业务和无形资产的价值。

Brand Finance 在全球设有近 30 家办事处和子公司，分布于五大洲各主要经济体，以确保其服务品质长期可持续地对所在国家和地区有精准的把握。Brand Finance 每年都会为全球约 1 万个横跨不同地域与行业的品牌进行价值计算评估，并且在媒体上发布品牌排名，以提升这些品牌的公众感知度，挖掘金融场景的使用需求，使之成为有价值、需要被妥善管理和投资的业务资产。

Brand Finance 的创始人兼 CEO 戴维·海格曾是伦敦普华永道国际会计公司的特许会计师，随后从国际财务管理专业机构投身市场营销服务领域。1988 年，他创建了一家金融市场服务咨询公司，于 1990 年被阳狮集团收购。1995 年，他加入著名的品牌评估咨询公司 Interbrand 任全球品牌估值总监。1996 年，他创建了 Brand Finance。戴维·海格作为英国标准研究院的代表，参与了国际标准委员会（ISO）制定品牌评价的标准化方法和实践的项目，该委员会在 2010 年 11 月发表了品牌价值评估的标准（ISO 10668）。戴维·海格先生是该标准的主要执笔撰写人。

2017 年，Brand Finance 在北京正式设立了全资子公司——品金品牌咨询服务有限公司，并于 2018 年将每年发布的“中国最具价值品牌 100 强”扩大为“中国最具价值品牌 300 强”。

（一）对品牌价值的描述和定义

Brand Finance 认为，从广义看，一个品牌包含所有来自消费者、员工和其他相关利益方对一个组织及其产品或服务的期待和观点。但是，当把品牌视作可以被购买、销售和许可的业务资产时，需要给出一个更具技术性的定义。Brand Finance 帮助国际品牌估值的标准（ISO 10668）中将品牌定义为“与市场营销相关的无形资产，包括但不限于名字、条款、符号、标识、商标和设计，或者以上这些元素的整合体。这些元素可用于识别产品、服务或实体，抑或是这些元素的整合体可以在相关利益方的脑海里创造特有的印象和联想，并据此创造经济利益与价值”。

Brand Finance 认为，整个企业的品牌价值是由其所统辖的数个品牌化业务构成的；品牌化业务价值是从属于子品牌的单个品牌化业务所带来的价值；品牌贡献是由品牌的业务所创造的总体经济获益。最终品牌价值是品牌化业务内商标的价值（以及相关的营销 IP 和所附加的商誉）。

（二）理论模型与评估方法

Brand Finance 使用“特许费率法”来计算品牌价值。这种方法包含估计由品牌所带来的预期未来销售收益以及计算特许费率，该费率以品牌使用情况来收费，即假设品牌在并未被使用者所拥有的情况下，品牌使用者所需支付的款项。换一个角度而言，即公司拥有该品牌，实际上就是节省下这笔费用，这也是品牌价值所在。简单来讲，以苹果公司为例，假如苹果失去了“被咬一口的苹果”的商标使用权，所有权在第三方公司手里，那么苹果想使用这个商标，需要向第三方支付商标特许使用费，这个使用费就是苹果的品牌价值。

“特许费率法”通常被税务机构和法庭所青睐，因为品牌价值是基于参考有记录的第三方交易而计算得出的。该计算可以通过公开可用的财务信息来完成。同时，该方法符合国际评价标准机构和 ISO 10668 的要求，可有效确定公正合理的品牌市场价值。计算步骤如下：

（1）在 1～100 分范围内基于一系列属性诸如情感联结、财务绩效、可持续性指数及其他指标来计算品牌强度。该得分即品牌强度指数。

（2）确定各品牌行业的特许费率范围。这一步通过审核来自 Brand Finance 的许可协议数据库及其他在线数据库中的可比较许可协议来完成。

（3）计算特许费率。将品牌强度得分应用于特许费率范围，得出特许费率。例如，如果某一品牌行业的特许费率范围为 1%～5%，同时一个品牌的品牌强度得分是 80 分，那么其在该行业里使用品牌的适当的特许费率为 4.2%。

（4）通过估计母公司由某个特定品牌带来的收益来确定品牌特定收益。

（5）通过历史收益、预期资产分析和经济成长率来确定预期品牌特定收益。

（6）将特许费率应用至预期收益来导出品牌收益。

（7）税后贴现的品牌收益即净现值，也就是品牌价值。

Brand Finance 的方法论所衍生出的最大特色是品牌评级，这一评级类似于信用评级。品牌评级由品牌强度指数（BSI）推导而来，BSI 可体现对比其竞争对手的品牌投入、资产累计和未来潜力，并由 D 到 AAA 进行评级。

针对消费者、员工、投资方、社会四个群体，Brand Finance 分析品牌所带来的广度、感知属性及印象概述，并准确捕捉这些属性给这些群体的行为所带来的影响。对于客户，品牌健康影响企业利润的增长。对于供应商和员工来说，品牌显而易见地可降低成本并带来高利润。对于投资方和融资方来说，强品牌所带来的利益可以从更低的融资成本中窥知一二。Brand Finance 最核心的评价标准为品牌强度，由三部分构成，分别是现有表现、顾客评价和未来预期。其中，现有表现包括利润、销售额、市场占有率、定价支持；顾客评价包括知名度、联想度和美誉度；未来预期可以用重复购买、竞争者策略等指标衡量。

（三）数据来源

Brand Finance 有四大数据来源，分别是：通过上市公司官网以及相关金融机构的公开信息获取上市公司的财务表现；通过专业的数据咨询公司购买市场表现数据；与营销机构合作进行消费者印象问卷调查；从在线许可协议数据库中获取许可相关数据。

四、北京名牌资产评估有限公司的评价方法

北京名牌资产评估有限公司的评价方法简称“名牌法”，它是在参考美国 Financial World 评估方法的基础上，结合我国实际国情加以创建的。从评估方法的角度分析，该方法在设计的过程中充分考虑到了中国品牌的实际情况，比如，区别于西方利润中心的思想，该方法以品牌实现的市场份额为中心；再如，根据中国市场的实际特点引入了行业修整系数的概念，这些都更加符合中国目前的竞争机制状况，对中国的知名品牌有相对客观公正的评估。

“名牌法”需要品牌价值的研究对象满足以下几个原则标准：①中国自己的品牌（包括中外合资企业在中国共同创建的品牌）；②产品能够与顾客见面；③行业市场份额领先；④顾客对产品有选择权；⑤能够提供评价所需要的相关材料数据；⑥能够从公开信息中获得符合上述标准的品牌。

与 Interbrand 公司评估方法的假定不同，“名牌法”认为，品牌资产的价值最终要体现在顾客对产品的购买上面。因此对于品牌价值（V）的衡量，“名牌法”采用了三个评估指标：品牌的市场占有能力（M）、品牌的超值创利能力（S）以及品牌的发展潜力（D），具体计算公式如下：

$$V = M + S + D$$

（1）品牌的市场占有能力。该指标是为了显示品牌的历史业绩，主要通过销售收入指标折算出来的。公司研究表明，品牌的市场占有能力与品牌价值高低之间存在高度关联，因此该指标在中国品牌价值计算中占有较高的影响权重。出于对不同行业品牌对销售收入影响不同的考虑，需要对销售收入进行折算以保证各行业之间具有可比性。例如，快速消费品中，品牌的贡献可以达到 2～4∶1，而在高新技术产业中大约只有 0.5∶1。

（2）品牌的超值创利能力。其计算方法借鉴了一般商标评估的折现法，通过利润和利润率加以反应，超过了行业平均利润水平的部分按照一定年限（一般为三年）折现进行计算，也就是说如果利润率低于行业平均利润水平，这个部分的价值将是零。从这个角度看，“名牌法”强调仅将具备超额创利能力的品牌作为评估对象，而非所有品牌。同时，该指标又与顾客的信任度有关。一般而言，顾客信任程度越高的商品，如“海尔”品牌，顾客对品牌的忠诚度也就越高，所以对价格变化的敏感程度也就越低，从而使品牌具备了获得超额创利能力的条件。另外，该指标也与品牌的市场占有能力相关。因为品牌市场占有力越强，在面对相同的条件下，如成本增加、竞争压力大等，获得的销售收入越高，则意味着获得比同行业其他产品更多的超值创利能力。

（3）品牌的发展潜力。如果说前两个指标都着眼于品牌历史价值，那么这个指标则着眼于评估品牌未来的发展状况。强势品牌所具备的强大的未来获利能力正是品牌的魅力所在。在确定品牌发展的潜力系数时，需要考虑的因素包括：①企业商标在国内外注册数量与范围，也就是法律保护状况；②品牌已使用的年限，也就是品牌的稳定使用历史；③产品出口或海外经营状况，也就是品牌超越地理和文化边界的能力；④广告宣传投入，也就是品牌所获支持的力度；⑤技术领先，如专利开发能力等。

另外，该方法在评估过程中还提出了“行业修整系数”的概念。这正是基于我国市场经济发展尚不完善、行业之间明显的利润率差异仍然存在的现状而制定的。具体而言，该体系创立的行业修整系数的作用体现在两方面。首先，行业修整系数可以帮助修正行业规模。例如，烟草汽车等规模性行业，如果不加以调整，评价的结果将会被这些企业占满，而像相当多的消费类产品就很难占据一席之地，这也是不符合品牌在实际生活中的影响的。其次，行业修整系数有利于修正产业链上不同环节对品牌价值的影响。例如，产业链上游企业对其产品品牌的影响力较小，因为这类企业和最终顾客的接触频率较低，从而影响到最终的品牌价值，行业修整系数可以对这些事实进行修正。同时，该行业修整系数采用3～5年的移动平均法计算而得，并非固定不变的。

“名牌法”将三项指标的得分按照一定权重相加后就得到了品牌总价值。通过行业调整，三部分的构成权重一般平均为4∶3∶3，具体到不同行业也会做出相应调整。例如，当某品牌所处的行业规模较大，如汽车行业，那么在和其他规模较小的行业相比较时，第一个指标“品牌的市场占有能力”的权重就应相对降低，而小规模行业的权重就应相对提高，以获得相对客观的评估结果。

从发展的角度看，“名牌法”也存在一些尚需进一步完善的方面：首先，名牌法没有能够区别产品品牌价值和公司商号价值，这对于中国目前品牌市场发展状况来看，显然夸大了品牌的价值。其次，“名牌法”采用的以市场份额为核心的评估方法，虽然适用于中国当前的发展状况，但是市场占有率仅是判定品牌价值的一个方面，把它作为评估的中心难免有失偏颇，并且很容易会给企业带来一种只重视市场份额而忽视利润创造的错误导向。随着中国品牌市场的不断成熟完善，以创利为基础的品牌评估方法会得到更好的发展。最后，参与“名牌法”评估的品牌仍然存在数量较少且行业分布不均的情况。虽然这也和品牌本身的实力相关，但要进一步提高品牌评估体系的权威性，就必须在上榜品牌的全面性和科学性上进一步完善。

通过上述方法，我们利用“长虹”品牌产品某年的经营数据来计算品牌价值。“长虹”品牌产品某年的经营状况如表 6－2 所示。

表 6－2　长虹品牌产品某年经营状况

销售收入	营业利润	资产总额	资产利润率
42.74 亿元	8.36 亿元	31.12 亿元	26.86%

第一步，计算品牌的市场占有能力（M）。鉴于当年该品牌产品的市场占有率达到 20% 以上，超过绝大多数同类产品，并且增长势头迅速，因此，此次评估中评定其产品的市场占有能力非常强。

第二步，计算品牌的超值创利能力（S）。鉴于专家认为当年该电子行业的平均资产利润率为 1.8%，故得到该品牌的超额收益为 8.21 亿元（8.36－8.36×1.8%）。同时，也考虑到了该品牌连续四年销售收入和营业利润的增长率都超过 40% 的客观事实。

第三步，确定品牌的发展潜力（D）。本方法考虑了若干相关因素，包括品牌强大的市场销售能力，具有远远高于国内同行业其他企业的营业利润水平，以及强大的市场领导能力，认为该品牌的市场潜力巨大。

第四步，通过上述分析，分别估算了该电子产品品牌的市场占有能力、超值创利能力和发展潜力，并考虑了其他因素的影响予以调整，最终确定了当年品牌价值为 87.61 亿元。

五、明略行的 BrandZ 评估法

从 1998 年起，WPP 集团旗下的英国品牌咨询公司明略行（Millward Brown）开展了名为 BrandZ 的基于顾客的品牌资产研究，截止到 2018 年，已累计访问 50 个国家超过 300 万名消费者对 5 万个品牌的访谈数据。明略行开发了专有的品牌资产评估模型，该模型是建立在庞大的顾客数据，以及著名公司彭博（Bloomberg）、数据监控（Data - monitor）等多方面市场数据基础之上的，并从 2006 年每年 4 月起开始在英国著名财经杂志《金融时报》（*Financial Times*）上发表“BrandZ 全球品牌 100 强”榜单。

BrandZ 品牌价值的计算方法大体分为四个步骤：

（1）计算无形资产利润。首先根据彭博和数据监控公司的数据，按照国别计算每一个品牌的利润总额，其次根据公司和分析师报告、行业研究、收益估算等指标将无形资产所创造的利润剥离出来。

（2）计算品牌贡献。在无形资产所创造的利润中确定哪些利润是由品牌带来的，具体数额用百分比来表示。BrandZ 评估法认为，其积累的访谈数据中，顾客忠诚度这一指标能够很好地估算品牌在无形资产中所占的比例。

（3）计算品牌倍数。主要通过 BrandZ 和彭博当中的数据估算市场大小、品牌风险以及品牌成长潜力，进而算出一个品牌倍数。

（4）将以上三个方面的数据相乘，就可计算出品牌价值。计算公式为：

品牌价值 = 无形资产利润 × 品牌贡献比例 × 品牌倍数

除了公布品牌价值之外，BrandZ 的品牌榜单中还有品牌贡献和品牌动力的排名。其中品牌贡献反映了产品的品牌对公司盈利的贡献程度，分值为 1 ~ 5；品牌动力反映了品牌在短期内（通常是一年）的增长情况，分值为 1 ~ 10。

明略行的 BrandZ 评估方法与其他方法相比有很明显的独特性：首先，该方法利用顾客的访问数据作为其品牌评估的依据，通过顾客忠诚度这一指标来计算品牌贡献，实际上是结合了顾客和市场两个方面来评估品牌价值，对比于 Interbrand 评估方法，明略行的 BrandZ 评估方法不但可以反映品牌的财务价值，还可以反映品牌的成长动力，并为公司的品牌管理提供依据。其次，BrandZ 评估方法不仅只评估发达国家的品牌，也同时将发展中国家的品牌列入排名的评估范围。在这一点上也同 Interbrand 等方法有显著不同。其原因在于，Interbrand 评估方法十分注重品牌的国际化水平，国际化不高的品牌很难列入评估范围，这导致在品牌国际化方面，发展中国家明显不如发达国家。这也是为什么中国的品牌很难被

列入 Interbrand 全球品牌排行榜之列的原因；而 BrandZ 评估方法则不同，即使是不具有高度国际化水平的品牌，也可以列入评估范畴，因此才出现了中国移动在全球排行榜上以 52616 亿美元位居第八名的优异成绩。最后，BrandZ 评估的是单个品牌而不是公司品牌，所以在某一行业品牌价值排行榜中，会出现一家公司的不同品牌同时上榜的现象。

六、日本 Hirose 模型

Hirose 模型于 2002 年由日本经济产业省所提交的品牌价值研究方法报告首次提出。日本经济产业省成立的由 Yoshikuni Hirose 博士领衔主导的品牌价值委员会，于 2002 年的研究报告中，提出了品牌价值评估模型（Hirose 模型）。Hirose 模型主要源自品牌价值的内涵，提出三个主要驱动品牌价值的假说结构，即价格优势（Prestige Driver，PD）、忠诚驱动力（Loyalty Driver，LD）和扩张力（Expansion Driver，ED），其主要目的是研究作为评估日本各产业公司品牌价值的客观依据。该报告是由日本早稻田大学教授广濑义州领导的研究委员会提出，成员包括大学教授、会计师、企业和金融机构人员共 28 人，历时一年最后完成提出的研究结果报告。该模型就是以产经省品牌价值委员会负责人广濑教授的名字命名的。

广濑教授认为，如果要将品牌价值纳入财务报表，就必须公开公正，信息也必须是透明并可以重复验证的。他认为，Interbrand 品牌评估法在计算品牌对收益的贡献时有“黑盒子”之嫌，并且不同行业的品牌贡献率设置得过于主观。因此，他在发展品牌价值评估模型时，舍弃了定性的指标，采用了定量指标，并将品牌资产分为以下三个驱动力指标：

（1）声誉驱动力，侧重品牌为公司创造的价格优势。在完全竞争市场条件下，正是因为品牌的缘故，才能使公司持续地以相对较高的价格出售商品。即便在产品品质、功能条件等同的条件下，强势品牌产品也能够比无品牌或弱势品牌产品以更高的价格出售。反映在财务报表上，声誉越高，带给企业的现金流量就越高。他认为，销售成本和广告宣传费都有助于提高产品声誉，并带来更多的品牌效益和未来现金收益，侧重于品牌为公司创造的价格优势。依据“Hirose REPORT”，声誉驱动力可以用下列公式来定义：

$$PD = \frac{1}{5}\sum_{i=-4}^{0}\left\{\left(\frac{S_i}{c_i} - \frac{S_i^*}{c_i^*}\right) \times \frac{A_i}{OE_i}\right\} \times C_0$$

其中：S 表示本公司销售额（Sales of the Company）；S^* 表示基准企业销售额

(Sales of the Benchmark Company)；C 表示本公司销售成本（Cost of Sales of the Company)；C^* 表示基准企业销售成本（Cost of Sales of the Bench Company)；A 表示本公司广告宣传费比率即品牌管理成本（Advertise and Promotion Cost)；OE 表示营业成本（Operating Cost)。

注：基准企业的选择乃以同一业种内每单位销售成本销售额最低的企业。

(2) 忠诚驱动力，侧重品牌能否在长时间内维持稳定的销售。由于产品使顾客产生了对该品牌的偏好，使顾客能够重复购买该产品，从而确保了产品稳定的销量。反映在财务报表上，则表示现金流的稳定程度。忠诚度高的顾客越多，公司的运营就越稳定，而运营的稳定程度可以通过运营成本的状况来看。考虑到若企业公开市场占有率可能会涉及商业机密，Hirose 模型以过去五年销售成本的平均数据作为忠诚驱动力的代表性指标，销售成本越高，说明销售量的波动越明显。主要测度客户的品牌忠诚度，侧重于品牌能否在长时间内维持稳定的销售。依据“Hirose REPORT”，忠诚驱动力可以用下列公式来定义：

$$LD = \frac{\mu_c - \sigma_c}{\mu_c}$$

其中：μ_c 表示过去 5 年平均销售成本（5 - year Average of Cost of Sales)；σ_c 表示销售成本标准差（Standard Deviation of Cost Sales)。

注：①从过去五年销售成本的平均数据求出平均值 μ 和标准差 σ，σ 占 μ 的比率。②采用销售成本的原因是，销售成本可以显示忠诚顾客的存在以及销售数量的稳定性。

(3) 延伸驱动力，侧重品牌在海外以及非本行业的扩张力，主要针对于品牌的认知度。知名度较高的品牌，无论对于类似行业、不同行业抑或是海外市场，均有利于扩张经营。用过去两年海外销售额成长率作为评价公司海外发展能力的代表性指标；类似行业和不同行业的发展状况，则以过去两年非本行业销售额成长率作为代表性衡量指标。因此，选用以上两项指标之和的平均值作为衡量公司延伸驱动力的代表性指标。

延伸驱动力主要测度品牌在海外以及非本业的扩张力，主要针对品牌的认知度。依据“Hirose REPORT”，延伸驱动力可以用下列公式来定义：

$$ED = \frac{1}{2}\left\{\frac{1}{2}\sum_{i=-1}^{0}\left(\frac{SO_i - SO_{i-1}}{SO_{i-1}} + 1\right) + \frac{1}{2}\sum_{i=-1}^{0}\left(\frac{SX_i - SX_{i-1}}{SX_{i-1}} + 1\right)\right\}$$

式中：SO 表示海外销售额（Overseas Sales)；SX 表示非本业销售额（Sales of Non - core Business Segments)。

注：①海外销售额成长率：如品牌忠诚度高，即存在忠诚顾客，可用来显示

海外发展的适当性。②非本业销售额成长率：企业具有品牌知名度，可用来显示该企业在异业种或类似业种发展的适当性。③如海外销售额、非本业销售额无成长或赤字的情况，则 ED 对于品牌价值没有贡献，此种情况下，将 ED 值设为 1。④公司中所有部门中最大的部门作为公司本业部门（core business segment）。其他部门则作为公司非本业部门（non - core business segment）。

Hirose 模型的数学计算式比较复杂，基本公式是：BV = f（PD，LD，ED）。利用财务报表上的历史数字，可以推算出未来的现金流量，从而显示品牌价值。

Hirose 模型若以数学计算式表达，如下所示：

$$BV = f\times(PD, LD, ED) = PD/r\times LD\times ED$$

$$= \left[\frac{1}{5}\sum_{i=-4}^{0}\left\{\left(\frac{s_i}{c_i}-\frac{s_i^*}{c_i^*}\right)\times\frac{A_i}{OE_i}\right\}\times C_0\right]/r\times$$

$$\frac{1}{2}\left\{\frac{1}{2}\sum_{i=-1}^{0}\left(\frac{so_i - so_{i-1}}{so_{i-1}}+1\right)+\frac{1}{2}\sum_{i=-1}^{0}\left(\frac{sx_i - sx_{i-4}}{sx_{i-4}}+1\right)\right\}\times\frac{\mu_c-\sigma_c}{\mu_c}$$

式中：

PD = 超额利润率（Excess Profit Ratio）×品牌起因率（Brand Attribution Rate）×本公司销货成本（Cost of Sales）

= 过去五年平均｛（本公司销售额/本公司销货成本 - 基准企业销售额/基准企业销货成本）×本公司广告宣传费比率｝×本公司销售成本

LD =（销售成本 μ - 销售成本 σ）/销售成本 μ

ED① = 海外销售额成长率（Average of Overseas Sales Growth Rate）以及非本业销售额的平均（Average of Sale Growth Rate of Non - core Business Segment）

Hirose 模型评估品牌价值的优点是只要利用企业的年度报告，计价方法透明清楚、可检验，从而比较公正、公平。有些以品牌价值为核心的企业以往必须委托评估机构对其品牌价值进行评估，但现在可以自行利用 Hirose 模型测算企业的品牌价值，有利于降低成本。特别是对于以品牌价值为核心的中小企业来说，可避免知名国际品牌鉴价收费过高、评价方式不适用于中小企业的情况。

Hirose 品牌价值评估模型的提出者认为，品牌价值取决于公司形象、稳定性、市场认同度以及国际上认同度等质化的因素。该模型的主要特色是只利用公开的财务信息即可计算品牌价值。Hirose 引领的委员会提出以公开披露的财务数据来计算品牌价值的概念，由于会计报表已由会计师事务所审计，所以由 Hirose

① ED 各指标的最低值为 1。

鉴价模型计算出的品牌价值有一定的可靠性。

从表面上看，Hirose 模型用到了很多成本数据，但这并不表示他所采用的是成本法，因为这些数据不是简单的加总，而是用于计算一些品牌驱动力指标。所以严格来说，该模型仍属于收益法。该模型的优势体现在：

（1）数据的可得性。这是 Hirose 模型区别于其他评估方法的最大特点，只利用公开的财务信息即可计算品牌价值。由于会计报表已经得到会计师事务所审计，所以数据真实性可以得到一定程度的保障；同时该模型也可应用到企业评价自身价值方面，因为健全的公司财务完全可以提供评价所需数据。

（2）模型的简单性。Hirose 模型只是从单一的财务维度进行品牌价值计算，自我评价企业只需要收集相关财务数据，即可求算出品牌价值，相比之下，操作较为简单容易。

（3）模型结果的客观性。Hirose 模型由于采用的全部是公开的财务数据，在指标设计上全部是定量性指标，其他品牌评估模型多设定定性指标，相比之下，Hirose 模型的结果受个人主观因素的分析判断而影响最终的品牌价值更少。

（4）模型的结果可比性。企业可以运用 Hirose 模型进行自我评价，一方面，可以自我比较，不同时间段，自评企业在品牌价值差异变化、指导自身品牌建设方面很有益处；另一方面，通过多标杆企业进行品牌测算可以辨明差距，寻找出提供自身品牌价值的途径。

该模型的缺陷在于，实际情况和该模型所假设情况并不完全一致，比如模型假设销售成本、广告成本越高，现金流量就越高，而实际情况并非完全如此。

根据我国电子行业实情，将用此方法做出模型数据测算。

首先，对行业情况做出如下假设：

（1）强势品牌更具价格优势。企业的价格优势依赖于品牌的可靠程度，在产品的功能、质量相当时，相对于弱势品牌，强势品牌的产品能以较高的价格出售。这样产生的价格溢价可以看成由品牌因素和非品牌因素两部分组成，其中，品牌因素以广告宣传费比率来表示。所以价格优势成为增加公司现金流量的一个重要基础。

（2）顾客对品牌的偏好程度决定着产品销售的稳定性。产品的销售量因顾客对品牌的偏好而保持稳定，忠诚度动因可以用来表达顾客由于对品牌的偏好而对公司现金流量的影响。

（3）品牌的认知度越高，公司越具扩张性。公司在海外销售和非本业销售上的扩张力越强，公司的品牌价值也就越高。

以2003～2006年上海证券交易所和深圳证券交易所电子行业上市公司公开披露的财务信息为依据，以Hirose模型为基础，逐步计算出我国电子行业前十大品牌价值。在中国电子企业品牌价值排名（世界品牌实验室）基础上，考虑样本的可比性以及模型对数据要求，仅选2003年（含2003年）以前上市的公司，同时剔除财务数字不完整、无法直接获取的公司①，遴选出20家企业，重新排名。这20家公司是，在上海证券交易所上市的夏新电子（600057）、海信电器（600060）、同方股份（600100）、永鼎光缆（600105）、宏图高科（600122）、波导股份（600130）、生益科技（600183）、航天信息（600271）、用友软件（600588）、方正科技（600601）、飞乐股份（600654）、青岛海尔（600690）、东软股份（600718）、四川长虹（600839）、厦华电子（600870）以及在深圳证券交易所上市的中兴通讯深康佳A（000016）、中兴通讯（000063）、TCL集团（000100）、美的电器（000527）、格力电器（000651）。以我国电子行业为研究对象的目的主要考虑到，电子企业在国民经济中占有重要地位，具有出口比重大、科技含量高、发展潜力大、资源利用少等特点，是国家确定“信息化带动工业化”战略中的主力军。研究目的是让更多的企业认识到自身品牌的价值，并通过科学化、系统化和专业化的品牌建设，让品牌创造价值，让价值成就品牌，推进我国电子行业品牌资本化进程。

本方法的局限之处在于，Hirose模型要求根据五年财务资料，由于资料收集原因，取2003～2006年深沪两市上市公司已公开信息，结果准确性有一定影响。世界品牌实验室评估模型确定的中国电子企业品牌价值300强中，许多是集团公司，本节仅以单个上市公司为研究对象，与已公布的中国电子企业品牌价值存在较大不可比性。缺乏调查研究的资料，如果采用品牌形象、品牌策略和品牌价值作为问卷调查的内容，进一步修正Hirose Report中所采用的问卷，研究将更完整。

下面利用我国电子行业数据进行实证分析。

（1）价格动因（Prestige Driver）。

由表6－3可知，在我国电子行业中，以上价格动因值高的公司在品质、机能等条件相同的情况下，其产品能以更高的优势价位出售，且可以获取更多的利润，更有潜力为公司带来商机，进而提升公司整体品牌价值。

---

① 由于数据收集及会计准则不一致等原因，利用Hirose模型得出的排名中没有考虑联想集团、中国普天信息产业集团公司、明基电通集团、广东格兰仕集团有限公司、深圳创维－RGB电子有限公司等。

表 6 - 3　Hirose 模型的 Prestige Driver 值

排名	公司名称	乘数平均值	2006 年营业成本（元）	PD（元）
1	夏新电子	0.3601	4049682697.91	1458199413.11
2	中兴通讯	0.0706	15171797000.00	1070798145.00
3	TCL 集团	0.0176	39811464000.00	702073427.70
4	用友软件	4.9084	110711473.00	543414550.63
5	格力电器	0.0207	19484806555.92	402387200.95
6	美的电器	0.0233	16499749418.45	383822553.80
7	四川长虹	0.0123	15846546554.11	194718364.70
8	深康佳	0.0161	10522538349.15	169637185.90
9	海信电器	0.0156	10001116998.57	156507306.40
10	青岛海尔	0.0065	16868521903.09	108930579.30

（2）忠诚度动因（Loyalty Driver）。

由表 6 - 4 可知，相互之间差距不大，小型公司反而排名靠前，忠诚度动因值高的公司有忠诚度较高的顾客存在，这些公司可借此长期确保其稳定的销售额，为其未来带来稳定的获利能力。

表 6 - 4　Hirose 模型的 Loyalty Driver 值

排名	公司名称	（μ）	（σ）	LD
1	深康佳	10602075347.00	773703458.20	0.9270
2	东软股份	1781255862.25	267781519.85	0.8497
3	永鼎光缆	1167507397.00	188583999.10	0.8385
4	中兴通讯	13400270058.00	2248255735.00	0.8322
5	波导股份	8009240161.22	1346158246.30	0.8319
6	方正科技	6174175441.19	1110619338.54	0.8201
7	宏图高科	3057668517.00	591017837.50	0.8067
8	四川长虹	12608718291.00	2461044087	0.8048
9	美的电器	15053999353.00	2981851719	0.8019
10	青岛海尔	13671207613.00	2878866496	0.7894

（3）扩张力动因（Expansion Driver）。

由表6－5可知，扩张力动因值高的公司对于海外或其他产业、非本业部门的销售，因其品牌认知度高，因而更具扩张力。

表6－5　Hirose模型的Expansion Driver值

排名	公司名称	1/2（XO）	1/2（XS）	ED
1	方正科技	3.1305	3.7484	3.4395
2	同方股份	1.4814	1.5364	1.5089
3	用友软件	1.2680	1.7387	1.5033
4	厦华电子	1.5884	1.3937	1.4910
5	生益科技	1.3722	1.5449	1.4586
6	青岛海尔	1.3255	1.5597	1.4426
7	海信电器	1.3941	1.3590	1.3766
8	格力电器	1.5315	1.1347	1.3331
9	美的电器	1.1702	1.3266	1.2484
10	中兴通讯	1.2681	1.2176	1.2428

（4）品牌价值（Brand Value）。

在假设无风险利率为3%的条件下，计算求得我国电子行业品牌价值排名（见表6－6）。根据Hirose模型计算前十大品牌价值。公司品牌价值顺序大致和价格动因排序结果类似，呈正相关性，可见价格动因对计算Hirose品牌价值影响最大。由表6－6显示，Hirose模型导出的品牌价值第一名是中兴通讯、第二名是夏新电子，遥遥领先于第三名TCL集团，主要因为其具有很大的价格动因。特别是夏新电子，其价格动因值高达1458199413.11元，虽然顾客忠诚度（Loyalty Driver）、扩张力（Expansion Driver）都不算高。

表6－6　Hirose模型的Brand Value值

排名	电子企业	PD	LD	ED	PD/r（r＝3%）	BV
1	中兴通讯	1070798145.00	0.8322	1.2428	35693271500.00	36918148268.00
2	夏新电子	1458199413.11	0.6047	1.1451	48606647103.57	33656048997.56
3	TCL集团	702073427.70	0.7355	1.2052	23402447590.00	20700000000.00

续表

排名	电子企业	PD	LD	ED	PD/r（r=3%）	BV
4	用友软件	543414550.63	0.5916	1.5033	18113818354.37	16108936290.58
5	美的电器	383822553.80	0.8019	1.2484	12794085127.00	12808643277.00
6	格力电器	402387200.95	0.6466	1.3331	13412906698.26	11560888586.75
7	海信电器	156507306.40	0.6961	1.3766	5216910213	4998909195.00
8	四川长虹	194718364.70	0.8048	0.8407	6490612157	4391349193.00
9	深康佳	169637185.90	0.9270	0.7919	5654572863	4150940260.00
10	青岛海尔	108930579.30	0.7894	1.4426	3631019310	4135091412.00

资料来源：胡晓明，李明旭，刘春联．基于 HIROSE 模型的品牌价值评估实证分析——以我国电子行业为例［J］．经济管理，2007（22）：25－29.

七、品牌价格抵补模型

通常情况下，企业往往根据历史经验对产品进行定价，因此经常会对定价的范围感到困惑。特别是在对产品进行价格调整时，会出现顾客所能承受的最高价格是多少、在什么价格条件下顾客感到比较适合、愿意继续消费等诸如此类的问题。在较为简单的价格测试中，企业向购买者询问“产品 A 卖多少钱您会考虑购买?”或者“假如产品 B 的价格上升 10% 你是否还会购买?”前者无一例外会产生相当低的价格预期；而后者则倾向于低估价格弹性，因此产生过于乐观的预测。它们的局限性在于无法表现真实生活中的购买决策。然而，通过品牌价格抵补模型（Brand Price Trade Off，BPTO）可以得出目标品牌在什么价位上会得到最高的市场份额。目前，BPTO 在美国和欧洲已成为一种广泛使用的有效定价方法。

BPTO 模型试图建立一个模拟价格研究方法，该模型主要的研究目的是：当顾客面对他们喜欢但价格较高的品牌和那些价格相似的第二选择品牌时，做出的反应情况。顾客是转换品牌，还是忠实于所喜爱的品牌；品牌可以通过对这个问题的思考从而确定品牌的理想价格，为企业品牌战略管理提出指导性建议。在测试时通常需要收集被测产品及所有主要竞争对手的产品，其最终结果是要建立所研究品牌和竞争对手品牌的动态关联。

BPTO 模型从本质上要解决以下价格问题：

- 了解在顾客心目中价格和品牌的相对重要性；
- 测量品牌的价格弹性；

- 测试预定的价格，得出新的价格策略；
- 确定最优价格和价格极限；
- 在市场份额和收入/利润之间寻找平衡点；
- 模拟价格战。

在市场调查时，传统的 BPTO 模型有以下两种数据采集分析方法：

方法一：向被访者出示被测品牌和竞争品牌，计算任何一种价格条件下被访者选择被测品牌和竞争品牌的次数。

方法二：计算每个品牌被访者所能选择的边际价格。开始时的价格应能够反映目前市场上各品牌间的价格差异，询问被访者在这些价格下，会选择哪个品牌。被选择的品牌将被加价/降价一个价格段，重复问同样的问题；再找出一个会被选择的品牌，同时对该品牌进行加价/降价，直到最后。

随着计算机网络与通信技术的发展，信息技术在市场预测模型中的应用越来越广泛，基于计算机数据分析的品牌价格抵补模型，也成为目前国外最为成功的一种在模拟竞争环境下测试品牌价格策略的高级研究技术。传统 BPTO 模型由于要处理的信息量太大，往往只能对相对较小的预测模型进行分析，而计算机数据分析的出现，使 BPTO 模型的大规模应用成为可能，许多著名的统计软件均增加了 BPTO 模型的计算功能，一些大型的市场研究公司则开发了自己的专用软件。随着这些计算机软件技术的引入，近几年 BPTO 模型技术也开始进入中国。

BPTO 模型的研究试图建立一个模拟价格研究方法。其通常通过中心地测试（CLT）的方式来完成，测试时需要收集被测产品及所有主要竞争对手的产品。所有产品被标上从最低到最高的价格。这里值得注意的是，由于必须考虑到产品以后可能的降价和涨价，因此最低价格和最高价格的设定都要求明显低于市场最低价和高于市场最高价；另外，由于测试涉及多个品牌，各品牌之间的顺序可能会影响被访问者的评价；因此，必须保证各品牌顺序的随机性，最普遍的做法是利用随机数表，让访问员根据随机数表时刻调整各品牌之间的顺序，消除测试顺序性误差。

我们从图 6 – 2 开始来介绍 BPTO 问卷过程。在图 6 – 2 中，有五种品牌和五种不同的价格，假如某一被访者首先选择的是 C 品牌（55 元），那么 C 品牌的价格马上上涨一个幅度（56 元），其他品牌价格不变。这时再让该被访者选择，如果尽管 C 品牌价格上涨了，该被访者仍然选择 C 品牌（56 元），那么这时 C 品牌再上涨一个幅度（57 元），其他品牌价格仍然不变。这样循环下去，表 6 – 7 记录了该顾客的选择轨迹。其选择过程中止的条件是任何一个品牌在所有价位上全部被选完。BPTO模型的最终结果是建立一个研究品牌和竞争对手品牌的动态关联。在竞争对手品牌的价格下，通过该模型可以得出研究品牌在什么价位上会得到最高的市场份额。

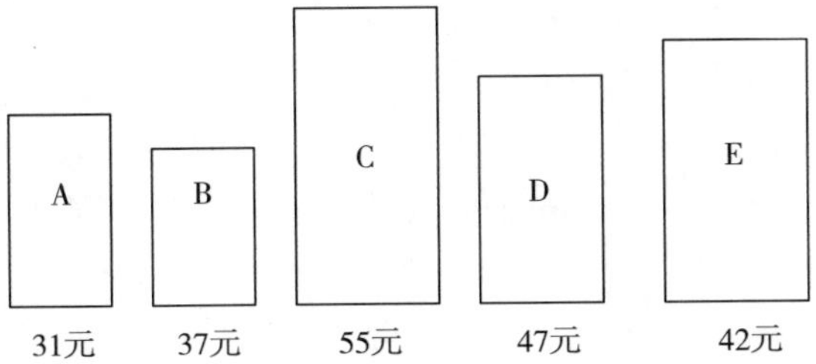

图6－2 BPTO问卷过程实例A

表6－7 BPTO问卷过程实例B

单位：元

品牌A	31③	32	33	34
品牌B	37	38	39⑤	40
品牌C	55①	56②	57	58⑥
品牌D	47④	48	49	50
品牌E	42	43	44	45

注：圆圈中数字代表选择次序。

基于计算机数据分析的BPTO模型极大地扩展了预测的能力，其主要优势体现在以下几个方面：第一，模拟现实的竞争环境，允许多个竞争品牌和测试品牌共同参与测试；第二，结合了联合分析技术，可以对数据进行更深入的诊断性分析；第三，模拟预测任何价格战的结果；第四，可以将被访者使用习惯和品牌能力纳入预测模型，从而使预测结果更为可靠。

但是品牌价格抵补模型也存在一定的局限性。首先，这种调查模式让被访者感觉到好像是在玩游戏，而不是在完成一件关系到价格决策的大事，这样被访者会觉得乏味、不真实，不愿意耐心回答问题。因此，有的被访者不考虑品牌，只选择价格最低的产品；反之，当给出一个市场上不可能接受的价格时，被访者仍有可能选择他所喜爱的品牌，这样就造成了数据不够客观真实的问题。其次，通过这种调查的方式获取资料需要较高的成本。

第二节　以市场视角为主的综合评估方法

本节主要介绍包含市场视角的品牌价值综合评估方法，包括联合分析法和忠诚因子法。尽管其并没有像 Interbrand 等评估方法得到普遍的认可和接受，计算方法也大多比较复杂且成本较高，但是将顾客的选择和偏好作为品牌评估的评价因子，这种全新思考角度存在一定的科学性与合理性。随着计算机技术和统计软件的不断进步发展，相信这种品牌价值的评估方法会逐步得到更广泛的应用。

一、联合分析法

联合分析法是一种以调查为基础的多变量方法，它使营销者能够描绘出与产品和品牌相关的顾客购买决策过程。联合分析法于 1964 年由数学心理学家 Luce 和统计学家 Tokey 提出。最早只是应用于心理学领域，而后由 Green 和 Rao 于 1971 年将其引进市场营销学领域，成为市场营销研究中衡量顾客偏好的重要方法之一。联合分析法在具体操作中采用实验模拟，统计人员给顾客列出一系列品牌和价格多种组合的产品方案，每个方案代表一种产品属性组合，产品的属性组合是依据试验设计的原则进行的。顾客做出的选择表明了他们的偏好，他们赋予每个属性水平的值，叫作权重。将品牌名字看作产品的一个属性，那么品牌名字的价值，就是品牌名字的权重。研究者可以通过专业统计软件确定顾客在不同的品牌属性间的权衡因素，以及顾客对某种属性的重要程度的看法，从而计算出品牌资产价值。

采用联合分析法测定品牌价值的经典案例是格林和温迪的报告。该研究关心的是顾客对家用去尘刷的评价。研究包括五个因素，即造型（A、B、C）、名称（K2R、Glory、Bissell）、价格（1.19 美元、1.39 美元和 1.59 美元）、好家政标记（有、无）、退款保证（有、无）。其中前三个因素三个水平，后两个因素两个水平。根据这些因素和水平，可以组合出 108 种产品概念，但是大多顾客难以评价。于是研究人员选择了 18 个可比较的方案，让每个受试者依照购买可能性排出顺序。表 6－8 就是其中一位顾客排出的顺序。

表 6 – 8 顾客对各产品概念按购买可能性排序 单位：美元

卡片序号	造型设计	品牌名称	价格	好家政标记	退款保证	受试者排序
1	A	K2R	1.19	无	无	13
2	A	Glory	1.39	无	有	11
3	A	Bissell	1.59	有	有	17
4	B	K2R	1.39	有	有	2
5	B	Glory	1.59	无	无	14
6	B	Bissell	1.19	无	无	3
7	C	K2R	1.59	无	有	12
8	C	Glory	1.19	有	无	7
9	C	Bissell	1.39	无	无	9
10	A	K2R	1.59	有	无	18
11	A	Glory	1.19	无	有	8
12	A	Bissell	1.39	无	无	15
13	B	K2R	1.19	无	无	4
14	B	Glory	1.39	有	无	6
15	B	Bissell	1.59	无	有	5
16	C	K2R	1.39	无	无	10
17	C	Glory	1.59	无	无	16
18	C	Bissell	1.59	有	有	1

根据受试者的评价数据，研究人员可以计算出顾客对五种属性的效用函数和各种属性的相对重要性，即权重。图 6 – 3 中，纵坐标表示效用，其最大效用值为 1，最小为 0，我们可以看出，B 造型、Bissell 品牌名称、1.19 美元的零售价、有好家政标记和有退款保证的产品方案最适合顾客。

联合分析法的优势在于其调查的方法可以用来测量顾客的心理判断和偏好，对企业营销决策和品牌管理有生动直接的引导作用，但是联合分析法操作过程繁杂，成本较高，并且过于依赖顾客的直观判断，忽略了品牌的未来长远性发展。

二、忠诚因子法

忠诚因子法是由范秀成教授于 2000 年提出的品牌价值评估方法。范秀成教授认为，企业通过品牌营销策略，对顾客的认知、情感、态度、偏好等心理因素产生影响，并对顾客的购买意向进行引导，从而促成顾客的购买行为。顾客在首次购买之后，能够不断重复购买，也就是对该品牌有了一定的忠诚度，这时品牌价值就体现出来。也就是说，从品牌创造价值的过程来看，品牌是通过对顾客心理和行为的影响而给企业创造财务价值的，品牌的价值直接取决于顾客对品牌的偏好，因此从顾客对品牌的反应来评价品牌是一个可行方向。

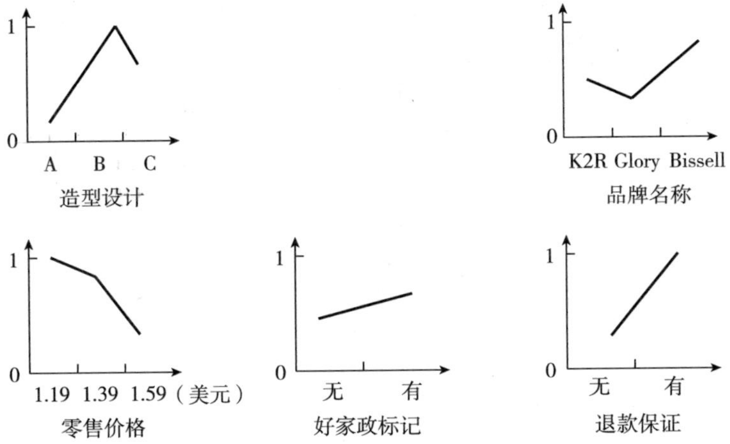

图 6-3　五种属性的效用函数

忠诚因子法对品牌价值的具体表述为：

$V = Q \times N \times R \times (P - P') \times K$

对公式中的字母所代表的含义说明如下：

V 表示品牌价值。

Q 表示周期购买量。它是指单个目标顾客在一个周期内购买的单位产品的平均数量。周期是指目标顾客两次购买之间所需要的时间，一般可以根据产品的性质事先决定。

N 表示时限内的周期数。时限是指事先规定好的时间段，时间长短原则上可以按照过去营销努力产生的或是在顾客头脑中已有的品牌知识持续发挥作用的时间为原则。在这个时间限度内顾客对品牌的态度和行为基本保持稳定。国外的通行做法是以五年为时限。

R 表示理论目标顾客基数。它表示在品牌影响的范围内所有可能和已经在购买该产品的顾客数量，可以看成品牌产品的目标市场规模。对于变化较快的市场，可以根据专家预测，取未来时限内的平均值。

P 表示单位产品价格。它是指单位产品的销售价格。如果产品在各地理区域的单位售价不尽相同，可以采用各地理区域内单位产品销售价格的加权平均值，权重依据各地理区域销售量所占的比重确定。

P′表示单位无品牌产品价格。它是指具有类似实体功能的无品牌产品的销售价格。通常可以看成单位无品牌产品售价的最大值，以 OEM 价格为基准或通过顾客测试来确定。OEM 表示英文“Original Equipment Manufacturer”的缩写，字面意思为“原始设备制造商”，指一个厂家根据另一家厂商的要求，为其生产产品和产品配件，亦称定牌生产或授权贴牌生产。既可代表外委加工，也可代表转包合同加工。国内习惯称为协作生产、“三来”加工，俗称加工贸易。

K 表示忠诚因子。这是公式中的核心要素，也是该品牌价值评估方法的关键所在。它是一个百分数，表示全部目标顾客中在未来决定重复购买或开始购买本品牌产品的顾客的比例，它反映了整个市场对品牌的忠诚度和品牌的吸引力，是一个体现顾客群体行为的指标，而非对个体行为的测量。这个因子受到许多因素的影响，例如顾客的使用经验、顾客需求、市场竞争程度、广告传播效果、口碑等。因子的数值可以通过市场调查数据和以往的经验数据计算得出。

P－P′即单位产品价格－单位无品牌产品价格，这反映了单位销售中品牌带来的净财务贡献或价值；除了忠诚因子外的前几个变量的乘积实际上表示在未来一个时期内，如果所有的目标顾客都购买本品牌的话，品牌总的贡献或价值有多大；在此基础上乘以忠诚因子，表示在未来一个时期内品牌能够实现的价值。

上述公式反映的实际上是某品牌在某个具体产品类别中的价值，如果有多种产品使用同一品牌的话，可以利用同样的方法分别计算品牌在各产品类别中的价值，然后加总得到品牌的总价值。

“忠诚因子法”在国内相关研究中有很重要的地位和作用，它在品牌价值评估中始终坚持了以下几个基本原则：第一，面向未来。品牌价值评估应注重品牌未来的市场表现，应着重考察品牌的未来收益能力。第二，采用余值法或增量法。企业的未来收益是众多因素共同作用的结果，既有品牌的作用也有其他因素的作用（如产品质量、专利保护、产业环境等），品牌只是其中一个要素，测评品牌价值需要将品牌的贡献与其他因素分离开来，否则会夸大品牌的价值。第三，品牌价值评估应该反映品牌资产的主要来源，提供给企业有助于改进经营管理的信息。第四，测评方法应具有可操作性。第五，测评指标应具有灵敏性，通过测评可以及时反映品牌资产的实际变化。

忠诚因子法的优点主要表现在：第一，从顾客角度测评品牌价值，突出了顾客对品牌价值的贡献，抓住了品牌价值形成的关键。第二，忠诚因子法为基于顾客的品牌价值评估方法的量化问题做了很好的尝试，使基于顾客的评估法可以不再局限于企业管理领域，产生了在无形资产评估领域发挥作用的可能性，这对今后该方面的研究提供了启示。第三，测评的各变量中包含了影响品牌未来收益的直接决定因素，特别是忠诚因子体现了企业以往营销努力和市场环境等多方面因素对顾客未来购买行为的影响，通过定期测评，可以监视这些因素的变化，为企业进一步改进工作提供重要的信息。第四，具有较广泛的适用性，可以用于单一产品品牌和多产品品牌的价值评估。第五，吸收了营销领域的最新研究成果，并结合市场调查数据来估算品牌价值，这对于将无形资产评估作为一个单纯的财务问题对待的传统做法也是一个有益的补充。

此外，“忠诚因子法”同样适用于同一品牌伞下的不同产品类别的品牌价值计算，只需分别计算品牌在各种不同产品系列中的价值，然后加总即可。

但是，作为一种基于顾客忠诚的品牌价值评估方法的尝试，忠诚因子法尚存在若干局限性。第一，上述方法的陈述反映，忠诚因子法很大程度上是通过目标市场顾客调查方式来确定顾客重复购买及可能购买的比例，是顾客主观判断的结果。因此，这些购买比例是否能够反映顾客的品牌忠诚，以及现在对目标市场调查得出的购买比例能否预测未来的顾客忠诚，这些都是值得考虑的问题。第二，只从顾客的角度对品牌价值评估，忽略了品牌持有者的能动作用。品牌持有者通过改进产品质量、加大宣传力度、提高售后服务等各种品牌建设活动可以提高顾客忠诚。同时，品牌持有者可以通过品牌延伸战略，在评估期内把品牌向新的产业、区域进行延伸从而加大目标顾客数量。所以，不应当抛开品牌持有者而只从顾客角度计算品牌价值。第三，不同的消费人群周期内购买品牌产品的数量可能存在很大不同。例如，忠诚度高的顾客可能经常性购买品牌产品，周期购买量可能很大，忠诚度较低的顾客可能只是偶尔或尝试性地购买品牌产品，周期购买量会很小。所以，把这两种不同消费量的消费群体放在一起计算，必然会使顾客忠诚与品牌价值之间的关系与实际产生偏移，进而影响计算的结果。第四，该方法比较适合购买频繁的产品，对于重购时间长的耐用消费品不太适用。因为重购时间太长，顾客未来的购买意向和行为很难确定，也无法通过市场调查准确了解。第五，忠诚因子法将未来购买品牌产品的顾客分成重复购买、变换购买、推荐购买、拥护购买四类。但是，这四类中有可能出现重叠。比如，当顾客既听从医生推荐，又受到广告影响的情况下，而产生了购买行为，就会产生重叠，此时会高估品牌价值。因此，如何解决类别间的重叠现象，是忠诚因子法的实际操作中需要解决的问题。

下面让我们来看一个用忠诚因子法评估公司品牌价值的案例。① ABC 是国外某制药商于 1990 年在我国注册并销售的粉末状药品，主治风湿性关节炎。该公司在我国销售 ABC 的医药代表有 300 余人，遍布 100 多个大中城市。以售价 3 元/袋计算，1999 年销售收入达到 3 亿元，市场渗透率，即患有风湿性关节炎症的患者中购买 ABC 的比例为 1.19%；市场占有率，即 ABC 在治疗风湿性关节炎药品的市场总销售量中的比例为 2.0%。根据 1999 年 10 月对该品牌产品所做的市场调查报告得到以下数据（其中经验数据为根据顾客以往的行为得到的数据，其他数据是通过市场调查获得的数据）。

在已经购买 ABC 的顾客中，48% 的人会和亲朋好友交流药品选购经验，肯定重复购买的占 73%，肯定变换购买的占 3.5%，不能肯定是否变换购买的占 23.5%：其中不会变换的比率为 65%（经验数据）。在未购买 ABC 的潜在顾客中，49% 的患者不喜欢粉末型药品，64% 的患者会听医生的推荐：医生推荐的可信度是 4.13 分（5 分为满分），30% 的医生会向患者推荐 ABC 药品，医生的推荐转化为患者购买的比率是 28%（经验数据）。48% 的患者会向他人推荐药品，52% 的患者会听别人的药品选购意见：旁人推荐药品的可信度是 3.9 分（5 分为完全可信），旁人的推荐转化为实际购买的比率是 24.5%（经验数据）。86% 的患者以“电视节目”为他们获取药品和医疗保健信息的主要来源之一，ABC 的广告认知度是 1.5%，顾客对电视广告的信任度是 3.29 分（5 分为完全可信），对电视广告的信任转化为实际购买的比率为 19.8%（经验数据）。

分析以上数据，可知未来购买 ABC 的顾客可以分为两种类型：一是已经购买本产品的顾客中将来继续购买的人，包括明确表示继续购买的重复购买顾客和目前虽然不确定是否购买，但是将来准备购买的变换购买顾客（见图 6-4）；二是现在没有购买但是将来准备购买的潜在顾客，包括一部分受到医生和现有顾客推荐会产生购买行为的推荐购买顾客和另一部分受到广告刺激而在将来进行购买的拥护购买顾客（见图 6-5）。

（1）根据图表分析，可以计算得出：

重复购买比例 $=1.19\% \times 73\% \approx 0.87\%$

变换购买比例 $=1.19\% \times 23.5\% \times 65\% \approx 0.18\%$

推荐购买比例 $=98.81\% \times (1-49\%) \times (30\% \times 64\% \times 4.13/5 \times 28\% + 1.19\% \times 48\% \times 52\% \times 3.9/5 \times 24.5\%) \approx 2.27\%$

① 范秀成，冷岩．品牌价值评估的忠诚因子法［J］．科学管理研究，2000，18（5）：50-56.

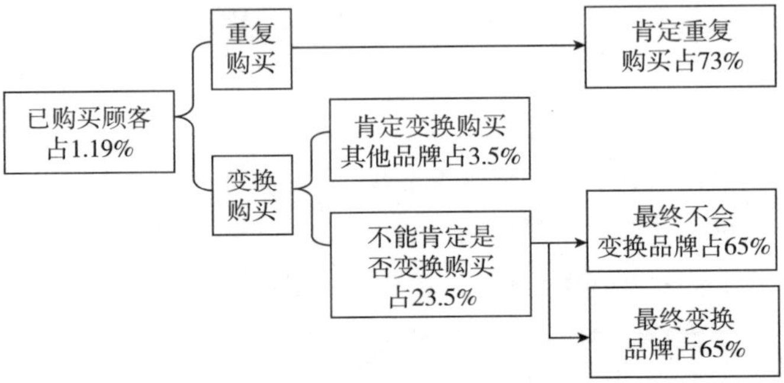

图6-4　ABC药品未来顾客市场调查结果（A）

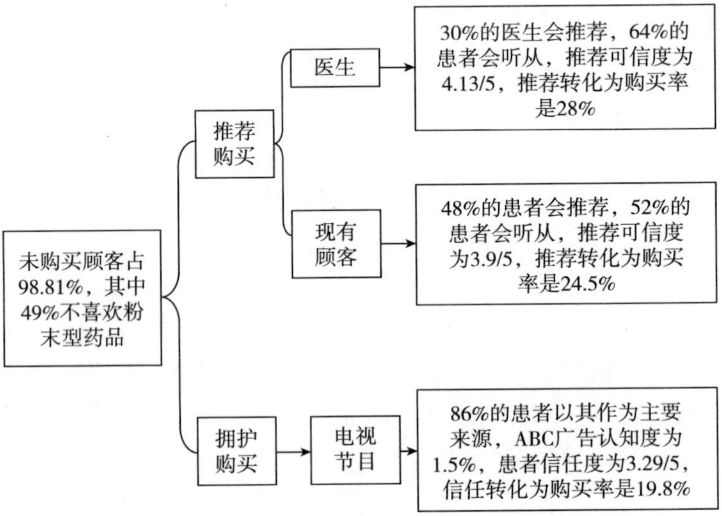

图6-5　ABC药品未来顾客市场调查结果（B）

拥护购买比例 $=98.81\times(1-49\%)\times86\%\times1.5\%\times3.29/5\times19.8\%=0.08\%$

忠诚因子K＝重复购买比例＋变换购买比例＋推荐购买比例＋拥护购买比例 $=0.87\%+0.18\%+2.27\%+0.08\%=3.4\%$

（2）考虑到该产品的有效性以及参照国外公司的通常做法，设定未来的期限为五年，即 $N=5$，又因该市场相对成熟，发展比较平稳：

周期购买量(Q)×时限内的周期数(N)×理论目标客户基数(R)

＝每年购买量(Q)×5×理论目标客户基数(R)

＝5×年平均市场总容量

ABC 的市场占有率为 2%，年销售 1 亿袋(3 亿元/3 元)，可知其平均市场容量 = 100000000/2% = 5000000000。

（3）ABC 的售价（P）= 3 元/袋，目前有一家乡镇企业正准备生产疗效和性能与 ABC 几乎相当的药品，价格为 2.5 元/袋，这个价格可以看作无品牌产品的最大价格 P′。

（4）综合以上数据，可以得到 ABC 公司的品牌价值为：

$$V = Q \times N \times R \times (P - P') \times K = 5 \times 5000000000 \times (3 - 2.5) \times 3.4\%$$

$$= 4.25 \text{ 亿元}$$

如果以进口药品平均 30% 的利润率来考察的话，年利润应该在 9000 万元左右，五年的利润为 4.5 亿元，结果与我们测算的差不多。根据国外专家的比较，采用不同方法对同一品牌的价值估算结果一般相差 30% ~50%。

第七章　品牌价值评估方法比较与评析

虽然国内外已经有很多较成熟的品牌价值评估的方法，但每一个方法都有其不可避免的缺陷或局限性。英特品牌公司每年一度公布的世界最有价值品牌排行榜是目前世界上最著名的品牌评估体系之一，但 Interbrand 方法仍存在一些局限性。首先，对未来若干年销售、利润情况的预测存在较大的不确定性。其次，Interbrand 评定品牌强度所考虑的 10 个因素是否囊括了所有应该考虑的方面，以及各个方面的权重是否恰当，仍有商榷的余地。最后，品牌价值是否可以从其他无形资产中分离仍是有争议的问题。除了英特品牌公司外，影响最大的可谓美国《金融世界》杂志每年一度发布的世界最有价值品牌评估报告，其评估结果在各国媒体上被广为转载。但其在进行评估时，并没有全部采用各相关公司的实际数据，而是通过咨询财务分析师、商会、阅读财务报表甚至咨询被评估公司的竞争对手等方法来收集数据。[①] 因此，本章我们将对现有的主流品牌价值评估方法进行对比、评析，并进一步对品牌价值评估方法的发展趋势进行总结与展望，在此基础上，试图提出一种更为完善的评估方法。

第一节　基于企业内部视角的品牌价值评估方法评析

根据前面第四章的内容，基于企业内部视角的品牌价值评估方法主要是基于财务角度。以财务角度为主的评估方法主要是从财务会计方面展开研究，认

---

① 马小闳．我国品牌价值评估方法探讨［J］．企业技术开发（学术版），2008，27（6）：74－76.

为品牌价值是企业进行的一种投资，而且该投资周期性较长，使用该方法时从定量的角度，通过获取企业的销售量、销售成本、销售额、边际报酬、销售利润等短期性数据，该方法在使用过程中简便易行，数据的获得来自企业的财务报表。①

基于财务视角的品牌价值评估方法进一步可以分成两类模型，第一类模型是传统的基于财务视角的品牌价值评估方法，它把品牌价值货币化，从而给予某一品牌以具体的价值尺度。比如，成本法、股票价格法、收益法等评估方法从企业财务角度出发，把品牌作为一项资产，利用企业发布的财务报表，从中选取适当的数据对品牌价值进行评估。② 在这类模型当中可以将其进一步划分成简单模型和指标分层模型。前者是指按照一定的标准选定一个确定指标，通过对这一个指标的计算来直接得出某一品牌的价值。属于这类模型的有成本法和收益法，两者正好从不同的方向来评估品牌价值。成本法着眼于查清创建某一品牌的所有支出总额，它着眼的是过去，而收益法则要调查某一品牌在未来可以给所有者带来的收益，它着眼的是未来。③ 第二类品牌评估模型是新兴的基于财务视角的品牌价值评估方法，它侧重从公司或财务角度，赋予品牌以某种价值。在公司并购、商标使用许可与特许、合资谈判、税收交纳、商标侵权诉讼索赔等许多场合都涉及或要求对品牌作评价。常用的指标有市场占有率、品牌的保护情况、品牌的支持情况等，④ 比如盈利能力法、综合效益法、品牌溢价法和专利税节约法等。

下面我们将分别评析七种传统与新兴的财务视角的品牌价值评估方法。

一、成本法

Stobart（1989）很早就已经表示品牌的初始价格对公司品牌这一无形资本的内在价格起着决定性的作用，所以预测公司品牌的内在价格一定需要包含公司在产生、形成这一品牌资本的过程中所耗费的代价。⑤ 因此，成本法认为创立和发展品牌的成本不容忽视，在评估企业品牌价值时，应该以这些花费成本作为品牌

① 于淑莲．基于经营视角的企业品牌价值评估研究［D］．南京：南京财经大学硕士学位论文，2014.

② 马蕾雅．阿里巴巴品牌价值评估研究［D］．保定：华北电力大学硕士学位论文，2015.

③ 朱瑞庭，许林峰，李节．品牌价值的理论、模型及其评估［J］．商业时代，2003（13）：44－45.

④ 李丽，傣芳．品牌评价方法的理论分析［J］．中国资产评估，2005（5）：41－43.

⑤ Stobart，P．．Alternative Methods of Brand Valuation［A］．Brand Valuations：Establishing a True and Fair View［C］．London：The Interbrand Group，1989：93.

价值的评估值，如设计开发品牌、相关法律活动、相关技术研发、广告促销和市场开拓等开支。[①] 另外，这些成本不仅指公司对品牌初始建立阶段的耗费，还包括公司对品牌的再次建立的过程中的购买花销、营销资金的流出等。成本法这种品牌价值预测体系又分为两种衡量方法，以最初建立时的花费为基础的衡量方法和以再次建立时所需要付出的成本为基础的衡量方法。也就是历史成本法和重置成本法。历史成本法是沿用会计计量中的传统做法，计算品牌最初创立付出的现金、现金等价物或资源，如品牌的原始购入成本。重置成本法是指现时获得相同品牌或相当品牌要花费的资金，需要确定重置成本及成新率，两者之积就是品牌价值。重置成本在具体计算中又可以分为复原成本法和更新成本法。[②] 复原成本法是采用与被评估对象同样的研发过程、宣传方式等，以现在的价格水平重新创建与被评估对象相同的品牌所发生的费用；更新成本法是用现在的价格水平创建出与被评估品牌功能相同、研发过程等可以不同的资产所需要的费用。

成本法有其正当合理性，因为它重点衡量了企业为建立或者取得品牌所付出的历史成本。[③] 但是由于品牌的价值不仅由成本决定[④]，因此成本法存在明显的缺陷[⑤]，其缺陷主要有以下几点：

第一，作为无形资产的品牌资产的成本特性决定了成本法在品牌价值评估中有先天难以克服的缺陷。和其他无形资产一样，形成品牌所耗费的成本具有不完整性、弱对应性和虚拟性，具体哪些投入作为品牌成本、投入的成本是否都可以形成品牌的价值以及这些成本的量化问题都是运用成本法必须面对的难题。而且成本法假定能够重新创建一个相似的品牌，而事实上品牌的复制性是极差的。除此之外，对贬值率的考虑也是存在问题的，品牌不像有形资产存在实体性贬值，也与技术型的无形资产效能与时间呈非线性递减的关系不同，因为有的品牌其效用往往会与时间呈递增关系（一些老字号品牌），诸如此类因素使贬值率的考虑变得复杂。[⑥]

第二，以成本法为代表的财务角度评估模型以历史数据为基础，能够准确计

---

① 韩旭．品牌价值评估方法的改进与案例研究［D］．成都：西南交通大学硕士学位论文，2014.

② 马蕾雅．阿里巴巴品牌价值评估研究［D］．保定：华北电力大学硕士学位论文，2015.

③ 李雪黛．基于修正后 Interbrand 模型的品牌价值评估［D］．兰州：兰州财经大学硕士学位论文，2015.

④ 薛可．品牌扩张：延伸与创新［M］．北京：北京大学出版社，2004.

⑤ 徐爱军，孙俊华．品牌管理中的品牌价值评估方法探讨［J］．重庆工学院学报，2006，20（7）：39－41.

⑥ 纪中一．基于 Interbrand 模型的品牌价值评估研究［D］．杭州：浙江财经大学硕士学位论文，2015.

算出品牌的投入成本，但品牌价值不仅包括创造、经营过程中的历史成本，还应该包括品牌在流通过程中产生的附加价值，这一部分价值是成本法无法衡量的。另外，对于品牌这项无形资源，公司耗费的资金与得到的回报的关系密切程度相当不够，通过账表来分析公司在初次购买所需要耗费的资金基本上是行不通的。由于建立品牌需要经历很长的日子，无论是初始购买数据，还是营销成本数据，都很难获取完整，精确度也很难把握。因此，历史成本法对公司品牌的内在价格的评估是相当不准确的，会制约公司形象提升的进程。[①]

第三，成本法仅仅基于账表角度评估品牌的内在价格，忽视了顾客这个重要因子。实际上，品牌作为公司所有无法看见的资源中的一个特例，其内在价格的确定绝不是只依靠公司的财务因子这么简单，顾客的体验感受、继续购买意愿与行为对品牌价值的影响程度也相当大。倘若品牌得不到顾客认可，其评估结果是没有多大现实意义的，公司投入大量的资本、经历漫长的时间来构建品牌，其目的是得到使用者的支持以获取实体收入，若脱离了顾客，便缺乏了对品牌的内在价格进行评估的必要。

第四，企业对品牌的投入与产出通常弱相关，而且企业对品牌的投资往往与整项的投资联系在一起，很难剥离出品牌产品的投资；此外，通常企业没有保存与品牌投资有关的完整的财务数据。所以，倘若使用历史成本法评估品牌价值，评估结果一般会低于其现实价值，低估了企业资产，不利于企业长远发展。以重置成本法为例，由于品牌建设的重复性比较差，可比性不强；很难在现有的市场中找到合适的参照物来计算重置成本，可操作性不强。[②] 另外，使用再次购买或建立所需要耗费的资金为评估依据，得到的数据仅仅是时点数据，不是动态的，缺乏长期性对整体的考虑。

二、股票价格法

针对历史成本法与重置成本法的缺陷，著名学者 Simon 和 Sullivan 构建了股票市值法——将公司的所有资产进行逐层剖析，分离形成品牌资产。[③] 该方法把上市公司发行的股票的市场价值作为基础，将有形资产的价值从总资产的价值当中剔除出去，剩下的价值就是无形资产的价值，然后再从剩余的无形资产的价值

---

① 金艳梅．基于财务指标的企业品牌价值研究［D］．兰州：兰州大学硕士学位论文，2011.

② 龙妍静．基于消费者视角的电子商务品牌价值评估方法研究［D］．北京：北京交通大学硕士学位论文，2014.

③ Carol J. Simon，Mary W. Sullivan. The Measurement and Determinants of Brand Equity：A Financial Approach［J］. Marketing Science，1993，12（1）：28 –52.

当中将品牌资产的价值分离出去。

该方法的关键之处在于确定哪些属于品牌资产，并且确定影响品牌资产的因素，以此为依据建立模型。股票价格法有很强的逻辑性，它在比较健全的股票市场情况下利用了模型，使评估更加科学。尽管以企业股票的市场价值作为衡量公司品牌内在价格的依据在很大程度上弥补了成本法的不足，但是这种衡量法也有局限，即无法精确地从无形资产中剖分出品牌资产。而且，利用这种方法进行的评估不仅需要一个完善和成熟的股票市场来确定公司的市场价值，而且需要确定影响无形资产要素的模型，因此这种方法在不发达国家和地区的使用受到限制。[①] 由于我国股票市场还不太规范，股票价格无法很好地代表公司正常的会计盈余，因而从中分离出来的品牌价值势必会受到影响。[②] 除此之外，该方法还需要非常多的统计数据以及复杂的数学处理，这在很大程度上制约了它在现实情况中的使用。[③]

三、收益法

收益法着重考察品牌带来的未来收益，测算品牌带来的未来收益，减去成本费用后折现，再作为计算品牌价值的基础。国内外一些机构在进行最有价值品牌测评时采用的方法基本上以此为基础。收益法被认为是国际上比较科学的一种评估方法。在品牌价值评估中，收益法应用最广泛，这符合品牌收益相关者对品牌未来获利能力的看重这一客观事实。

由于公司的品牌一旦建立，品牌形象深入人心，其带来的收入是持续性的。[④]收益法以公司品牌在将来的一段时间能为公司带来的现金流入为评估基础，它从长远角度考量了这项特别的无形资产的盈利状况。

采用收益法必须满足以下条件：①品牌资产必须是独立的，并且它的预期收益的能力必须是连续的。②品牌资产必须能够带来预期收益，并且这个预期的收益是可以用货币来衡量的。③它的风险和风险报酬可以测算。这个方法比较好的地方在于它着眼于未来，反映了品牌资产是可以在未来的市场上获取收益的这一特点，在这一点上它和前面介绍的成本法相比要更加合理和科学。

收益法的不足之处在于：

---

① 李江天，田翠翠. 品牌价值评估方法研究——一个综合竞争价值的探讨［J］. 江苏商论，2007 (27)：234－236.

②④ 李雪黛. 基于修正后 Interbrand 模型的品牌价值评估［D］. 兰州：兰州财经大学硕士学位论文，2015.

③ 张丽娜. 品牌资产及其评估方法研究［D］. 昆明：云南大学硕士学位论文，2015.

（1）收益法未来预期收益折现的理念是品牌价值评估的基本理念，但由于对未来经营情况预测存在主观性、确定品牌对收益贡献程度的难度较大等缺陷，具有很大的不确定性。收益法在实务中也存在一些局限性，该种方法的争议主要在于对未来的预测上，未来收益额、收益年限、折现率等都往往会有争议，这些影响因素的不同选择也会影响到评估的价值，这样就增大了评估的难度。[①]

（2）品牌评估的特殊性决定了品牌的价值必须是要得到顾客的认可的，收益法的一个缺点就是它没有考虑顾客的因素。[②]

（3）由于难以区分品牌与其他无形资产的区别，从未来总收益中剥离出品牌本身带来的收益也难以相对精确计算。[③] 此外，由于品牌的收益主要依据的是一些合理估计，这就使评估结果具有较大的不确定性。因此，该方法只能作为粗略的估计方法。

四、盈利能力法

利用盈利能力法评估品牌价值的核心思想是品牌的价值等于品牌能为企业带来的利润和潜在利润。这种方法将品牌价值与企业的利润直接联系在一起，使品牌价值货币化，更为直观，易于理解。

但是，由于这种方法的计算结果需要在企业的利润中剔除非品牌带来的收益，具体实施中会遇到以下问题：

（1）所需要的数据属于企业内部数据，比如利润、税收、坏账准备等，对于非上市公司而言，数据的获取比较困难。而且，由于涉及税收，不同行业之间的税率差异，也对品牌价值的评估造成了一定难度。

（2）盈利能力法在考虑品牌已经带来利润的同时，还考虑了其未来的潜在收益，也就涉及未来盈利能力的折现问题，也就面临和收益法等一样的问题，即折现率的确定具有很强的主观性。

（3）由于计算结果依赖于企业的利润，但是品牌所带来的利润与非品牌带来的利润很难精准区分开。比如，由于品牌的影响力，拥有品牌的企业在与渠道商谈判时具有更多的主动性，这种主动性必然可以为企业带来利润，但是这种利润的比例很难确定。

---

① 张蕾．康师傅品牌价值评估探析［D］．成都：西南财经大学硕士学位论文，2014.

② 张丽娜．品牌资产及其评估方法研究［D］．昆明：云南大学硕士学位论文，2015.

③ 韩旭．品牌价值评估方法的改进与案例研究［D］．成都：西南交通大学硕士学位论文，2014.

五、综合效益法

综合效益法是一种角度新颖的品牌价值评估方法，这种方法认为，品牌的价值很难从企业的订单、销售、成本、利润等数据中计算得到，因为品牌从创建到运用的过程都只是市场营销策略的一部分。品牌的价值是在品牌营销策略和其他营销策略的投入后产生的，而且品牌价值也会影响营销的效果，也就是说，品牌价值与营销策略相互作用，相互影响。综合效益法就是基于此评估品牌价值。

综合效益法认为，分解企业资产与营销策略的协同关系后，就能够从企业的综合效益中分离出品牌价值。这种方法为品牌价值评估提供了新的思路。

但是，由于不同企业的资产组成和营销策略差异很大，很难在企业资产和营销策略之间建立一个稳定的标准将两者分解开来，建立较为统一的计算模型也比较困难。

同时，建立资产与营销策略之间的分离标准，必须经过大量的实证研究，才能确定诸如渠道策略的投资贡献率等，实施起来过于复杂，目前仅停留在理论阶段。

六、品牌溢价法

品牌溢价法用顾客愿意额外支出的货币量衡量品牌价值的大小，额外支出的货币量是相比没有品牌时顾客愿意多支付的价格来衡量品牌价值，一般可以通过市场调查和市场实验得到数据，超额收益再乘以品牌产品近几年的平均销量得到溢价，溢价除以品牌所在行业的平均利润率即得到该品牌价值。在其他条件一定的情况下，额外支出的货币量和品牌价值成正比。该方法较好地剥离了品牌溢价，但仅考虑了当前的获利能力，对未来长期获利能力考虑不足。①

总体来说，溢价法能准确衡量有无品牌带来的价格差异，其评估结果对同一类型的不同品牌有较好的比较衡量作用，但是该方法没有考虑到品牌资产未来的长期获利能力，只注重眼前品牌的价格，并且在评估两种不同产品类型的品牌时，其结果往往并不可靠，因此存在一定的局限性。

最后，我们将基于内部视角的评估方法进行了对比，如表 7 - 1 所示。

---

① 韩旭．品牌价值评估方法的改进与案例研究［D］．成都：西南交通大学硕士学位论文，2014.

表 7－1　基于内部视角的品牌价值评估方法对比

比较依据	成本法	股票价格法	收益法	盈利能力法	综合效益法	品牌溢价法
开发主体性质	学者	学者	学者	学者	学者	学者
理论假设	把常见获得品牌所需要的费用作为品牌的价值，这些费用包含了研发费用、广告促销费用和销售费用等	以公司股价为基础，分离有形资产和无形资产，建立股市价值变动与各无形资产影响因素的数量关系模型	首先估算出品牌将会带来的预期收益，然后对这个预期收益通过一个合理的贴现率将其折算成现值，最后再将这些折算后的现值累积起来，得出品牌价值	品牌价值的核心因素是品牌的盈利能力或潜在盈利能力，特别是长期盈利能力	品牌资产的创建与运用都只是市场营销策略的一部分	品牌作为识别产品的标识是不能单独存在的，它必须依附于一定的产品（或服务）
评估方法	成本法分为两种：一种是历史成本法，另一种是重置成本法	股票市值法	折现法	融合会计和营销两种方法的综合评估法	会计比例法	对比法
模型形态	概念结构形态（反映品牌费用构成的概念结构及其展开）	数量关系模型	计算公式形态	计算公式形态（逐层剔除法）	计算公式形态	计算公式形态
指标体系	研发费用、广告促销费用和销售费用等各类品牌相关费用	企业内部财务数据	预期收益、贴现率以及预期收益的期限	企业利润指标	品牌营销策略方面的各类投入	品牌溢价指标和品牌收益指标
应用领域	一般多用于可轻易替换的资产，如软件和客户数据库	具备完善和成熟的资本市场	无形资产评估	评估企业品牌价值（计算品牌创造的利润）	企业品牌资产价值分离	衡量品牌带来的价格差异，其评估结果对同一类型的不同品牌有较好的比较衡量作用

资料来源：笔者整理。

第二节 基于企业外部视角的品牌价值评估方法评析

基于企业外部视角的品牌价值评估方法主要从顾客角度和市场角度出发。基于顾客角度为主的研究方法主要是将顾客与品牌之间的关系作为研究的切入点，主要的关注点在品牌价值来源的真正驱动因素。该方法的提出对传统的会计财务方法是一大挑战。以Aaker的品牌资产十要素模型为代表的顾客视角的研究，认为品牌的忠诚度、顾客对品质的认知等方面是品牌价值的主要来源和驱动因素，并将这些要素具体通过量化的指标来进行衡量和比较，有助于企业在了解自身品牌现状的同时，对竞争对手的状况也得到较好的分析比较，从而判断出近期的营销活动或者营销策划过程中是否有显著的成效，从而帮助企业品牌设定经营目标和方法策略。下面，我们分别对基于顾客角度和市场角度的品牌价值评估方法进行评析。

一、基于顾客视角的品牌价值评估方法评析

（一）品牌资产五星模型

Aaker的品牌资产五星模型研究主要贡献是：第一，从品牌经营与管理宏观角度出发，为经理人经营或管理品牌资产提供了指南和营销战略框架。第二，试图结合顾客心理认知与产品市场产出两种角度来研究品牌资产，对后来的学术研究产生了影响。第三，提出了从顾客心理认知角度研究品牌资产的多个概念，如品牌知名度、品牌联想、品牌忠诚度等，为进一步学术研究指出了方向。[①]

李业、王九星评价认为，该模型给出的指标较为全面，是目前衡量品牌资产的模型中较有影响力的一个。该模型着眼点是以顾客为基础来衡量品牌资产，前期的五个维度是从顾客角度衡量品牌资产，后期深化为十个因素后注入了市场因素。[②] 此模型的优点是：

---

① 钟珺．基于五星模型的民族县域旅游品牌营销研究——以龙胜各族自治县为例［D］．桂林：桂林理工大学硕士学位论文，2010.

② 李业，王九星．基于消费者角度的品牌资产评估：研究现状与思考［J］．商场现代化，2006（18）：122－123.

（1）结构简单明晰，涵盖较为全面，被很多品牌专家学者和品牌经营者所接受和使用。

（2）对品牌资产维度的覆盖比较完整，能够比较全面地反映品牌资产的实质，在经过众多专家学者的阐述和研究之后，其中各要素的地位与内容体系相对完整。

（3）模型重点表明了品牌形象与品牌资产的关系，阐述了品牌形象之于品牌资产的重要意义，为有效建立品牌形象提供了指导性理论。

但是，此模型也有如下不足：

（1）模型的结构过于扁平化，从理论上说，该模型的五个要素并不在同一个逻辑层面上，彼此的逻辑从属地位和重要性是有区别的。

（2）模型没有说明构成要素之间的相互关系以及各自的权重。

（3）对五个维度下各要素的阐述不够具体和完整，缺乏系统全面的表述。

（4）对于其他品牌专有资产要素，不同品牌、不同行业的差异较大，需要针对具体情况做相应的调整。

（二）品牌资产十要素模型

品牌资产十要素模型（Brand Equity Ten），是由美国品牌资产领域著名的专家 David Aaker 于 1996 年所提出来的，该模型从品牌资产五星模型演变而来。品牌资产五星模型主要是从五个维度去衡量品牌资产，包括品牌忠诚度、品牌知名度、品牌联想、感知质量和市场行为。这五个维度在选取上有四条严密的标准。首先，评估维度要反映被测量品牌资产的结构，品牌资产的概念内容及其结构是指导与发展评估维度的关键，尤其重要的是测量维度应该反映品牌资产的价值，而且要关注到品牌所拥有且不易被竞争对手复制的优势，所以不应该停留在像市场营销组合这样的战术层次。其次，测量维度要真正反映那些驱动市场的与未来收益和销售关联的因素，品牌经理要确信测量维度的变动要能够导致未来收益与销售的变动。再次，所选择的维度要足够敏感，当品牌资产发生变动时，测量维度也要跟着发生变动。例如，当品牌资产因为战术失误和竞争对手的行动而受损时，这些测量的维度也要反映出这些。最后，测量维度应该能够在不同的品牌、产品系列以及市场中适用。

在随后的应用过程中，David Aaker 在这五方面的基础上将品牌评估模型拓展到十个方面的要素指标：价格优惠、忠诚度、感知质量、领导品牌、感知价值、品牌个性、公司组织联想、品牌认知、市场份额、市场价格与分销区域。从这十个指标可以发现十要素模型综合了长期性的品牌强度指标和短期性的财务指标，作为对传统会计成本法的挑战，是品牌价值评估方法的一次创新。①

品牌资产十要素模型为品牌资产评估提供了一个更全面、更详细的思路，奠定了以顾客为基础的品牌资产研究的基础，同时也加入了市场业绩的要素。它既可以用于连续性研究，也可以用于专项研究。而且该模型所有指标都比较敏感，可以以此来预测品牌资产的变化。后续很多学者的研究都是在Aaker的这一模型的基础之上继续进行的。

该模型的主要贡献是细化了五星模型，为进一步学术研究和应用指出了方向。

但是，Aaker提出的模型缺少深刻的理论基础。“品牌资产十要素模型”主要是借鉴整合了品牌研究领域的多个现有成果（如品牌个性），但是它们并不是在一个严密的理论框架下有逻辑地建构，变量的选取缺少理论依据。例如，品牌个性是否可作为品牌资产的要素存在很大争议。因为，首先，对于具体某一个行业的品牌资产研究，品牌资产十要素模型维度要作相应的调整，以便更适应该行业的特点。② 其次，没有区分品牌资产维度之间的内部结构或关系，且缺少实证研究的支持。这不仅是理论上的不足，对品牌经营实践的指导作用也大打折扣。再次，没有建立可操作的品牌资产量表，没有实证检验。③ 最后，第五个评估维度——市场行为评估是基于市场行为去评估品牌资产而并非是基于顾客的角度。④

（三）品牌资产金字塔模型

Keller（1993）以认知心理学的“关联网络记忆模型”（Associative Network Memory Model）为理论基础正式提出了“基于顾客的品牌资产模型”（Customer - Based Brand Equity，CBBE）。⑤

认知心理学的“关联网络记忆模型”认为，记忆是由节点网络（Network of Nodes）和链环（Connecting Links）组成，节点代表储存的信息和概念，链环则代表了信息或概念之间的关联强度。信息在节点之间通过扩散性激活（Spreading Activation）进行传递，即信息激活其中一个节点，并通过链环传递至其他节点。这一理论应用于品牌资产时，Keller认为，顾客心理的品牌知识（Brand Knowledge）是创造品牌资产的关键。品牌知识由顾客记忆中的品牌形象和品牌知名度

① 马蕾雅．阿里巴巴品牌价值评估研究［D］．保定：华北电力大学硕士学位论文，2015.

② 熊凯．功能性饮料品牌资产研究［D］．成都：西南财经大学硕士学位论文，2008.

③ 单福鑫．基于顾客的品牌资产测量与管理［D］．扬州：扬州大学硕士学位论文，2008.

④ 杨海波．基于顾客的品牌资产模型实证研究［D］．长春：吉林大学硕士学位论文，2007.

⑤ Keller，K. L．Conceptualizing，Measuring and Managing Customer Based Brand Equity［J］．Journal of Marketing，1993，57（1）：1 - 22.

组成。通过扩散激活原理，顾客心中的品牌知识或外部营销刺激物会激活品牌节点，经链环传递，形成顾客的品牌记忆，这种记忆将对顾客的有关品牌的决策产生很大影响。这里的品牌节点是品牌形象（Brand Image），是指顾客对品牌的感觉反应为顾客记忆中关于该品牌的所有联想，代表顾客心目中的品牌含义。品牌形象既包括产品本身的性能，也包括与产品本身无关的其他方面，如公司、产地等。品牌链环指的是品牌知名度（Brand Awareness），它与记忆中品牌节点的强度有关，反映了顾客在不同情境下确认品牌的能力。品牌知名度由品牌确认（Brand Recognition）和品牌回忆（Brand Recall）构成，前者反映顾客对以前与该品牌有关经历的识别能力；后者反映顾客在给定产品类别或其他线索情境下，回忆、搜索该品牌的能力。[①] 例如，提到苹果计算机品牌，顾客脑海里会联想到“用户友好”“富有创造性”“学校使用”“美国制造”等信息，在顾客脑海里形成了品牌形象，这些就是品牌节点。公司可以通过有效的营销活动，不断强化链环。当顾客对品牌有高度确认能力和熟悉度，并在记忆里形成强有力的、正面的、独特的品牌联想之后，基于顾客的品牌资产便产生了。

CBBE 模型认为，要建立品牌资产，高知名度和强有力的、积极的、独特的品牌联想两者缺一不可。如果顾客认为品牌与该类产品或服务中的其他品牌一样，那么顾客对品牌营销的反应与对一个虚构的或无品牌名的产品或服务的营销反应也将没有什么不同。对于品牌知名度（Brand Awareness），可通过重复性接触以及与恰当的产品类别或相关购买、消费线索建立联想，来强化品牌熟悉度，从而建立品牌知名度。品牌被识别或回忆的可能性与品牌知名度的强度有关；顾客心目中能够想到的不同购买或消费情形，则与品牌知名度的宽度有关。建立品牌知名度涉及品牌基本要素和营销组合要素。对于品牌联想，顾客记忆中强烈的、积极的和独特的品牌联想能够建立品牌资产。品牌联想包括强度、美誉度和独特性三个方面。Keller 认为，联想的强度取决于两个因素：刺激信息与顾客需求的相关性（Relevance）、刺激信息展示的一致性（Consistency）。要建立品牌美誉度，需要让顾客相信品牌具有满足顾客需求的相关属性和利益，要确保产品能够实现、传递这些属性和利益。独特性是指其他竞争品牌所没有的联想。比竞争品牌更受顾客重视的独特属性或利益能够带来更正面的品牌评估和更大可能性的购买选择，为品牌赢得竞争优势。除了营销活动可控的渠道（如营销组合策略、品牌基本要素）外，品牌联想还包括一些“次级联想”（Secondary Source），如

---

① K. L. Keller. Strategic Brand Management [M]. Beijing: Beijing Prentice Hall and Renmin University of China Press, 1998: 44.

直接经历、来自其他商业的和中立的第三方调查报告、媒体等，口碑传播；或者从品牌所属的公司、所来源的国家、所分销的渠道、特定的人/地/事件等产生。

之所以把 Keller“基于顾客的品牌资产”概念称为品牌资产研究领域的一个分水岭，是因为这在品牌资产研究领域具有里程碑式的地位。第一，框架本身具有深刻的理论依据。之前的品牌资产研究停留在品牌现象的一般性描述或案例跟踪。Keller 以“关联网络记忆”这一心理学模型为基础，深入解剖出品牌知识由品牌知名度、品牌形象构成，这使 CBBE 框架较以前的研究更具有说服力。第二，框架构建了品牌资产的维度，形成渠道、带来的利益，使这一理论具有清晰、完整的理论结构。而之前的研究者各自从自身角度来定义、测量品牌资产。第三，明确从顾客角度研究品牌资产，从而成为品牌资产研究领域的一个主导流派。市场营销的核心哲学是理解顾客需求和欲求，Keller 的 CBBE 框架体现了市场营销的核心所在。品牌对投资者、制造商、零售商或贸易伙伴都具有价值，但是，必须当品牌先对顾客具有价值时，品牌的上述价值才能得以实现。第四，能为不同发展阶段的企业提供品牌资产经营与管理的指引。CBBE 模型的出发点不是要测量出品牌的货币价值，而是要为经营和管理品牌资产提供一个行动框架。品牌资产的来源指明了品牌建设的基本要素，促成品牌资产的相关营销组合要素，影响品牌资产但需要更宏观的战略性决策要素。这些内容能够满足从新诞生企业到大型跨国公司等各种规模、具有不同历史公司的品牌资产建设、管理、变革的需要。

但是，Keller 没有构建基于顾客的品牌资产测量量表，这是导致后续研究在品牌资产结构上观点分歧的重要原因，也是其不足。第一，CBBE 没有明确品牌资产测量的具体内容。Keller 认为，测量品牌知识结构如品牌知名度、品牌形象（称为“间接方法”）；或者测量品牌知识对于企业营销活动的顾客者反应（称为“直接方法”），都可以作为基于顾客的品牌资产的测量。这导致了品牌资产测量途径的差异化，以至于得出相互矛盾的结论。第二，在试图测量品牌知识的维度时，其研究方法的可操作性存在不足。对于品牌知名度的两个维度，即品牌回忆（Recall）和品牌确认（Recognition）；品牌形象的六个维度，即相关性（Relevance）、一致性（Consistency）、吸引力（Desirable）、可传递（Deliverable）、均衡点（Point of Parity）、差异点（Point of Differentiation）的测量，Keller 认为可同时使用定性、定量两种途径，但他只使用了定性方法。对于后来的研究者，定性方法在操作上难以保持一致性。第三，对于特定的品牌群或者对于特定的细分顾客群，Keller 的品牌知识结构可能缺乏效度。例如，若调查对象是品牌用户，品牌知名度指标失去价值和意义，每个品牌的用户对其所使用的品牌的知晓程度可能高度一致或无明显差异。①

（四）品牌资产合成模型

品牌资产合成模型是由理查德·艾略特和拉里·珀西提出的，是基于品牌价值与顾客关系所建立的品牌价值评估模型。该模型重点分析了品牌价值与顾客对品牌态度的内在关系，并进一步将顾客对品牌的态度分解为功能性品牌态度和情感性品牌态度，丰富了品牌态度的维度。除此之外，还分析了品牌价值与品牌知名度、情感性联想、品牌忠诚度和财务价值四个方面的关系。

作为基于顾客视角的品牌价值评估方法，品牌资产合成模型在突出强调顾客作用的同时，弱化了财务、市场等对品牌价值的影响。同时，调查顾客态度耗时耗力，难度较大，不利于这种方法的推广普及。而且，顾客对品牌的态度与品牌价值之间的关系也没有经过实证研究。

（五）扬·罗必凯公司品牌资产评估模型

该模型的立场是顾客，以四个指标即差异性、相关性、品牌评估、品牌认知作支撑。差异性为基点一，差异性 = 利润空间；相关度为基点二，相关度 = 顾客数量；品牌评估为基点三，品牌评估 = 盈利表现；品牌认知为基点四，代表一个品牌的知名度及顾客对品牌掌握和认知的经验结果。四大基点形成有机联系，并注重以顾客为中心来评估。在顾客评估结果的基础上，该模型建立了两个因子。一是品牌强度，等于差异性与相关性的乘积；二是品牌高度，等于品牌地位与品牌认知度的乘积。进而构成了品牌力矩阵，可用于判别品牌所处的发展阶段。品牌资产评估者模型突出了从品牌力的角度进行评估，有利于品牌资产的诊断和品牌战略管理。②

这一模型的主要优点在于，它识别出了哪些基本的品牌维度需要给予营销支持、投资，或修正某些营销行为。另外，它也提供了内部可比较的量化指标，使营销人员认识到其品牌在关键的维度上相对于其他产品类别、其他国家或地理区域品牌的相对地位。模型的这种功能特别有价值，因为，营销人员通常只看到他们自己品牌所属的品类，忽略了顾客可能跨品类购买的事实。这一模型使跨品类和跨国家的品牌比较成为可能，而传统的顾客品牌认知研究则不可能做到这一点。③

---

①③ 单福鑫．基于顾客的品牌资产测量与管理［D］．扬州：扬州大学硕士学位论文，2008.

② 路鹏．基于消费者的农机品牌资产评估实证研究——以国内拖拉机市场为例［D］．北京：中国农业大学硕士学位论文，2007.

这一模型的缺点是只有顾客数据，而且还缺乏对品牌忠诚度的考虑，而这是品牌价值评估至关重要的因素；同时，该模型还缺乏进一步量化的数理基础。[①]该模型的建立是以数据库为基础，实际应用需要付出大量的时间和金钱。

（六）品牌资产引擎模型

品牌资产引擎模型是国际市场研究公司（Research International，RI）的品牌资产研究专利技术。该模型认为，虽然品牌资产的实现要依靠顾客购买行为，但购买行为的指标并不能揭示顾客心目中真正驱动品牌资产的关键因素。品牌资产归根结底是由顾客对品牌的看法，即品牌形象所决定的。[②] 也就是说，强势品牌的力量归根结底来自该品牌与顾客之间的关系，强势品牌比弱势品牌具有更多的品牌资产；品牌的拥有者通过树立品牌形象，最终赢得顾客和保留顾客，从而实现利润的最大化。

国际市场研究公司这项专利技术着眼于从品牌形象的角度来评估品牌资产，从而进一步摆脱了传统的认知—回忆模型，有助于去发现品牌资产的真正驱动因素。它既可以用于连续性研究，也可以用于专项研究。

品牌资产引擎模型将决定品牌资产的品牌形象因素分为两类：一类是“硬性”属性，即对品牌产品有形的或功能性属性的认知；另一类是“软性”属性，反映品牌提供给顾客的情感利益。该模型建立了一套标准化的问卷，通过专门的统计软件程序，可以得到所调查的每一个品牌其品牌资产的标准化得分。得出品牌在亲和力（情感属性）和品牌功能（功能属性）这两项指标的标准化得分，并进一步分解为各子项的得分，从而帮助了解每个子项因素对品牌资产总得分的贡献，以及哪些因素对品牌资产的贡献最大、哪些因素是真正驱动品牌资产的因素。[③]

在完全基于顾客的品牌资产评估方法中，品牌资产引擎模型是最具有代表性的一个。它摆脱了传统的认知—回忆模型，有助于品牌拥有者发现品牌资产的真正驱动因素。国际市场研究公司（RI）开发该模型的目的也在于从顾客感知的品牌形象角度来评估品牌资产。[④]

利用品牌资产引擎可以对品牌资产进行定量分析，并对品牌资产的主要驱动

---

① 闫彦珍．大数据时代基于 Interbrand 模型的品牌价值评估［J］．时代金融，2015（20）：233，236.

② Research International. Equityenginemanual［R］. US：1996：34－48.

③ 卢泰宏．品牌资产评估的模型与方法［J］．中山大学学报（社会科学版），2002，42（3）：88－96.

④ 张君．基于顾客的品牌资产评估［D］．北京：中国农业大学硕士学位论文，2005.

因素做出精确的评估。通过一次研究所提供的信息可以帮助了解自身品牌和对手的品牌，以达到以下目的：

（1）评价自身品牌目前的整体实力和健康状况。

（2）了解品牌资产的主要驱动因素以及它们对顾客的重要程度。

（3）指导如何采取行动来增强自己的品牌。

（4）预知并应付竞争者的威胁。

如果运用品牌资产引擎作连续性研究，还可以在不同时间段跟踪品牌战略和营销活动的有效程度。

该模型的不足之处在于，测量问卷要针对具体行业作相应调整[①]，而且，“软性”属性中的品牌亲和力，即顾客与品牌的情感关系，这类属性难以被发现并进行测量[②]。

品牌资产引擎模型与凯勒教授的品牌资产金字塔模型有很多相似之处，引擎模型中的品牌亲和力和品牌功能表现就相当于金字塔模型中的品牌形象和品牌评估，在金字塔模型中品牌关系的形成也是依靠品牌功能和品牌形象两方面。但是，凯勒教授的品牌资产金字塔模型相对于品牌资产引擎模型来说更加全面，但同时也更加复杂。

（七）品牌资产趋势模型

美国整体研究公司（Total Research）公司在20世纪末构建了品牌资产趋势模型，也是从顾客的角度出发来对公司品牌的内在价格进行评估。该模型主要通过调查问卷由顾客衡量品牌资产的三项指标，也包括顾客对品牌的了解状况、对品牌的评估和消费后的感受三个方面。三项指标分别为品牌的认知程度、认知质量和使用者的满意程度。这三项指标或三个方面基本涵盖了顾客对品牌评估的全过程，较为全面地展示了顾客与品牌之间的情感联系、利益联系及行为联系。

在了解了顾客对上述三个要素的评估得分后，便顺理成章地可以得到品牌内在价格。[③] 根据品牌资产趋势的数据库及调查结果，美国领导品牌多年来的排名顺序都比较稳定和一致。[④]

---

① 路鹏．基于顾客的农机品牌资产评估实证研究——以国内拖拉机市场为例［D］．北京：中国农业大学硕士学位论文，2007.

② 李向辉，周刺天．品牌资产引擎视角下的品牌价值模型及其应用研究［J］．商业研究，2007（11）：120－124.

③ 李雪黛．基于修正后Interbrand模型的品牌价值评估［D］．兰州：兰州财经大学硕士学位论文，2015.

④ 张君．基于顾客的品牌资产评估［D］．北京：中国农业大学硕士学位论文，2005.

品牌资产趋势模型的不足之处是：首先，过度依赖认知质量这项指标（这项指标只能解释顾客为什么去买该品牌，但却不能解释是什么原因导致高质量）。其次，由于认知质量和使用者满意程度两项指标的基数不一样，认知质量和使用者满意程度两项指标的相关性不高。最后，品牌资产趋势模型没有很好地解释“各项指标的权重是如何得到的？是否对于每一个顾客都是一样”等问题。①

（八）奥美集团的品牌资产组合模型

奥美集团的品牌资产组合模型是基于品牌资产五星模型开发出来的，相较于品牌资产五星模型，其优势是能够贴近企业创建品牌的过程，使品牌与顾客之间的相互作用、相互影响关系更为明了，对于企业品牌建设更具指导意义。

（九）日本博报堂的品牌价值评估法

博报堂是日本第二大广告公司。该模型于 2002 年发布应用，开发者认为，品牌价值是“在企业日常活动所产生的附加价值中、由品牌所带来的那部分附加价值”②。但这种附加价值并非指实际的价格溢价，而是所谓的“心理溢价”，即由顾客心理预期所产生的被评估品牌的“溢价额”。因此，对品牌价值的评估，主要从顾客角度出发，以“品牌价格平衡心理假说”为理论依据，计算出由顾客心理预期所产生的被评估品牌的“溢价额”，再结合品牌认出率调查所获得的数据，经过运算，最终得出一个产品品牌或一个企业品牌的货币价值。从形态来看，博报堂模型并不是一种直接表示模型要素的结构形式，而是表明其操作过程的一种思维结构形式。③

二、基于市场视角的方法

这类方法主要是以市场上比较相似的品牌为参照，收集公开且活跃于市场上同类品牌的交易价格信息，对比分析被评估品牌与同类品牌的差异，调整同类品牌的成交价格，进行分析和修正从而得出的品牌价值。选择这类评估方法需要满足以下条件：首先，它的市场必须要比较透明和活跃；其次，要有一个可以作为参照的标准进行参照；最后，需要被评估品牌和对比品牌的详细数据。

参照相似的品牌通过一系列的修正得出的品牌价值虽然理论上听起来比较完

① 柴俊武，万迪昉．品牌资产的界定及其评估模型评介［J］．南开管理评论，2005，8（1）：42－46.

② ［日］刘屋武昭．視点価値創造のための戦略的事業リスク経営［Z］．日本貿易会月報，2004.

③ 星亮．日本的品牌价值评价模型评介［J］．北京邮电大学学报（社会科学版），2008，10（5）：37－42.

美，比较容易被市场所接受，但是这种方法具有很大的局限性：首先，从品牌自身的角度考虑，找到相似的参照物并不是一件简单的事。因为目前我国的市场并没有那么完善，尤其是品牌的交易市场没有那么完善，并不具备一个发育充分且活跃的品牌交易市场，品牌单独交易的案例也不多。在这样的情况下即使近期有交易案例但可比性也未必能满足要求。再者在调整因素的数据来源上也未必能够顺利获取，因为一些信息对于企业而言较为机密。

其次，这种方法并没有考虑到顾客。因为一般情况下，即使是近似品牌，顾客对待品牌的态度和接受程度，直接对品牌未来的市场表现和获得的收益产生影响，也就是说，直接影响品牌价值的重要因素也会不同。举一个例子，如果一个品牌只通过降价促销来取得较高的市场份额，相应的顾客对品牌的忠诚度却不高，那么这个时候用这种以市场视角为主要考虑因素的评估方法所计算出的品牌价值一定会高于其实际价值。因此市场法在现实中的应用也不太多。

最后，比较大的一个问题就是由于品牌的特殊性，它具有一定的独特性和垄断性，因此很难找到一个参照物。

根据对基于外部视角的方法的评析，我们得到表7-2。

表7-2　基于品牌外部视角的品牌价值评估方法对比

评价维度	品牌五星模型	品牌资产合成模型	品牌资产趋势模型	日本博报堂的品牌价值评估法	品牌资产引擎模型	扬·罗必凯公司品牌资产评估模型
开发主体性质	学者	学者	研究机构	广告公司	调研公司	广告公司
理论假设	顾客对于品牌的知识、感觉和体验，是品牌价值存在的基础	品牌资产的核心是品牌态度	基于大量数据资源和顾客调研	品牌价值等于由品牌带来的附加价值“品牌价格平衡心理”假说	品牌资产归根结底是由顾客对品牌的看法，即品牌形象所驱动的	品牌价值不会一成不变，随着生命历程发展演化成强势品牌
评估方法	从以顾客视角出发的品牌价值的构成要素为基础的评估方法	以品牌态度为核心的评估方法	顾客调研法	以独创的“品牌价格平衡心理”假说为基础的营销方法	双因素法（软性属性和硬性属性）	双因子法（品牌强度和品牌高度）

续表

评价维度	品牌五星模型	品牌资产合成模型	品牌资产趋势模型	日本博报堂的品牌价值评估法	品牌资产引擎模型	扬·罗必凯公司品牌资产评估模型
模型形态	关系结构形态	关系结构形态	理论结构形态	概念结构形态（范颖思维过程的概念架构及其展开）	概念结构形态（三级模型）	概念结构形态（矩阵形）
指标体系	品牌识别、品牌内涵、品牌反应、品牌关系	品牌态度、品牌知名度、情感性联想、品牌忠诚度和财务价值	品牌的认知程度、品牌的认知质量、使用者的满意度	“心理价格”指标	品牌权威性、对品牌的认同、品牌价值的社会承认、产品特性及产品子功能上的表现	品牌差异性、品牌相关性、品牌认知度、品牌尊重度
应用领域	为企业在建立品牌、打造品牌资产时提供指导性依据	解释了品牌追求现象	广泛适用于顾客品牌	顾客分类研究、顾客购买行为研究、企业的形象力评价、品牌审计圈	用于连续性研究，也可以用于专项研究	可以覆盖比较广泛的品牌范围及产品种类等优点

资料来源：笔者整理。

第三节　综合视角的品牌价值评估方法评析

从最初将设计、开发、商标注册、专利创造和促销等一系列费用作为会计原始成本列入品牌价值和将品牌产品年利润的 4～6 倍作为对品牌价值的粗略估算①，发展到现今引入品牌强度因子的 Interbrand 评估法、利用品牌附加值工具箱（BVATools）的世界品牌实验室评价法等，品牌价值评估方法发展到今天

① Stobart P.. Alternative Methods for Brand Valuation [A] //Brand Valuation: Establishing a True and Fair View [C]. London: The Interbrand Group, 1989.

已经推出了若干评估方法。其中有的是侧重于财务视角的综合方法，有的是市场视角为主的综合方法。下文将主要对以财务视角为主的一些综合方法进行比较分析。

一、Interbrand 评估法

Interbrand 评估法目前是一种改进的收益现值法①，它的一个基本假定是：品牌之所以有价值不全在于创造品牌所付出了成本，也不全在于有品牌产品较无品牌产品可以获得更高的溢价，而在于品牌可以使其所有者在未来获得较稳定的收益。由于品牌未来收益是基于对品牌的近期和过去业绩以及市场未来的可能变动而做出的估计，品牌的强度越大，其估计的未来收益成为现实收益的可能性就越大。因此，在对未来收益贴现时，对强度大的品牌应采用较低的贴现率；反之，则应采用较高的贴现率。结合品牌所创造的未来收益和依据品牌强度所确定的贴现率，就可计算出品牌的现时价值。而品牌强度则是通过领导力、生存力、市场力、地域扩散力、趋势力、支持力、保护力等十个方面所获得的系数计算得到。②

这种方法之所以能长久使用下来，有其独特的一面。Interbrand 评估法是以品牌未来收益为前提对品牌进行评估的方法。这一分析方法需要对过去和未来进行销售额和利润的分析和预测，比较适用于成熟稳定的市场品牌。其独特性表现在三方面：第一，对品牌强度的分析从十个不同的方面进行分析，并分别打分，从而得出品牌强度总分，这在品牌价值评估方法中比较独特，并反映出品牌是由多个因素共同决定的客观事实。第二，Interbrand 公司创造的 S 形曲线将品牌强度和品牌未来收益所适用的贴现率联系起来，将某一产品的品牌强度和贴现率相对应，从而对品牌未来收益转化为现实收益的风险做出估计，这也是颇有独创性的地方。虽然 S 曲线形成特定形状所需的原则和假设也存在一定的经验成分，但总体而言是符合现实情况，并非完全主观臆测。第三，考虑了品牌在不同行业和不同产品领域的作用存在差异，并采用“品牌作用指数”从多方面反映这种差异，这一做法也应予以充分肯定。

该评估方法虽然广为人知，也是在实务中应用最为广泛的品牌价值评估模型，但它也只是在品牌评估探索过程中提出的众多方法之一，实际上还是存在缺陷的：

① 符国群 . Interbrand 品牌评估法评介［J］. 外国经济与管理，1999（11）：37－41.

② 白光 . 品牌资本运营通鉴［M］. 北京：中国统计出版社，1999.

首先，Interbrand 模型是从企业未来能够通过品牌获得的收益为出发点计算品牌的现时价值，但未来收益受市场环境、国家政策等多方面影响，不确定性较大，依据现在和过去的情况进行推测存在的风险比较大，可靠性较差。从这一意义上说，评估的品牌价值也应在一定范围内，比如应在悲观预测和乐观预测的基础之上的取值区间，而不应是一个具体的、单独的数值。

其次，"品牌强度"是该方法的重要概念之一，但它并没有扎实的理论基础，未进行实证，主要通过德尔菲法和专家意见法来进行判断。因此评定品牌强度的指标是否有针对性、权重是否恰当也一直存在争议，各项指标的内涵、指标与指标之间的关系还有待论证，很难具有较强的说服力。而且实务操作中十个方面指标的选取包含了若干细化指标也使模型的应用过于复杂。

再次，要将非品牌商品产生的净利润从公司总体净利润中剥离存在一定的难度，需要水平较高的专家评估队伍，在实际评估中难以保障。Interbrand 评估方法中有按利润创造来源进行分割的操作，这种做法在理论上有其合理性，但实践中很难确定利润的创造来源。例如，公司名称（商号）和产品品牌不一致，这是两种不同的无形资产，在品牌价值评估中应将商号和品牌带来的利润分开。但是，企业的收益很难区分哪些是品牌带来的，哪些是商号带来的，特别是对产品单一的公司而言，品牌与商号是基本一致的，区分其利润来源几乎是不可能的。如"惠普"的影响与"惠普"电脑本身的质量、生产这种质量的技术以及员工素质是难以分离的。

最后，Interbrand 品牌资产评估模型虽然将财务分析、市场分析、品牌分析有机进行结合，但分析还是主要站在企业视角，基于顾客认知与关系并不是很多。

二、Financial World 品牌价值评估方法

Financial World 方法是美国著名媒体《金融世界》设计的一种品牌价值评估方法。Financial World 品牌价值评估方法对产品品牌和公司（商号）品牌的评价分别采取不同的方法。在对产品品牌进行评价时，它在 Interbrand 评估方法的基础上加以简化，其评价的基本模式是"品牌价值 = 品牌净利润 × 品牌强度倍数"。其中，品牌强度倍数（Multiple Based on the Brand's Strength）与 Interbrand 评估方法的品牌强度因子意义相同，也根据品牌的领导地位、稳定性、市场份额、国际性、发展趋势、支持与保护等因素进行估计。

Financial World 评估方法对公司品牌的评价借鉴了特许经营协会（Trade &

Licensing Associates，TLA）的方法。该方法认为，衡量一个公司品牌价值的最好尺度是现实中其他当事人为使用该品牌所愿意支付的特许权使用费。TLA 的公式为：

商号价值 = 当年销售收入 × 特许权费率 × 有效寿命 × 预期销售增长率 × 折现因子

Financial World 品牌价值评估方法首先并不是一种独创的品牌价值评估方法，而是对传统收益法的发展，其基本思路和收益法是相同的，即合理预测无形资产所带来的预计超额收益，并将其折现计算品牌的价值。其次，Financial World 的评估十分重视评估假设，这里的假设不仅是指数学意义上的计算，更重要的是指建立在经济意义基础上的假设。如果没有这些严格的前提条件的限制，那么任何计算结果都会失去意义。这也提示我们，在引用品牌价值结果时必须同时披露所有的假设条件，否则就会引起不必要的误导。另外，Financial World 品牌价值评估方法在评估过程中的另一个特点就是，它并没有完全采用各相关公司的实际数据，而是通过咨询财务分析师、阅读财务报表甚至咨询公司竞争对手等方法收集可用数据，并且从不收费。这样既避免了和客户之间可能产生的利益关系，保证了第三方的独立性；又解决了由于各公司采取的不同会计政策而产生的差异问题，提高可比性，从而也提高了该评估方法的权威性。从以上角度来看，Financial World 品牌价值评估方法成为国际通用的评估方法，尤其在品牌并购、兼并或租赁市场行为中被广泛应用是有其合理之处的。

但是，我们也应当意识到该方法仍然存在不足之处：首先，品牌评估方法并没有对超额收益进行分割，其计算出来的品牌利润贡献额与其说是品牌价值，不如说是包括品牌在内的所有无形资产的价值。这样显然夸大了品牌的价值和作用。其次，正如 Financial World 评估方法所强调的，其评估方法主要适用于日常消费品评估，因为只有消费品的品牌强度才可以根据事先确定方法进行估计；而对大量的工业品品牌价值评估并不适用。

Financial World 评估方法分别对产品品牌和公司品牌的价值进行测量，克服了大多数评价方法的不足。但是，Financial World 评估方法适宜对发展较为稳定且著名的品牌进行评价，对于起伏跌宕的品牌价值的评价，则暴露出明显的缺陷。

三、Brand Finance 评估方法

Brand Finance 采用"Royalty Relief"（特许权费节省法）对品牌价值进行评

估，即假设品牌所属公司在不拥有该品牌商标的情况下，需要向第三方支付的商标特许权费用。公司拥有该品牌，实际上就是节省下这笔费用，这就是品牌价值所在。特许权费节省法的计算需先估计品牌未来销售额，然后乘以适用的特许权费率，再贴现算出未来全部“税后特许权费用”的净现值，即品牌现在的价值。

该方法从特许费（或版税）这个全新的角度出发，解释了品牌价值的来源。这种方法的优势在于计算品牌价值可参照之前记录的第三方交易。它是基于客观的市场参数（可比费率）产生的品牌价值。在理论上也有一定的说服力，因为它消除了内在的困难，即由于品牌的能力不同无法估计利润差。例如，如果公司的主要活动是管理一个名称（品牌）并将其转移到其他公司（特许），以换取支付版税，这个难题就会被解决。因为品牌管理是该公司唯一的活动。在这种情况下，品牌价值将由公司的市值计算，但是该公司完全不参与生产商品，单单是销售这个品牌的名字（商标）。

许多国家的财政机构已经接受了这一解决方案。然而，这种方法的主要缺点是，很少有品牌在现实中是可比的。这个问题的关键在于要解决如何确定特许费（专利税或版税）只来自品牌的一部分，如何在合同中概述这个特许费。因为费率往往很容易被重复计算，很难充分分离品牌价值，这不仅不利于支付品牌的开发费用，也很难从许可方转移到其他权利被许可方。例如，许可方通常致力于提供一系列的原材料来保证被许可方和服务维护所需的质量标准。同样，Smith 和 Parr（2005）注意到通过这种方法可能只有一部分利润归因于该品牌。由于它只提供了一个“最小值”的品牌价值，完全不考虑拥有“上限”的品牌价值，因此，支付这些有限的权利（版税）并不是一个可靠的实践方法。Smith 和 Parr（2005）得出结论，所有权比许可权更有价值，因为所有权具有实用价值，能增加其品牌价值。显然，许可证并不需要同样的价值。Smith 和 Parr（2005）通过“权利约束”理论来解释这个结论，认为一些权利可以转让，而另一些则需要咨询所有者。因此，只有通过增加许可方和被许可方的权利，才能完整地展示出一个品牌的价值。

四、北京名牌资产评估有限公司的评估方法

北京名牌资产评估事务所采用的品牌资产评估方法是在 Interbrand 模型的基础上，根据我国的实际国情进行调整，将品牌价值（V）分为品牌市场占有力（M）、品牌获取超额收益的能力（S）、品牌发展潜力（D）三个部分，用公式可以表示为：

$$V = M + S + D$$

与其他方法计算品牌市场占有率的方式不同，名牌资产评估公司认为销售收入足以代表顾客对品牌的认可，在同行业中也有更明确的可比性，也能代表品牌形成的市场规模。因此，该方法采用销售收入指标来反映品牌资产市场占有力。① 而在反映品牌发展潜力方面，北京名牌资产评估公司通过对品牌法律保护状况、品牌的技术创新与保护、品牌的历史、品牌超越地理文化边界的能力、品牌维护力度等因素的测量来实现。②

北京名牌资产评估有限公司评估方法的发展在中国有重大意义，该评估方法在与国际接轨、缩小中国品牌价值与国际名牌价值差距方面起到了很好的示范作用。可以认为，该评估方法是目前国内相关研究领域最具规模的体系，而且据公开资料显示，该方法在国内的实际运用也渐成规模，形成了一定的影响。除此之外，该方法还根据被评估对象所处的行业不同，将品牌价值的三个组成部分都乘以相应的调整系数进行行业调整，从而减少行业利润不同带来的品牌价值差异，不仅能够修正行业间的差距，还能够修正上、中、下游产品品牌的影响力，适合于我国行业发展不均衡的特点。

但是该方法还存在一定的局限性，体现在：

第一，尽管以市场占有率为核心的思想在目前阶段具有实用性，但这种思想不具有长久优势。品牌价值最终应该是品牌超值创利能力的体现，而不是市场占有率的体现，市场占有率是决定品牌价值高低的一个方面，而且可能是一个重要方面，但是仅考虑市场占有率的品牌价值评估是不全面的。因为，很多人为的营销操作可以使经营业绩看上去较好，而且也可能导致错误导向，误导企业为获得高品牌价值而放弃追求利润，这显然违背了品牌价值评估的初衷，即总结优质品牌经营经验，提升企业品牌竞争力。

第二，该评估方法尚没有严格区分产品品牌和公司品牌的不同，目前只能做到通用品牌评估。历年的评估结果说明，迄今为止，该评估依然针对公司品牌。虽然这有客观原因。例如，中国的统计数据获得等方面尚有不足，但是，在将来的评估工作中，应该逐渐克服这些问题。

第三，该评估方法没有考虑顾客因素。同 Interbrand 一样，这种评估方法仅从企业的财务数据和品牌的市场状况评估品牌价值，没有考虑顾客关系对品牌价值的影响，所以该评估方法也是不完整的，这方面的理由在 Interbrand 的评价中

---

① 夏娟．品牌价值评估方法的比较分析［J］．对外经贸，2012（5）：102－103.

② 王莺莺．基于多元视角的饭店品牌价值评估研究［D］．郑州：河南大学硕士学位论文，2015.

已经做了说明，在此不再赘述。①

而且，这种评价方法的具体评价因子、评价过程的不透明性以及评价机制为人所诟病，逐渐暴露出许多问题。② 随着国内品牌研究以及品牌价值评价研究的深入，许多学者和媒体对这种品牌评价提出越来越多的质疑。③ 首先是评价的基本框架及内容的隐蔽性受到质疑，缺乏公信力和权威性；其次是品牌入选数量、标准受到质疑，导致评价对象逐年减少，很多著名品牌没有入榜，缺乏公正性；再次是数据来源及使用受到质疑，只凭企业提供的数据进行评价，缺乏真实性和可比性；最后是评价体制受到质疑。交费评价和利益驱动影响品牌入选的普遍性和评价的客观性。

五、明略行的 BrandZ 方法

营销调研顾问 Millward Brown 和 WPP 集团开发了测量品牌强度的 BrandZ 模型④，其核心是品牌动态金字塔。根据这个模型，品牌建设与一系列依次排序的等级有关，在那里，每个高等级形成的前提是其下面低等级的存在，按照上升顺序，每个等级的目标如下：

- 存在——我了解它吗？
- 关联——它能给我提供某些东西吗？
- 性能——它能实现吗？
- 优势——它提供的比其他的好吗？
- 黏合——别的品牌打败不了它。

"有牢固关系"的顾客位于金字塔顶层，与品牌建立了更强的关系而且比低层次的顾客支出更多。然而，更多的顾客处于更低的层次。营销者的挑战是开发活动和项目，让顾客沿着金字塔向上移动。

我们将 Interbrand 和 BrandZ 的品牌价值评估方法作个简单对照。Interbrand 评估法的估算模型为"品牌价值（V）= 经济附加值（EVA）× 品牌作用指数（RBI）× 品牌强度系数（BSI）"，其中经济附加值与品牌作用指数决定品牌收益，

---

① 李江天，田翠翠．品牌价值评估方法研究——一个综合竞争价值的探讨［J］．江苏商论，2007（27）：234－236.

② 李海婴，杜娟．中国建筑陶瓷品牌战略选择［J］．中国市场，2006（19）：10.

③ 方芳．卡地亚：培养顾客——品牌问题解决之道——卡地亚香港及中国大陆地区董事总经理 Nigel Luk 先生访谈［J］．中国新时代，2002（16）：63.

④ ［美］菲利普·科特勒，凯文·莱恩·凯勒．营销管理（第 12 版）［M］．梅清豪译．上海：上海人民出版社，2007.

品牌强度系数是由品牌强度得分转化为品牌未来收益所适用的贴现率而定，它反映了品牌在未来获得此项收益的风险大小。BrandZ 评估模型为“品牌价值（V）=品牌收益（BE）×品牌乘数（BM）×品牌贡献（BC）”。品牌收益是将企业净收益分解到产品品牌上的收益；品牌乘数是由品牌动力、市场价值、增长潜力等指标聚合而成；品牌贡献则是反映品牌收益中真正归因品牌因素（非促销等其他因素）的比例，它体现了顾客选择中的品牌态度（品牌偏好、品牌忠诚等）。两种评估方法采用的都是收益法，品牌价值估算的基础数据都是主要来自上市公司的财务报告，形式上非常相似，思路非常相近。当然，也存在一些重大差异：①在分析顾客决策行为上，Interbrand 主要通过模拟顾客选择时在各个选择因子上的品牌影响力进行品牌作用力分析[①]，而 BrandZ 则是依据自建的全球品牌资产数据库而确定品牌贡献，该数据库以深度采访 30 多个国家超过 200 万名顾客累积的材料为基础，收录了上万个品牌。②在品牌收益调节系数的处理方式上，Interbrand 通过建立品牌强度与品牌风险之间的关联，运用收益折现调整法调整品牌收益；而 BrandZ 则使用品牌乘数调整收益，这个品牌乘数参考了股票市场的市盈率倍数，对品牌收益有明显放大的作用。这两项不同由此造成了品牌价值评估值的巨大差异。以苹果（Apple）的品牌价值评估为例，2012 年，Interbrand 估值为 765.68 亿美元，2013 年为 983.15 亿美元，而 2012 年 BrandZ 将其评估为 1829 亿美元，2013 年为 1850 亿美元。可见，同一品牌经由不同的评估方法可能会产生上千亿的估值差异。[②]

六、日本 Hirose 模型

Hirose 模型在设计理念上是期望通过公开的财务报表数据去计算品牌价值，其优点是只要利用企业近五年的年度财务报告和公开的财务信息，即可计算出品牌价值，该方法符合会计准则，数据客观、可靠，计价方法透明清楚，可检验。[③]

总之，我们对基于综合视角的品牌价值评估方法的对比如表 7－3 所示。

---

① 邵文斌．换个角度看中国移动品牌价值的波动［J］．广告大观（综合版），2010（11）：21－23.

② 谌飞龙，龚艳萍．我国品牌发展格局分布及其内在产业协调性分析——基于 Interbrand 和 BrandZ 品牌价值榜的比较［J］．兰州学刊，2014（7）：156－163.

③ 周常兰．基于 HIROSE 模型的服装上市公司品牌价值评估［J］．现代管理科学，2014（3）：112－114.

表 7－3　基于综合视角的品牌价值评估方法对比

	Interbrand	Financial World	Brand Finance	北京名牌资产评估法	BrandZ	Hirose	品牌价格抵补模型	联合分析法	忠诚因子法
开发者性质	咨询公司	营利机构	咨询公司	咨询公司	咨询公司	政府部门	学者	学者	学者
理论假设	品牌之所以会有价值，在于品牌可以使其所有者在未来获得比较稳定的收益	品牌财务收益数据	品牌所属公司在不拥有该品牌商标的情况下，需要向第三方支付商标特许权费用	以品牌实现的市场份额为中心	建立在庞大的顾客数据，以及著名公司彭博和数据监控等多方面市场数据基础之上	品牌价值是溢价价值、价格的稳定指数和新市场的成长率这三者之间的函数关系	基于历史经验对产品进行定价	以调查为基础的多变量方法，它使营销者能够描绘出与产品和品牌相关的顾客购买决策过程	从品牌创造价值的过程中来看，品牌是通过对顾客心理和行为的影响而给企业创造财务价值的，品牌的价值直接取决于顾客对品牌的偏好
评估方法	$V=E\times B$ 其中，V 为品牌价值；E 为品牌未来净收益；B 为品牌强度	$V=P\times B$ 其中，V 为品牌价值，P 为品牌利润贡献额，B 为品牌强度倍数； 公司品牌价值＝当年销售收入×特许权费率×有效寿命×预期销售增长率×折现因子	使用“特许权费节省法”来计算品牌价值	充分考虑到了中国品牌市场实际情况的本土评估方法	品牌价值＝无形资产利润×品牌贡献比例×品牌倍数	会计法中的预期收益法	模拟价格研究方法	多领域结合方法	$V=Q\times N\times R\times(P-P')\times K$ 其中，Q 是周期购买量，N 是时限内的周期数，R 是理论目标顾客基数，P 是单位产品价格，P′是单位无品牌产品价格

续表

	Interbrand	Financial World	Brand Finance	北京名牌资产评估法	BrandZ	Hirose	品牌价格抵补模型	联合分析法	忠诚因子法
模型形态	计算公式形态	计算公式形态	计算公式形态	计算公式形态	概念模型形态	计算公式形态（包括分项计算公式和主公式）	概念模型形态	市场调查与试验模拟法	计算公式形态
主要指标	品牌未来净收益和品牌强度	品牌利润贡献额和品牌强度倍数	品牌强度、特许费率、品牌特定收益	品牌的市场占有能力、品牌的超值创利能力、品牌的发展潜力	无形资产利润、品牌贡献、品牌倍数	品牌声誉驱动力、品牌忠诚驱动力、品牌延伸驱动力	品牌相对重要性	顾客对产品的偏好	周期购买量、时限内的周期数、理论目标顾客基数、单位产品价格、单位无品牌产品价格、忠诚因子
应用领域	广泛应用于上市公司	应用于主要经济体的产品品牌和企业品牌价值计算	广泛应用于世界主要经济体	中国自己的品牌包括中外合资企业在中国共同创建的品牌；产品能够与顾客见面；行业市场份额领先；顾客对产品有选择权；能够提供评价所需要的相关材料数据；或者能够从公开信息获得符合上述标准的品牌	广泛应用于发展中国家和发达国家	企业品牌管理、企业集团内部存在的品牌使用费	广泛应用于顾客品牌价值研究	广泛应用于顾客可接触到的产品品牌	比较适合购买频繁的产品品牌

资料来源：笔者整理。

第四节　三类视角的评估方法比较

一、企业内部视角

企业内部视角的理论基础是品牌资产理论，品牌资产理论的产生主要源于两点：一是由于企业财务价值资料的可获性，因而可以从品牌塑造结果来刻画品牌价值或品牌资产价值；二是高价值品牌必定随着企业或股东价值而实现。因此，从这两点出发，运用企业财务理论来衡量品牌价值无疑存在一定的合理性。Schultz（2000）认为，品牌是为买卖双方所识别并能够为双方都带来价值的东西，品牌价值体现在企业的回报，即企业能从中得到多少收益。

品牌资产理论虽然考虑到了品牌的市场表现，但从企业财务数据推算出品牌价值，无法提供给企业足够的有用信息，也没有说明品牌价值的真正来源，更为严重的是这些评估方法脱离了顾客基础，它们考虑的是品牌的投入和产出，忽视了品牌发挥作用的中间过程，从中看不出顾客对品牌价值的贡献。

以财务要素为标准的品牌价值评估方法，其不足之处在于：①仅仅从财务投入这一个方面来度量品牌的价值是片面的，因为投入之后的品牌有可能在市场上面表现非常糟糕，从而使大量投入的资金白白地损失了，这样的例子有很多。②市场法虽然是比较理想的方法，但是前提条件是它要在完善成熟的市场上才能有效使用，所以这个方法在一些不发达的地区就不是很有效果。③财务要素的考察选取的指标大多是短期的，但是品牌投资其实是长期性的投资，这样用短期来衡量长期的方法，很容易让决策者只局限于短期的利益，而忽视了对企业长远发展的推动。

二、企业外部视角

站在企业外部视角评估品牌价值的方法主要是从顾客和市场角度出发。这两种方法将品牌与顾客及市场的关系作为价值评估的基础，衡量品牌的溢价获利能力。其背后逻辑是：第一，顾客从购买品牌的行为中获得了更高的满足感而提高了效用，从而更愿意向品牌支付更高费用；第二，市场交易中品牌的交易价值较为准确地代表了品牌自身的价值。

首先，从顾客角度出发的品牌价值理论主要是在“流通领域”层面上，是从品牌与顾客“沟通功能”的角度来阐述的，都强调品牌的最后实现是由顾客来决定的，顾客的情感性消费往往决定了一个品牌的命运，即品牌概念是在产品（或生产环节）和顾客的互动过程中形成的。目前，学院派都注重从顾客行为角度出发，研究品牌的各个属性和企业的各种营销活动对顾客的品牌态度（包括认知、情感、行为意向）和行为产生了何种影响，以及各种影响的强度如何，如顾客对品牌的熟悉程度、喜爱程度和产生的联想、忠诚度等。这就无形中把“顾客中心”作为品牌价值、品牌权益、品牌资产、品牌关系、品牌联合、品牌延伸等理论研究的基本假设或前提。

对于顾客视角下品牌理论研究的局限性，已经被不少学者意识到，并对其原因作了深入分析。Stewart（2002）指出，在过去，品牌被看作对现有的、潜在的顾客有意义；因此，营销部门应该对塑造品牌负责是适当的，但公司声誉对其他利益相关者也很重要，比如他们的雇员或金融团体、政治团体或地理团体；由于塑造品牌的责任是被完全分割的部门承担，这对品牌的潜在伤害是巨大的。Schultz（2000）指出，今天的品牌塑造是一群品牌专家在做，而不是组织在做。令人悲哀的是品牌管理被太多的公司所排斥。我们越是把品牌塑造局限在个别部门或个别经理，那品牌就越不大能代表组织、产品、服务、雇员和其他利益相关者。Danaher 等（2003）指出，现有的品牌理论研究很少去关注跨组织交换中的品牌问题，而实践上，由于只注重顾客营销来管理品牌，忽视了重要的下游顾客的需要，比如分销商和零售商，当然也就不会谋求与上游供应商共同创造附加价值，并在增加品牌权益的潜力上进行投资。而在商业实践中，由于多数企业过分强调商品交易关系和顾客中心论，很少有企业在品牌与利益相关者互动关系的经营上作出努力。更糟糕的是由于长期不顾其他利益相关者的发展，“习惯成自然”地欺骗利益相关者，导致企业与利益相关者之间的关系恶化，由此对品牌价值产生破坏性影响却全然不知。对此，Webster（2000）指出，从单个顾客视角思考品牌的传统方法已经产生了“一个从学术视角出发的不完整的品牌分析和一个从公司视角出发的不完整的品牌管理”。

其次，市场价格法。市场价格法即把品牌的交易价值作为品牌价值。这种方法的最大问题是缺乏品牌财产的公开市场交易。[①] 利用市场接受的价格进行交易，不经过价值评估，交易的价格是如何产生的呢？从市场角度出发的方法的其

① ［美］凯文·莱恩·凯勒．战略品牌管理［M］．李乃和等译．北京：中国人民大学出版社，2003.

他不足之处在前面的章节中已经有所描述，在此不再赘述。

三、综合视角

品牌价值评估方法多样性的原因是品牌价值内涵的丰富。由上面的分析可以得出，品牌价值的评估过程需要考虑到企业的财务表现、市场表现和顾客的态度，三个因素缺一不可，他们单方面都不能够全面准确地体现品牌价值。如今，大多数价值评估的实际中并非只是单一地运用某一种方法来评估，而是对以上三方面的方法进行有选择的组合，综合各个方法的实用性，对品牌价值进行估价。比如，Interbrand 方法则结合了财务和市场两个因素。如今市场的作用越来越凸显，使 Interbrand 方法相比于其他方法更能够体现品牌的价值，因此这个方法在目前是最权威的方法。综合视角的方法在一定程度上具有应用性和科学性，但是多数综合视角的方法也只是选取了两个或两个以上的视角对品牌价值进行评估，而视角的选取具有很大的主观性和随意性，因此也存在不可忽视的缺陷。

综上所述，我们从三个方面总结了各类评估方法的情况，有利于在实践中更客观地评估品牌资产的价值。在实际的品牌价值评估实践中，我们要根据目的不同，综合各个方面对评估方法进行选择，无论我们是基于哪个要素，都要考虑其他要素的影响。

上述资料的综合分析得出结论，由于品牌价值内涵的丰富性、资产特有的属性，各个评估方法都存在一些共有的缺陷。主观性、不确定性因素存在于各个方法中，而且各评估方法在评估中较多地采用主观性强的方式，如采用专家打分，来获取有效数据。在实际操作中，过程的不客观往往易导致结果的不准确。其次是各个方法的适用性，没有一个不同行业均适用的综合的品牌价值评估方法；评估不同行业时，通常各个方法的评估结果相去甚远。

伴随市场机制的逐步完善，市场经济迅速成长起来，企业间的竞争日益白热化，这使品牌在企业的产品与服务竞争中的作用越来越凸显。同时，吸引众多学者投入品牌的研究中。品牌评估方法和体制日益暴露出诸多问题，也引来越来越多的质疑，导致很难在实践中的推广应用。同时由于不确定性和主观性渗透在各个方法中，导致评估的结果只能是提供指导性的意见，在实际的交易中作用不明显。例如，在企业的抵押、并购等的交易谈判中，不能提供准确的价值评估结果，这使企业较被动，甚至价值被低估，遭受损失。对于实践中存在的种种问题，迫切需要建立适用于当前市场情况的价值评估体系。

根据前面四个章节的内容，我们对三个视角评价方法的优缺点进行了总结，如表7－4所示。

表7－4　三个视角评估方法的优缺点

模型	优点	缺点
企业内部视角	①理论基础扎实，易于理解； ②方法多样，企业使用起来比较简单； ③评估的数据来源较多	①财务方法多采用短期衡量指标，忽略了长远发展； ②市场法的使用外部条件限制较多
企业外部视角	①充分考虑了顾客对品牌价值的影响； ②评价指标的设定和结构的设计逻辑性较强； ③有较强的通用性	①实施较为困难； ②对顾客不熟悉的B2B品牌不适用
综合视角	①理论基础比较扎实，评价指标的设定和模型结构的设计思维缜密、逻辑性较强； ②评价包括了多次维度，也更能准确地反映品牌的实际价值； ③角度多样、应用范围较广	①结构比较复杂，操作过程也比较繁杂，操作流程的标准化程度较低，增加了人为因素影响的可能性，降低了资产价值评价的效度； ②或许是出于保护企业机密的原因，一些关键步骤的计算方法显得不甚清晰，使该模型的操作主导权掌握在企业手中，被评企业无法掌握，缺乏必要的核实和控制手段

资料来源：笔者整理。

第五节　品牌价值评估方法未来发展趋势

根据统计结果，1995～2013年每年平均发表品牌价值论文约69篇，但在各年度分布不均衡。2007年前研究不够活跃，年均仅发表论文约29篇，共计342篇，占样本总数的25.89%；2007年后（含2007年）逐渐活跃，共计979篇，占样本总数的74.11%。其中，2010～2012年最为活跃，年均发表论文达到155篇，共计463篇，占样本总数的35.05%。虽然论文数量较多，但发表在EI、

CSSCI 以及核心期刊上只有 257 篇，所占比重不到 20%。

整体上，关于品牌理论的研究较多，主要集中在品牌价值概念、内容、作用与意义、评价方法与指标体系等方面；研究方法逐渐从规范性研究到实证、案例性研究；研究领域扩展到经济学、营销学以及具体的实体单位某个品牌的专门化研究。但目前的研究首先体现出理论研究深度不够高，在高水平期刊上发表的核心观点不多等问题。在实践应用中也尚未形成比较公认的品牌价值评估方法与指标体系，一方面，体现在现有的评估体系难以适应品牌价值评价的不同要求，适应性较差，尤其是在一线数据很难拿到的情形下很难开展应用；另一方面，对指标选取的问题，学者都没有形成统一的结论，外部因素对品牌价值的影响程度如何界定，还不能做出充分准确的判断。除此之外，研究方法和手段相对滞后，在一定程度上影响了品牌价值理论研究的深度和广度，虽然看上去研究文献不少，但研究观点的影响度和可利用性并不是很高。①

品牌价值评估虽然已经被人们重视起来，并且越来越多的学术专家在此方面开始做深入的研究。但是，此领域还存在一些各种各样的阻碍和影响其未来健康发展的现象和问题，如各行业对品牌及其价值的认识尚不统一，品牌价值评估的技术与方法有待更深层次的探究，评估标准也仍然需要继续完善等。

虽然之前提到的一些方法都是经常被企业用来评估品牌价值的方法，但是并没有一个固定不变的模式，都是根据企业自身的情况而定的。进行评估时，则需要大量数据资料来佐证，如损益平衡表、各项相关成本、市场占有率的稳定性、市场领导地位、市场销售总额等，这些资料为品牌价值估算提供了重要的财务依据。此外，如果你深入了解形成品牌价值的结构，如忠诚度、知名度、质量认知、识别系统等元素，即可发现这些元素是透过顾客的主观意识构成了价值，如态度、吸引度、熟悉度、差异化区隔等；再通过这些主观意识反映到对品牌的行为，由这一过程所产生出来的价值，往往要比财务报表上的数字来得更深入一些。因此，建议在进行品牌价值评估时，最好是财务与营销并重，在营销方面则必须将顾客分析纳入。②

因此，我们根据现有文献，对品牌价值评估方法的未来发展趋势进行了梳理。

---

① 王翠琳，许菡，张蔚然．品牌价值理论研究述评——基于我国 1995 ~ 2013 年的品牌研究成果［J］．特区经济，2014（10）：231 – 232.

② 马小闳．我国品牌价值评估方法探讨［J］．企业技术开发（学术版），2008，27（6）：74 – 76.

一、大数据的应用

评估企业品牌价值是个复杂的过程，目前主要的品牌价值评估方法有：成本计量法、市价计量法、收益计量法、十要素综合评估法。但不论使用哪一种评估方法，都要涉及巨大的数据收集、整理、计算与分析，这要耗费企业大量的人力、物力和时间。如果把这一评估过程使用大数据技术，就可在极短的时间收集到有关品牌价值评估指标需要的海量数据，通过大数据的流计算和分析系统对品牌价值做出精准评估，实时向企业决策者动态报告该品牌价值的变动情况，为企业品牌投资、融资、市场开拓、形象扩张做出智慧的决策。①

二、建立评价标准体系

2010 年，国际标准化组织发布了 ISO 10668 即品牌价值评估国际标准，为全球开展这项工作提供了统一基础语言。2012 年，我国质检总局和标准化管理委员会也发布了与国际接轨的品牌评价四项国家标准。如果都是以货币化的语言体现品牌价值，则品牌价值评估在技术上没有本质区别。

现有的品牌价值评估标准结合企业有形资产的贡献对品牌价值的货币化评估提供了基本规范，但没有细化对评估指标和参数的选择要求，需要进一步补充和完善。2014 年 1 月 9 日，国际标准化组织技术管理局批准组建 ISO/TC 289 品牌评估技术委员会，秘书处由中国品牌建设促进会承担，其主要职责是制定全球统一的品牌评估规则、方法和标准。这是我国面临的重大机遇，在建立品牌评估国际新秩序的同时，将极大地提升我国在品牌价值评估领域的国际话语权。

进一步加强对品牌基本概念体系、品牌价值关键因素的研究，建立共性的评估模型，是建立品牌评估或评估标准规范，培育我国有影响力的品牌价值评价或评估机构，推进中国企业创建自主品牌的必要措施。当然，这一切都将建立在对品牌价值内涵进行深入研究和合理界定的基础之上。新的品牌评估标准将从质量、服务、技术创新和无形资产等方面补充完善品牌价值量化指标体系。中国资产评估协会作为新的品牌价值评估标准起草组成员之一，将为品牌价值货币化评估提供重要的技术支持。资产评估机构在品牌价值评估领域将发挥更大的作用。②

目前，对企业品牌价值的评估方法多而不统一，品牌价值评估方法不对外公布，且评估的企业领域范围较窄，大多数是上市企业或者是知名度较高的企业；

---

① 梁红波．基于大数据技术的企业品牌价值评估分析［J］．财会通讯，2014（26）：75－76.

② 阮咏华．品牌价值内涵探讨及评估应关注的问题［J］．中国资产评估，2014（4）：14－19.

但是企业的品牌建设对任何企业来说都是非常重要的。因此对企业品牌价值的评估应当具有广泛性，不仅针对上市企业或者是知名企业进行评估排名，且排名仅限于前500名，而应当是对占据全国企业比重很高的中小企业的品牌价值进行评估。这在一方面能够帮助企业了解自身的企业品牌价值现状，为中小企业的品牌建设提供方向和建议；另一方面还可以帮助顾客进行更好的品牌选择，为其消费提供一定的参考标准。此外，也可以帮助政府更好地认识企业发展现状，为中国企业品牌价值与国际企业品牌价值的评估接轨做出贡献。

不同行业发展的特点决定了企业在发展过程中的侧重点的不同，因此应当根据行业发展特点的不同对企业品牌价值的评估方法进行修正和调整，这样的评估结果才会更加合理、客观，并且更加符合现实情况。我国学者王成荣在研究品牌价值时按照品牌不同的特点，将品牌分为高技术品牌、高文化品牌、一般品牌等，认为对不同品牌的品牌价值评估时，其品牌强度因子的权重取值应当有所差异。王成荣还运用AHP层次分析法对不同品牌权重的取值具体进行了分析。其研究是分品牌对品牌价值进行研究的一个重大突破，更加符合不同品牌发展的特点，但是该方法提出之后没有在实践中加以验证，因而缺乏一定的应用性。这个是本书分行业研究的一个重要启发，不同行业发展的特点不同，其品牌价值评估时也应当具体进行分析。

品牌价值的评估应当有一套应用性比较广泛的评估标准，为品牌价值评估提供支持。在此标准体系下，企业根据自身的经营状况可以比较与同行业中其他企业的差距，从而为自身的品牌建设找到更好的发展方向。资产评估准则旨在规范评估执业行为的公信力，从准则的角度出发对品牌价值评估进行技术规范，既有利于在业内提升品牌价值的可信赖程度，也有利于对资产评估准则体系自身的完善。① 品牌价值评估方法应当是公正、透明并且客观的，不应存在虚假信息以及用金钱买排名的现象，所得出的结果也不单单是为了对企业的品牌价值进行排名，更多应当体现在对企业品牌价值建设的建议和对策上。

三、利益相关者理论

近年来，有学者开始从利益相关者的角度来解释品牌价值的来源。他们认为品牌价值的产生实际上起源于企业品牌与多方利益相关者的接触，在多方接触的过程中建立起品牌与利益相关者的关系（Relationship），并且最终这种关系的价

① 谢燕操．基于Interbrand模型的品牌价值评估研究［D］．广州：暨南大学硕士学位论文，2015.

值便是品牌价值（Arlo Kristjan O. Brady；Richard Jones）。该观点所考虑的利益相关者包括企业管理者、雇员、供应商、渠道商、竞争者、顾客、公众、政府组织、非政府组织以及媒体等，将企业与各利益相关者的关系放在一个交互的背景下，认为品牌价值并不是各个关系价值的简单叠加，而是相互作用的结果。企业与各个利益相关者的关系都能够为其创造品牌价值，但具体情况视行业和企业而异。为此，Richard Jones（2005）提出了利益相关者 - 品牌价值模型，解释品牌价值的产生要经历这样的过程。

品牌价值并不等于每个利益相关者关系的价值之和。品牌价值是品牌与公司利益相关者之间的关系共同创造的。因此，除了分析各个利益相关者对品牌价值的贡献之外，还应该考虑一些其他的因素，如文化因素、社会责任等。

品牌与文化间有强大的联系，品牌与文化对彼此有同等的影响。文化可以协调动态的和复杂的品牌利益相关者关系网络。Gyrd - Jones 和 Kornum 考虑了品牌与其利益相关者背后的复杂生态系统在创造协同效果中发挥的作用。① 他们发现利益相关者的互动可以增加品牌价值；协同效果的产生有赖于价值和文化的互补，但当公司 - 利益相关者间的直接互动关系缺乏文化间的互补时，协同效果也会被破坏。

Torres 等收集十个国家（美国、日本、韩国、法国、英国、意大利、德国、芬兰、瑞士及荷兰）从 2002 年到 2008 年的 57 个全球知名品牌的面板数据进行实证检验②，结果表明各利益相关者团体的企业社会责任都对品牌权益有正面影响，而且遵循当地社区社会责任政策的品牌获得了强大的正面效益。因此，若要增加品牌价值，需要将公司战略与满足当地社区利益相结合。企业社会责任包括当地社区的计划、参与当地社区的正式政策、对当地社区的管理职责、正式义工计划、与当地社区的协商计划、对当地社区的捐赠比例以及良好的环保记录等。

四、跨文化的品牌价值研究

中国作为极具市场潜力的发展中国家和新兴市场，存在与西方发达国家不同的影响品牌意义来源的文化价值差异。在中国，顾客把品牌作为建立社会关系的

---

① Gyrd - Jones, R. I., Kornum, N.. Managing the Co - created Brand: Value and Cultural Complementarity in Online and Offline Multi - stakeholder Ecosystems [J]. Journal of Business Research, 2013, 66 (9): 1484 - 1493.

② Torres, A., Bijmolt, T. H. A., Tribó, J. A., et al.. Generating Global Brand Equity Through Corporate Social Responsibility to Key Stakeholders [J]. International Journal of Research in Marketing, 2012, 29 (1): 13 - 24.

一种工具[①]，品牌的意义折射了人与人之间相互作用的方式以及他们看待社会的方式[②]。同时，顾客对品牌消费的态度和行为也与西方发达国家不同。[③] 研究表明，在那些向市场经济转型的国家中，顾客在广泛的耐用品和非耐用品上，从对品牌知之甚少到被品牌化产品湮没，经历了一个相对很短的时期，这种背景不同于美国和发达市场经济国家中顾客对品牌化产品熟知的情况。[④] 主要表现是在单个文化系统内发展中国家的顾客对很多新产品类别缺乏消费经验，导致品牌名称作用突出，品牌忠诚行为也处于形成阶段[⑤]；他们往往对外国货具有莫名的优越感。品牌的原产国不仅具有“质量晕轮（Quality Halo）”效应，对一些顾客在某些产品类别上，还起到提升社会地位的态度影响作用。但随着发展中国家经济推动需求阶段的发展，顾客对西方产品的象征性消费将产生动态变化，一旦步入稳定的成熟阶段，象征作用就会下降。[⑥] 在品牌价值方面，罗兰·贝格战略咨询公司对多个国家进行了大规模调查研究，归纳出了 19 个最核心的顾客价值需求元素，特别针对中国的研究发现，中国顾客拥有一个独特的价值元素——追求，即追求更高的生活质量，渴望成功和被他人认可。[⑦] 这些调查均表明中国顾客与品牌的关系存在独特的本土性因素，值得我们进行深入研究。[⑧]

五、品牌价值的构成分析——品牌竞争价值的引入

毋庸置疑，品牌是企业重要的无形资产。就企业而言，品牌不仅是一个简单的标记，也不仅是企业的附属物。品牌价值是企业竞争优势的反映，其价值反映的获利能力一方面来自品牌竞争优势所带来的产品价格增值和销售数量的增加；

---

① Hui, M. K., Tse, D. K.. What to Tell Consumers in Waits of Different Lengths: An Integrative Model of Service Evaluation [J]. Journal of Marketing, 1996, 60 (2): 81 -90.

② Eckhardt, G. M., Houston, M. J.. To Own Your Grandfather S Spirit: the Nature of Possessions and Their Meaning in China [J]. Asia Pacific Advances in Consumer Research, 2001 (4): 251 -257.

③ 吴琪，张蕾娣．中国品牌全球化的三大难题［J］．经理人内参，2005（19）：38 -40.

④ Coulter, R. A., Price, L. L. and Feick, L.. Rethinking the Origins of Involvement and Brand Commitment: Insights from Postsocialist Central Europe [J]. Journal of Consumer Research, 2003, 30 (2): 151 -169.

⑤ Batra, R.. Marketing Issues and Challenges in Transitional Economies [Z]. William Davidson Institute Working Papers, 1997, 5 (4): 3 -35.

⑥ Hart, H. S., Micken, K. S. and Ⅲ, I. C.. Symbols for Sale at Least for Now: Symbolic Consumption in Transition Economies [J]. Advances in Consumer Research, 2002, 29 (1): 25 -30.

⑦ 吴琪，朱彤．图解顾客需求［J］．哈佛商业评论（中文版），2003（3）：40 -49.

⑧ 何佳讯．基于顾客的品牌资产测量研究进展——量表开发、效度验证与跨文化方法［J］．商业经济与管理，2006（4）：53 -58.

另一方面，竞争优势是基于顾客认知的一种心理感知，从认知心理学的一般规律来看，这种感知会在一段时间内保持并发挥作用，这也为品牌创造了一种长期获利的潜力，这也是构成品牌价值的一个重要组成部分。①

六、基于品牌生命周期的品牌价值评估

从品牌生命周期理论建立及发展的历程来看，该理论移植于组织生态理论，特别是借鉴了企业生命周期理论。同时，品牌生命周期理论也与竞争理论密切相联。对于品牌生命周期的研究不仅要关注品牌价值变化的动态过程，也要研究影响这一动态过程的竞争因素。②

从生态学视角出发，采用生态学的概念、理论和方法用于企业生命周期的研究由来已久。美国学者戈登尼尔曾以“如何防止组织的停滞与衰老”为题，系统讨论了组织的生命力与生命周期问题。艾迪斯研究所创始人伊查克·艾迪斯博士将企业生命周期划分为十个阶段，他改变了传统上按照年龄、销售或资产、雇员人数进行划分的方法，根据其灵活性和可控性的内部关系为依据来进行生命周期阶段的划分。

从理论上讲，完整的品牌生命周期依次经历四个阶段，包括进入期、知晓期、知名期和衰退期。进入期是品牌打入市场，争取顾客接受的前期过程。相对来讲，这一时期的品牌价值变化比较舒缓。在品牌塑造过程中需要进行大量的积累，包括市场定位、提升并稳定产品质量、营造品牌内涵、营销投入等。通过一系列的措施，在具备了一定的市场接受基础后，品牌传播效率将大大提升。此时品牌进入知晓期，品牌价值迅速提升，前期投入积累的回报在这一时期逐渐释放出来，市场占有率逐步提高。随着品牌认知的提高，品牌价值和品牌知名度达到一个高位，并基本上在这一高位附近产生微小的波动，此时的品牌生命周期实际上已经进入了知名期，得到广泛的市场认可和可观的品牌价值。随后，在种种因素的作用下，品牌认知开始出现衰落，品牌进入衰退期。

① 李江天，田翠翠．品牌价值评估方法研究——一个综合竞争价值的探讨［J］．江苏商论，2007（27）：234－236.

② 秦仲篪．基于品牌生命周期的品牌价值评价［J］．财经界（学术），2008（2）：22－24.

第八章　中国品牌价值评估指标来源与实证检验

目前，国内企业经营者对于现代化管理手段的理解与实践，多半仍然停留在以财务数据为主导的思维里。即使在市场竞争日益激烈、单一财务维度的数据早已不足以解释与掌握企业核心竞争力的今天，很多管理者仍然对非财务性指标采取忽视的态度。20 世纪七八十年代，因为“全面质量管理”（Total Quality Management，TQM）与“顾客满意度”被公认为不可或缺的企业核心竞争力，非财务性的绩效指标才稍稍撼动了以财务为主的管理思潮。课题组认为非财务指标虽然在数据获取方面存在一定主观性、经验性、片面性等疑难问题，但其在整个竞争力的评价体系中举足轻重，本章正是在公开数据的基础上对不同行业和地区的企业和其客户展开调研，探索其评价指标体系的科学性及系统性，力争弥补单一财务数据评价的片面性。因此，基于现有的品牌价值评估模型，结合品牌发展过程，课题组提出财务表现力、发展潜力、市场表现力和消费者支持力四个维度，有机地结合财务指标和非财务指标对品牌价值进行评估。

第一节　品牌财务表现力指标来源

中国社会科学院中国产业与企业竞争力研究中心企业竞争力检测体系对 1374 家上市公司的规模竞争力、效率竞争力、增长竞争力进行跟踪与监测，取得最新科研成果——企业蓝皮书。本研究中品牌财务表现层面指标的选取主要参考中国社会科学院中国产业与企业竞争力研究中心的企业竞争力检测体系[①]，将财务指

① 佚名．企业竞争力监测结果分析总报告［A］//中国企业竞争力报告（2012）［C］．北京：社会科学文献出版社，2012.

标分为规模因素、增长因素和效率因素三个二级指标，如图 8－1 和表 8－1 所示。

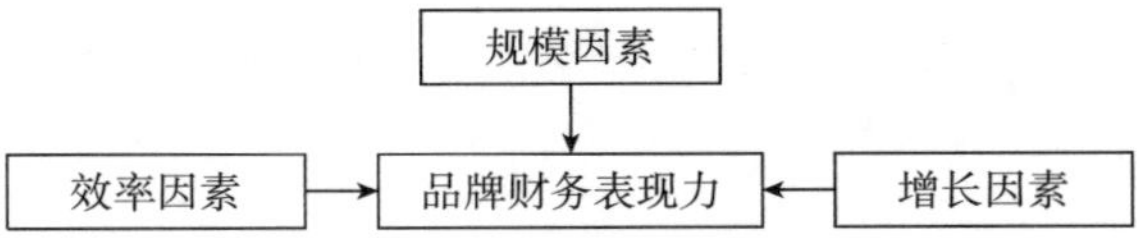

图 8－1　基于财务表现力的品牌价值研究指标体系

表 8－1　品牌财务表现力评价指标体系

<table>
<tr><th>一级指标</th><th>符号</th><th>二级指标</th><th>符号</th><th>三级指标</th><th>符号</th><th>计算方法</th></tr>
<tr><td rowspan="7">品牌
财务
表现力</td><td rowspan="7">F</td><td rowspan="3">规模要素</td><td rowspan="3">F1</td><td>销售收入</td><td>F11</td><td rowspan="7">关于定量指标的处理步骤（下同）：
①定量类样本数据取自然对数为 Q；
②按行业求出样本平均数指标；
③计算行业所有监测 Q 的标准差 S；
④计算该企业 Q 的统计标准值 D_i；
⑤对统计标准值 D_i 进行阈值法无量纲化处理
关于企业品牌财务指标测量的转化：
关于基础数据的标准值属于企业财务指标，品牌贡献率则需界定一个修正系数，根据不同行业品牌对企业财务绩效的贡献度设定参数 K，K 取值范围为 0～1，K 的调整取决于品牌的盈利能力状况、品牌扩张能力、品牌的发展趋势、品牌忠诚度、行业性质等</td></tr>
<tr><td>净资产</td><td>F12</td></tr>
<tr><td>净利润</td><td>F13</td></tr>
<tr><td rowspan="2">增长因素</td><td rowspan="2">F2</td><td>近三年销售收入增长率</td><td>F21</td></tr>
<tr><td>近三年净利润增长率</td><td>F22</td></tr>
<tr><td rowspan="2">效率因素</td><td rowspan="2">F3</td><td>净资产利润率</td><td>F31</td></tr>
<tr><td>总资产贡献率</td><td>F32</td></tr>
</table>

（1）规模因素主要从销售收入、净资产和净利润三个三级指标衡量。

①销售收入＝产品销售数量×产品单价

②净资产＝资产－负债

③净利润＝利润总额×（1－所得税率）

（2）增长因素主要从近三年销售收入增长率、近三年净利润增长率两个三级指标衡量。

①近三年销售收入增长率 $=\left(\sqrt[3]{\dfrac{\text{当年主营业务收入总额}}{\text{三年前主营业务收入总额}}}-1\right)\times 100\%$

②近三年净利润增长率 $=\left(\sqrt[3]{\dfrac{\text{当年净利润}}{\text{三年前净利润总额}}}-1\right)\times 100\%$

（3）效率因素主要从净资产利润率、总资产贡献率两个三级指标衡量。

①净资产利润率 = 净利润/平均净资产 × 100%，其中，平均净资产 = (年初净资产 + 年末净资产)/2

②总资产贡献率 = (利润总额 + 税金总额 + 利息支出)/平均资产总额 × 100%

第二节　品牌发展潜力指标来源

一、国外研究综述

对于品牌的研究，国外学者主要集中于以下几个方面：一是对品牌化内涵的分析。Rainisto 认为，品牌的产生源于品牌联想在目标消费者中的建立，为消费者创造了消费机会。① 二是产品品牌与企业品牌的关系。有学者认为，产品品牌和企业品牌有很多共同性，都会涉及众多利益相关者；无形性和复杂性是产品品牌和企业品牌的共性，都需要对社会责任加以考虑，都需要对品牌加强营销管理。Allen 认为，理论上产品的品牌化是企业品牌化在具体产品上的应用和拓展，具体到特定产品类别就是其公司品牌化理论应用的自然延伸。② 三是品牌化发展趋势研究。Kotler 和 Gertner 在品牌化延伸方面指出国家能够品牌化，并且存在国家品牌资产。③ 还有学者认为，新兴的市场经济国家要在世界经济一体化中展开有效的竞争，摆脱作为先进国家原料和初级产品供应地的窘境，就必须在出口业务以及国家层面上实施品牌化战略。四是对影响品牌化的关键因素的分析。如有学者认为，发挥政府和利益相关者的作用是将传统品牌理论应用到具体产品情境时必须考虑的关键问题。在品牌化的推进过程中，政府部门必须目标一致、加强合作。企业、政府、社区等利益相关者的支持是品牌化成功的重要保证。

二、国内研究综述

国内学者对品牌的研究主要集中在以下几个方面：一是对品牌内涵与性质的

---

① Rainisto, S. K.. Success Factors of Place Marketing: A Study of Place Marketing Practices in Northern Europe and the United States [J]. Helsinki University of Technology, 2003, 4 (4): 206-207.

② George Allen. Place Branding: New Tools for Economic Development [J]. Design Management Review, 2007, 18 (2): 60-68.

③ Philip Kotler, David Gertner. Country as Brand, Product, and Beyond: A Place Marketing and Brand Management Perspective [J]. Journal of Brand Management, 2002, 9 (4): 249-261.

界定分析。李永刚认为，产品品牌不同于企业品牌，它是产业集群内的多个企业集体行为的综合体现，品牌承载主体是一个产业集群发展的结果。① 张挺等认为，产品品牌是产品与公众关系的载体，是人们对一个产品的特色及核心价值的认知。② 孙丽辉指出，产品品牌与一般产品和公司品牌的本质区别是其具有公共品牌的特质。③ 二是对产品品牌发展的研究。这方面的研究主要集中在各不同领域中进行。刘丽和周静对基于产业集群的产品品牌的概念和作用进行了界定和阐述，并在此基础上提出了实施产品品牌战略的对策建议。④ 郭红生阐述了产品品牌的内涵，对存在的危机原因进行了分析，并提出了相应的预防措施。⑤ 三是对品牌形成机理的探究。邵建平和任华亮认为营销因素、政策因素、经济因素、自然因素和技术因素是影响品牌形成的主要因素。⑥ 马骁和肖阳从产业集群的视角出发，阐述了市场优势、企业优势和支持性产业优势是产业品牌的生成条件。⑦ 市场优势体现在产品优势、成本优势、渠道优势和产业创新能力上，而企业优势则是通过强势企业品牌的市场影响力和核心企业的聚集能力来体现。四是产品品牌的价值评估。蒋廉雄等从消费者影响力、市场竞争力、社会影响力和内部目标一致性这四个维度构建了品牌资产评价指标体系，对品牌价值评估研究进行了有益的探索。⑧

三、品牌发展潜力的内涵及其构成要素

（一）品牌发展潜力的内涵

品牌价值和品牌资产的评估一直是品牌研究的热点，也是当前最重要的衡量品牌的两个指标。在全球品牌排行榜上，某些品牌虽然暂时落后，但是发展势头却锐不可当，而有些品牌虽然暂时领先，但发展势头却每况愈下。人们逐渐意识到仅凭品牌价值和品牌资产这两个指标难以客观、真实地反映品牌发展的根本规

---

① 李永刚．企业品牌、区域产业品牌与地方产业集群发展［J］．财经论丛，2005（1）：22－27.

② 张挺，苏勇，张焕勇，曹振华．论区域品牌的营销［J］．管理现代化，2005（6）：35－37.

③ 孙丽辉．基于中小企业集群的区域品牌形成机制研究——以温州为例［J］．市场营销导刊，2007（3）：54－58.

④ 刘丽，周静．基于产业集群农产品区域品牌建设的几点思考［J］．农业研究，2006（11）：52－53.

⑤ 郭红生．刍议地域农产品品牌危机管理［J］．商业时代，2005（32）：7，41.

⑥ 邵建平，任华亮．区域品牌形成机理及效用传导对西北地区区域品牌培育的启示［J］．科技管理研究，2008（3）：133－134，144.

⑦ 马骁，肖阳．基于产业集群类型的区域产业品牌发展研究［J］．价值工程，2008（3）：19－22.

⑧ 蒋廉雄，朱辉煌，卢泰宏．区域竞争的新战略：基于协同的区域品牌资产构建［J］．中国软科学，2005（11）：107－116.

律。于是，国外实务界和理论界开始寻找品牌价值的补充指标。衡量趋势的品牌潜力（Brand Potential）指标日益成为品牌研究的又一热点。Bucklin 等指出，品牌潜力是指某品牌在目标市场比竞争对手做得更好的能力，它是品牌获得竞争优势的来源。[①] Sattler 等学者认为，应该将品牌潜能因子（品牌潜能指数）（Brand Potential Index）和消费者心中的品牌潜能（Brand Psychological Potential）这两个因素纳入品牌价值评估模型中。应该说，品牌潜在能力的引入，为品牌竞争力研究提供了有益的探索和补充。

本章认为，品牌发展潜力是指基于企业在未来市场竞争中持续提升、获取竞争优势的能力。它具有品牌的特征，是一种综合能力。

（二）品牌发展潜力的构成要素

毛政等学者认为，品牌竞争力的评价指标包括市场占有能力、超额利润获取能力和品牌发展潜力，而品牌发展潜力又可从综合度、保密度、技术领先度和创新速度等方面来测度。[②] 沈占波等认为，外显性的指标主要衡量品牌竞争的结果，体现的是品牌在市场竞争中的地位和状况；而品牌的质量支撑力、技术创新力、资源筹供力和市场营销力等潜力性指标反映的是品牌竞争力的基础以及企业为保持与发展市场、获取竞争优势而进行的各种资源的投入状况。[③] 张世贤在品牌财务表现、市场表现和消费者支持的基础上增加了品牌发展潜力评价指标，并构建了包括品牌的技术创新力、资源筹供力、市场营销力、市场成长力和基础管理能力在内的指标体系。他认为，企业要实现品牌的可持续发展和潜能发挥，就要重视品牌战略，加大投入并加强品牌管理。[④]

从上述学者对品牌竞争力构成要素的分析来看，学者从不同的角度对品牌竞争力的来源进行了分析，共同的观点就是品牌竞争力的形成必须要有一些基础要素来支撑。这些基础要素是构成品牌竞争力的核心，是品牌竞争力的源泉和持续保证，这也就是本章所关注的品牌发展潜力构成要素的内涵。品牌发展潜力构成要素及关系如图 8－2 所示。

---

① Randolph E. Bucklin, Sunil Gupta and Sangman Han. A Brand's Eye View of Response Segmentation in Consumer Brand Choice Behavior［J］. Journal of Marketing Research, 1995, 32 (1): 66－74.

② 毛政，卿惠，周发明．评价品牌竞争力的模糊模型及运用［J］．湖南农业大学学报（社会科学版），2004，5（4）：44－45.

③ 沈占波，刘国锋，赵宪军．论品牌竞争力外显性指标体系构建［J］．商场现代化，2005（7）：100.

④ 张世贤．品牌战略管理［M］．北京：经济管理出版社，2011.

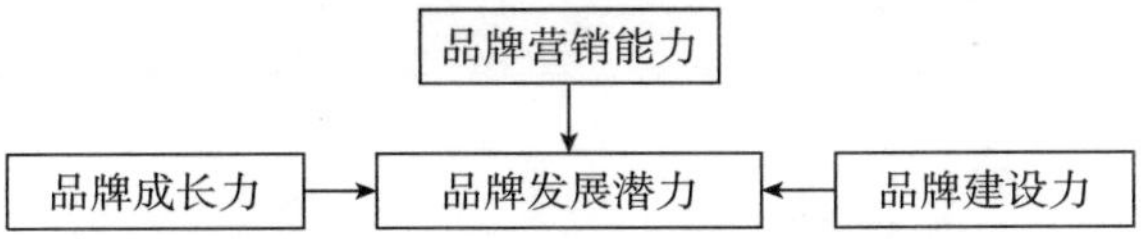

图 8－2　品牌发展潜力的三大来源

表 8－2 表明，品牌发展潜力的形成过程是动态变化的。品牌营销能力旨在评价品牌在营销活动组织运行及品牌传播方面的能力，是在品牌创新力与品牌资源力的基础上，从识别目标市场的需求并围绕顾客组织生产直至获得顾客满意的全部活动。品牌成长力旨在评价品牌在战略规划、品牌公共关系及影响力提升方面的能力，是品牌产品满足社会公众需要的过程，也是品牌竞争力的价值实现形式。通常情况下，品牌建设力是建立在品牌营销能力基础之上的，考察品牌在品牌文化、品牌定位、品牌社会关系和企业社会责任等方面的水平，以及发挥行业协会在品牌创建中的作用。

表 8－2　品牌发展潜力评价指标体系

一级指标	符号	二级指标	符号	三级指标	符号	计算方法
品牌发展潜力	D	品牌营销能力	D1	营销创新度	D11	从企业是否不断投入和组合营销资源，推出富有创意的营销方案迎合顾客的需求、引导顾客需求的角度进行评价，评分标准分为五级
				营销执行力	D12	主要考虑企业对制定的营销方案能否执行，并根据变化的市场环境做出控制努力，评分标准分为五级
				品牌定位成功度	D13	从市场选择、品牌个性、品牌专业化衡量，评分标准分为五级
				品牌传播效率	D14	从品牌沟通、分销状况、广告费用投入衡量，评分标准分为五级
				品牌运作能力	D15	从品牌形象设计、品牌延伸能力、规模扩张能力衡量，评分标准分为五级
		品牌成长力	D2	品牌战略投资度	D21	危机处理能力的强度，评分标准分为五级
				品牌成长指数	D22	从国际化、民族化、区域化、行业化等衡量，评分标准分为五级
				延伸新产品的接受度	D23	从品牌与客户关系、品牌与供应商关系、品牌与相关协作方关系衡量，评分标准分为五级
				品牌保护能力	D24	从市场选择、品牌个性、品牌专业化衡量，评分标准分为五级

续表

一级指标	符号	二级指标	符号	三级指标	符号	计算方法
品牌发展潜力	D	品牌成长力	D2	品牌危机处理能力	D25	从品牌沟通、分销状况、广告费用投入衡量，评分标准分为五级
				品牌影响发展趋势	D26	从品牌形象设计、品牌延伸能力、规模扩张能力衡量，评分标准分为五级
		品牌建设力	D3	品牌关系能力	D31	从品牌组织、品牌战略规划等衡量，评分标准分为五级
				品牌文化建设	D32	从品牌文化内涵、表现、影响等衡量，评分标准分为五级
				品牌社会责任	D33	从环保、公益等投入程度等衡量，评分标准分为五级
				品牌战略规划	D34	从品牌组织、品牌战略规划等衡量，评分标准分为五级

第三节　品牌市场表现力指标来源

现有品牌评估的方法中，大多都忽略了来自市场方面的调查，包含市场占有能力、市场定位、市场中品牌的超值获利能力、品牌在市场中的稳定性，都是衡量一个品牌在市场中表现力的最直接的测量指标。

北京名牌资产评估有限公司的评价方法“名牌法”是在参考美国 Financial World 方法的基础上，并结合我国实际国情加以创新而得到的。从评估方法的角度分析，该方法在设计的过程中充分考虑到了中国品牌市场的实际情况，比如区别于西方利润中心的思想，该方法以品牌实现的市场份额为中心；再如根据中国市场的实际特点引入了行业修整系数的概念，这些都更加符合中国目前的竞争机制状况，对中国的知名品牌有相对客观公正的评估。这种方法与 Interbrand 公司评估方法的假定不同，“名牌法”认为，品牌资产的价值最终要体现在消费者对产品的购买上面。因此对于品牌价值的衡量，名牌法采用了三个评估指标：品牌的市场占有能力、品牌的超值创利能力以及品牌的发展潜力。这部分是对这个“名牌法”的介绍，作为我们的引用来源，我们选取其中以下两个指标并加入一个新的指标。

（1）品牌的市场占有能力。该指标是为了显示品牌的历史业绩，主要是通过销售收入指标折算出来的。公司研究表明，品牌的市场占有能力与品牌价值高低之间存在高度关联，因此该指标在中国品牌价值计算中占有较高的影响权重。出于对不同行业品牌对销售收入的影响不同的考虑，需要对销售收入进行折算以保证各行业之间具有可比性。例如，快速消费品中，品牌的贡献可以达到2～4∶1，而在高新技术产业中大约只有0.5∶1。根据智邦（1998）、施纯志等（2008）和Anderson等（1994）多位学者对品牌市场占有力这一指标的分析验证，我们得出了二级测量指标，其中包括市场占有率、市场覆盖率、新产品市场渗透率、品牌产品销售量和品牌总资产周转率这五个指标。

（2）品牌的超值创利能力。其计算方法借鉴了一般商标评估的折现法，通过利润和利润率加以反映，超过了行业平均利润水平的部分按照一定年限（一般为三年）折现进行计算。也就是说，如果利润率低于行业平均利润水平，这个部分的价值将为零。从这个角度看，“名牌法”强调仅将具备超额创利能力的品牌作为评估对象，而非所有品牌。同时，该指标又与消费者的信任度有关。一般而言，消费者信任程度越高的商品，如“海尔”品牌，消费者对品牌的忠诚度也就越高，所以对价格变化的敏感程度也就越低，从而使品牌具备了获得超额创利能力的条件。另外，该指标也和品牌的市场占有能力相关。因为品牌市场占有力越强，在面对相同的条件下如成本增加、竞争压力大等，获得的销售收入越高，则意味着获得比同行业其他产品更多的超值创利能力。以丁家永（2006）、施东明和张晓萍（2009）以及Laurens（2013）等多位学者的研究验证为基础，提出了我们的测量指标。其中包括品牌溢价率、品牌资产报酬率和品牌销售利润率。

（3）结合已有的“品牌法”和相关品牌价值评估的文献，我们加入了品牌稳定性这一指标来具体衡量品牌价值的相关稳定性。综合任迪（2008）、钟良（2008）、Leischnig和Enke（2011）以及Day和Pratt（1971）的研究，分析得到了以下几个指标，其中包括销售收入增长率、品牌盈利变化率、品牌价值变化率、品牌成长年龄这四个二级指标。

下面是本研究中品牌市场表现力的构成指标及其来源（见表8－3）：

M1　市场占有能力

①智邦．企业与品牌策略分析［J］．经营者，1998（12）：54－55.

②施纯志，邹京，王联聪．增加福建民营体育产品市场占有率的策略研究［J］．体育科学研究，2008，12（4）：24－26.

表 8-3 品牌市场表现力评价指标体系

一级指标	符号	二级指标	符号	三级指标	符号	计算方法
品牌市场表现力	M	市场占有能力	M1	市场占有率	M11	品牌产品的销量/产品总销量×100%
				市场覆盖率	M12	品牌产品的销售区域/总销售区域×100%
				新产品市场渗透率	M13	新品牌区域销售额/区域总销售额×100%
				品牌产品销售量	M14	品牌产品的销售总量
				品牌总资产周转率	M15	品牌销售收入净额/平均总资产×100%
		超值获利能力	M2	品牌溢价率	M21	（品牌产品价格-无品牌产品价格）/无品牌产品价格
				品牌资产报酬率	M22	品牌利润/企业总资产×100%
				品牌销售利润率	M23	（品牌产品销售额-品牌产品成本）/品牌产品销售额
		品牌稳定性	M3	销售收入增长率	M31	（本年度品牌产品的销售收入-上年度品牌产品的销售收入）/上年度品牌产品的销售收入
				品牌盈利变化率	M32	（本年度品牌产品的盈利率-上年度品牌产品的盈利率）/上年度品牌产品的盈利率
				品牌价值变化率	M33	（上年度品牌价值-前年度品牌价值）/上年度品牌价值
				品牌成长年龄	M34	从品牌历史角度进行测量

③Anderson, E. W., Lehmann, D. R.. Customer Satisfaction, Market Share, and Profitability: Findings From Sweden [J]. Journal of Marketing, 1994, 58 (3): 53-66.

M2 超值获利能力

①丁家永．试析名牌如何打败竞争对手［J］．现代制造，2006（14）：8-10.

②施东明，张晓萍．品牌资产评估方法探析［J］．财会通讯，2009（5）：29-30.

③Laurens, M.. Towards a Brand Value Model for the Southern Africa Tourism Services Association [Z]. Southern Africa Tourism Services Association, 2013.

M3 品牌稳定性

①任迪．浅议《百家讲坛》栏目创新与品牌稳定性的保持［J］．安徽文学：

评论研究，2008（7）：334－335.

②钟良．关于卷烟品牌扩张中质量稳定性问题的探讨［J］．科技信息，2008（33）．

③Leischnig，A.，Enke，M.．Brand Stability as a Signaling Phenomenon — An Empirical Investigation in Industrial Markets［J］．Industrial Marketing Management，2011，40（7）：1116－1122.

④Day，G. S.，Pratt，R. W.．Stability of Appliance Brand Awareness［J］．Journal of Marketing Research，1971，8（1）：85－89.

第四节　消费者支持力指标来源

20世纪80年代，戴维·阿克提出了“品牌价值”的概念，同时也推出了多个品牌建设的方法和理念。其中，在行业内被广泛认同的是品牌建设的四段里程：品牌知名—品牌认知—品牌联想—品牌忠诚。

品牌认知度在消费者选择过程中的作用对照实验的结果表明，品牌认知度是认知群体决策的主要考虑因素。相对于那些拥有品牌认知度的被试对象来说，没有品牌认知度的被试者更加趋向于抽样选择更多的品牌并且最终选择高质量品牌。因此，当竞争品牌之间存在质量差异时，为了节省时间和精力，消费者可以使用简单的选择启发式方法（如品牌知名度）“支付价格”①。

戴维·阿克提出，品牌资产由品牌知名度、感知质量、品牌联想度、品牌忠诚度和其他品牌专有资产五方面组成。② 其中，戴维·阿克教授认为品牌资产这五方面的核心是感知质量和品牌联想。

在原有基础上，戴维·阿克教授再次提出品牌资产十要素评估体系，兼顾了两套评估标准：长期发展的品牌强度指标和短期性的财务指标。其中前四个方面表示的是消费者对品牌的认知，这种认知来源于品牌资产的四个方面：忠诚度、品质认知、联想度、知名度。第五个方面则是两种市场状况，表示来自市场而非消费者方面的信息。

---

① Hoyer，W. D.，Brown，S. P.．Effects of Brand Awareness on Choice for a Common，Repeat－Purchase Product［J］．Journal of Consumer Research，1990，17（2）：141－48.

② David A. Aaker. Managing Brand Equity［M］．New York：Free Press，1991.

综合以上两个模型可以得出传统意义上的衡量消费者支持力的指标：品牌知名度、品牌联想度、品牌感知质量及品牌忠诚度。

艾略特与珀西认为品牌资产的核心是品牌态度。他们认为品牌态度能够反映出消费者对品牌的认知和评价，是消费者形成品牌信念的基础，是决定品牌对于消费者的重要程度的关键。同时，由于品牌态度具有客观特性和主观特性两方面特征作用，品牌态度又可分为功能性品牌态度和情感性品牌态度。除了核心的品牌态度外，艾略特与珀西认为品牌资产的构成要素还包括品牌知名度、情感性联想、品牌忠诚度和财务价值四个方面。① 此模型的重点除之前提到的几个指标之外还增加了品牌财务价值，但考虑到本书中将财务视角单独放在企业内部视角来研究，因此衡量消费者指标暂不考虑。

扬·罗必凯公司开发的品牌评估模型针对消费者从四个方面对每一个品牌的表现进行了评估：品牌差异性，是指品牌在市场上的独特性及与竞争对手的差异程度。品牌相关性，是指品牌与消费者相关联的程度以及品牌个性与消费者的适合程度。品牌尊重度，是指消费者对品牌的喜欢程度以及把品牌放在何种重要的位置。换言之就是品牌在消费者心目中受尊敬的程度，档次、认知质量及受欢迎程度。品牌认知度，是指消费者对品牌内涵及价值的认识和理解的深度，消费者对品牌认知度能够体现出消费者与品牌关系的密切程度，同时品牌知识的获得是要建立在品牌差异性、相关性、尊重度这三方面基础上的。② 此模型测量指标较有特色的是品牌尊重度的出现。

日本博报堂品牌价值评价体系各要素被解释为③：

（1）溢价指标指用溢价评估手法获得品牌价值，其评估对象分为忠诚消费层、评价层、周边层等。其评价指标为：主要购买、有时购买、购买也可、几乎不买、不想买。

（2）品牌形象指标指基于品牌价值构成，寻找消费者的认知深层，分析其渗透度。品牌形象指标中，评价品牌价值的两个因子是关系深度、关系的质量。评价关系深度的指标为：知名、理解、熟知、好感、选择候补、爱好、购买。评估关系质量的指标为品牌价值规定要素的整合性：属性印象、功能价值印象、心理价值印象、品牌个性印象。

---

① Richard Elliott，Larry Percy. Strategic Brand Management［M］. England：Oxford University Press，2006.

② 参见扬·罗必凯广告公司网站，http：//www. vmlyr. com.

③ ［日］刈屋武昭．ブランド評価と価値創造—モデルの比較と経営戦略への適用［Z］．东京：日経広告研究所，2005.

(3) 品牌周期审计指标同样指基于品牌价值构成寻找消费者的认知深层，分析其渗透度。其指标为留存在消费者心目中的品牌接触点：商标、大众传播评判、各种信息发表、广告、社会活动、商品、销售店铺、展示厅、促销活动等。

(4) 根据相关分析把握品牌力：提高品牌价值在各种接触点上的各阶层人士的评价，如忠诚者评价、评价者评价等。

综上所述，本章认为消费者支持力应包括以下六个指标（见表8-4）：

(1) 品牌认知度：衡量品牌价值的基础性的原始指标，既是艾略特与珀西所说的品牌态度的一种表现，也是扬·罗必凯公司开发的品牌评估模型衡量的一个方面。具体细化可以从宏观和微观两个角度衡量，宏观上可以直接衡量消费者对品牌的主观熟悉程度。另一方面在衡量企业品牌价值时，消费者对产品品牌的认知很可能是基于对企业的认知，所以加入了认知层次这一指标，旨在衡量消费者对于公司品牌、形象、标识等方面的熟悉程度；具体来看则要考察对品牌形象和品牌符号的认知程度。

(2) 品牌知名度：传统指标，进行保留。经讨论，建议主要从品牌知名状态、品牌传播评价、品牌识别系统和是否提示知名度几个方面来测量。

(3) 品牌美誉度：主要测量消费者对品牌的信任、认知，在此基础上增加了品牌品质承诺以观察消费者对品牌品质的评价。

(4) 品牌满意度：测量前面几个模型中提到的品牌感知质量，满意度可以视为对品牌感知的结果体现。具体细分从产品和服务两个方面进行，因为产品和服务是品牌的载体。

(5) 品牌忠诚度：传统指标，进行保留。博报堂的模型测量指标划分较细，可作为三级指标具体细分方面的参考。溢价指标可以用于衡量品牌忠诚度，其中的购买频率可再划分出再次购买率、顾客推荐率、缺货忠诚率来测量顾客忠诚的体现。忠诚度在以往文献中又一般被分为功能性和情感性两方面，也有分为态度忠诚和行为忠诚，经过小组讨论增加了品牌偏好性（表示情感和态度忠诚）和行为忠诚度。

(6) 品牌联想度：传统指标，进行保留，也是最早提出的模型中最重要的考量要素。考虑到功能联想为主要方面，经讨论，在此基础上增加了品牌个性联想、品牌独特性与组织联想。

综上所述，品牌财务表现力（见表8-1）和品牌发展潜力（见表8-2）是基于企业内部视角的评价体系；品牌市场表现力（见表8-3）和消费者支持力（见表8-4）是基于企业外部视角的评价体系。

表 8-4　品牌消费者支持力评价指标体系

类别	符号	一级指标	符号	二级指标	符号	具体内容
消费者支持力	C	品牌认知度	C1	品牌的主观熟悉程度	C11	对不同品牌的熟悉程度进行五级打分，分值越高，则认为消费者对该品牌在主观上更熟悉
				品牌形象认知度	C12	五级打分：优秀、良好、一般、较差、很差
				品牌符号认知度	C13	从品牌名称、品牌标识、品牌包装、品牌色彩等衡量，评分标准分为五级
				品牌认知层次	C14	从公司品牌、公司名称、公司标识和公司形象等衡量，评分标准分为五级
		品牌知名度	C2	品牌知名状态	C21	国际知名、国内知名、区域知名、区域一般和行业知名
				品牌传播评价	C22	持续传播、经常传播、一般传播、偶尔传播、没有传播
				品牌识别系统	C23	从公司名称、公司标志、公司口号和公司文化等衡量，评分标准分为五级
				无提示知名度	C24	首先回答该品牌名称的人数/被调查人数
				提示后知名度	C25	提示后回答该品牌名称的人数/被调查人数
		品牌美誉度	C3	品牌信任程度	C31	非常可信、比较信任、一般可信、可信度差、无可信度
				品牌认同程度	C32	非常认同、比较认同、一般认同、较小认同、绝不认同
				品牌品质承诺	C33	超值品质、优秀品质、一般品质、较差品质、恶劣品质
		品牌满意度	C4	品牌产品满意度	C41	从质量、外观、体验等要素衡量，评分标准分为五级
				品牌服务满意度	C42	从售前、售后服务质量等衡量，评分标准分为五级

续表

类别	符号	一级指标	符号	二级指标	符号	具体内容
消费者支持力	C	品牌忠诚度	C5	品牌溢价性	C51	相比同类产品均价，愿意为 A 品牌多付的价格比例：涨价忠诚指数 = 品牌价格上涨变动率/市场份额变动率；降价忠诚指数 = 主要竞争对手降价变动率/市场份额变动率
				品牌偏好性	C52	在购买某类产品时，优先选择 A 品牌的可能性，评分标准分为五级
				再次购买率	C53	再次购买某类产品时，继续选择 A 品牌的可能性，评分标准分为五级
				行为忠诚度	C54	期间重复购买该品牌产品的人数/期间品牌的总购买人数
				顾客推荐率	C55	向其他人推荐该品牌的人数/品牌的总购买人数
				缺货忠诚率	C56	在 A 品牌缺货的情况下，愿意等待的可能性，评分标准分为五级
		品牌联想度	C6	功能联想	C61	从产品的外观、产品与服务的质量、功能利益等衡量，评分标准分为五级
				品牌个性联想	C62	从科技、健康、时尚、服务等方面的联想认知衡量，评分标准分为五级
				品牌独特性	C63	从品牌符号、产品、服务、情感功能独特性衡量，评分标准分为五级
				组织联想	C64	从企业形象、产品形象、品牌形象、文化形象、个人形象衡量，评分标准分为五级
指标个数	4		15		58	—

第五节 评估指标的实证检验

接下来本节将对品牌价值的评估指标进行实证检验，以验证指标的科学性。本节选取的评价指标中，由于品牌财务表现力、品牌市场表现力的指标来源于已有研究且都是较为客观的财务数据，因此本节不对这两项指标进行实证检验。

一、问卷设计

为验证品牌发展潜力和消费者支持力两个指标的科学性，本节首先围绕着这两组指标设计出了 Likert 五级量表，调查问卷如表 8－5 和表 8－6 所示。

表 8－5 品牌发展潜力调查问卷

序号	问项	非常不同意	不同意	不确定	同意	非常同意
1	本企业在营销过程中有创新的想法或做法					
2	本企业营销过程中的创新是前所未有的					
3	本企业注重提高产品或服务的质量					
4	本企业注重新产品或服务的研发					
5	对比竞争对手，本企业率先使用新的营销方法					
6	本企业有充足的营销人员					
7	本企业营销人员能保证营销方案的执行					
8	本企业营销人员善于把握机会开展营销活动（提示：比如利用时下热点话题提高产品知名度）					
9	本企业具备充足资源供营销方案执行（提示：包括人力、物力、财力等）					
10	本企业品牌定位利用了企业优势（提示：比如中国工商银行的品牌定位是“工商银行，您身边的银行”，借助了企业网点众多的优势）					
11	本企业品牌定位十分清晰					
12	本企业品牌定位与顾客感知具有一致性					

续表

序号	问项	非常不同意	不同意	不确定	同意	非常同意
13	本企业在广告、促销等方面资源投入充足					
14	本企业运用传统媒体、社会化媒体等多种媒体展开营销传播活动					
15	本企业已建立了有影响力的品牌					
16	本企业运用多种营销方法，如社会化营销、事件营销等					
17	本企业研发能力很强					
18	本企业生产能力很强					
19	本企业管理能力很强					
20	本企业有系统化的品牌战略					
21	本企业有差异化的品牌战略					
22	本企业有长期性的品牌战略					
23	本企业研发投入、专利数量等一直增长					
24	政府对本行业、本企业有资金补贴、技术指导等					
25	企业所在行业的行业协会提供了技术、管理、信息分享等支持					
26	企业外部信息传播渠道，如社会化媒体等趋于多样化					
27	企业品牌资产具有可扩展性，有利于品牌纵向延伸（提示：品牌纵向延伸指品牌在原定位基础上，进入高、低端市场）					
28	企业品牌资产具有转移性，有利于品牌横向延伸（提示：品牌横向延伸指母品牌沿用到与原产品类别不同的产品上）					
29	在品牌延伸上已经取得了成功（提示：包括横向和纵向延伸）					
30	本企业具有良好的品牌保护运行机制					
31	本企业有明确的品牌危机处理制度责任结构和支持网络					
32	本企业培育了危机管理的文化					
33	本企业顾客对品牌的评价是积极的					

续表

序号	问项	非常不同意	不同意	不确定	同意	非常同意
34	本企业顾客对品牌有强烈的购买意愿					
35	本企业顾客愿意将品牌推荐给其他人					
36	本企业顾客认同企业的品牌文化					
37	本企业与供应商具有良好合作关系					
38	本企业与渠道商具有良好合作关系					
39	本企业与顾客建立了良好的关系					
40	营销战略能够反映品牌定位					
41	本企业采取差异化的营销战略					
42	在本企业技术不断创新					
43	本企业创造了更多的就业机会					
44	本企业愿意为了环保而降低利润					
45	本企业支持公益事业					

表 8－6 消费者支持力问卷调查

序号	问项	非常不同意	不同意	不确定	同意	非常同意
1	我认为该品牌有清晰的品牌定位					
2	我认为该品牌在行业处于领先地位					
3	我认为该品牌是值得信赖的					
4	我认为该品牌是与众不同的					
5	我之前就知道该品牌的存在					
6	经过提示我才知道有该品牌的存在					
7	我经常看到或听到有关该品牌的传播					
8	我认为该品牌的个性是与我相符的					
9	提到该品牌，我会想到该品牌隶属的企业					
10	提起该品牌，我能联想到与品牌相关的信息					
11	我认为选择该品牌对我来说是有利的					
12	在购买同类商品时，我会优先考虑该品牌					
13	我愿意将该品牌推荐给他人					
14	我在下一次购买时还会优先选择该品牌					
15	在购买同类产品时，我愿意为选择该品牌而支付更高的价格					

续表

序号	问项	非常不同意	不同意	不确定	同意	非常同意
16	我对该品牌产品质量非常满意					
17	我对该品牌产品价格非常满意					
18	我对该品牌产品外观非常满意					
19	我对该品牌服务质量非常满意					
20	该品牌具有很强的创新意识					
21	该品牌能经常推出创新性的营销活动					
22	该品牌有很高的产品创新水平					
23	我能识别出该品牌的品牌标识					
24	我认为该品牌具有独特的个性					
25	该品牌在履行社会责任方面表现很好					
26	该品牌具有鲜明的文化内涵					

二、问卷发放与人口统计学特征

问卷涉及了品牌价值评估的相关问题，本研究共发出问卷432份，样本特征如表8－7所示。

表8－7　样本数据人口统计学特征

序号	统计学特征	具体分类	比例（%）
1	性别	男	69
		女	31
2	年龄	30岁以下	25
		31～40岁	36
		41～50岁	30
		50岁以上	9
3	学历	大专	3
		本科	18
		硕士	67
		博士	12
4	管理（或科研）经验	3年以下	21
		3～5年	52
		6～10年	20
		10年以上	7

三、信度分析

信度分析用来检验问卷中各个指标之间的内部一致性。本节采用的信度分析标准是 Churchill（1979）的标准，即 CITC① 值大于 0.5 且 Alpha 系数在 0.6 以上。

根据 Churchill（1979）的标准，品牌发展潜力的信度分析结果如表 8－8 所示。

表 8－8　品牌发展潜力信度分析

一级指标	二级指标	测量指标	CITC	删除测项后的 Alpha 值	Alpha	Std. Alpha
品牌发展潜力	品牌营销能力	品牌营销创新度	0.632	0.744	0.799	0.799
		品牌营销执行力	0.604	0.753		
		品牌定位成功度	0.554	0.769		
		品牌传播效率	0.561	0.766		
		品牌运营能力	0.554	0.769		
	品牌成长力	品牌战略投资度	0.556	0.713	0.764	0.764
		品牌成长	0.554	0.714		
		延伸新产品接受度	0.538	0.720		
		品牌保护能力	0.550	0.715		
		品牌影响发展趋势	0.567	0.744		
	品牌建设力	品牌关系	0.506	0.704	0.793	0.794
		品牌战略规划	0.509	0.701		
		品牌社会责任	0.510	0.699		

由表 8－8 可知，各个指标的值均符合我们所选择的标准，说明品牌发展潜力评估体系的内部一致性较好，可靠性较高。

根据 Churchill（1979）的标准，消费者支持力的信度分析结果如表 8－9 所示。

由表 8－9 可知，各个指标的值均符合标准，说明消费者支持力评估体系的内部一致性较好，可靠性较高。

① CITC（Corrected Item－Total Corrlation）指某个观察变量与总体变量的相关系数值。

表 8-9　消费者支持力信度分析结果

一级指标	二级指标	测量指标	CITC	删除测项后的 Alpha 值	Alpha	Std. Alpha
消费者支持力	品牌发展力	品牌忠诚度	0.642	0.692	0.786	0.786
		品牌满意度	0.603	0.734		
	品牌支持力	品牌认知度	0.680	0.741	0.818	0.818
		品牌知名度	0.656	0.765		
		品牌联想	0.678	0.743		
	品牌运作力	品牌创新力	0.654	0.695	0.792	0.792
		品牌形象	0.644	0.707		

四、效度分析

信度分析完毕后，需要进一步检验本节的指标体系能否进行因子分析和主成分分析。本节采用的是 KMO 和 Bartlett's 球形检验。根据 Kaiser（1974）的观点，KMO 在 0.9 以上，非常适合做因子分析；KMO 为 0.8 ~ 0.9，很适合；KMO 为 0.7 ~ 0.8，适合；KMO 为 0.6 ~ 0.7，不太适合；KMO 为 0.5 ~ 0.6，很勉强；KMO 为 0.5 以下，不适合。而且 Bartlett's 球形检验小于 0.01，表示结果显著，从而表明本指标体系比较适合做因子分析。

（一）品牌市场表现力效度分析

二级指标品牌市场表现力的效度分析结果如表 8-10 所示，KMO 值为 0.916，大于 0.5 的标准值；Bartlett's 球形检验显著水平为 0.000，表明各指标之间相关。因此，二级指标品牌市场表现力适合进行因子分析和主成分分析。

表 8-10　品牌市场表现力 KMO 及 Bartlett's 检验

KMO Measure of Sampling Adequacy		0.916
Bartlett's Test of Sphericity	Approx. Chi-Square	9715.175
	df	1035
	Sig.	0.000

从表 8-11 中可看出，在对二级指标品牌市场表现力包含的指标进行因子分析后，我们得到，46 个三级指标可以提取 13 个因子，其旋转后累计方差解释比例为 70.646%，大大超过 60% 的最低标准，说明二级指标“品牌市场表现力”具有较高的构念效度。

表 8-11 品牌市场表现力的总方差解释

成分	初始特征值			旋转载荷平方和		
	总计	方差百分比（%）	累计百分比（%）	总计	方差百分比（%）	累计百分比（%）
1	7.815	16.988	16.988	3.624	7.878	7.878
2	5.965	12.968	29.956	2.842	6.177	14.055
3	4.253	9.246	39.202	2.836	6.165	20.220
4	1.917	4.168	43.370	2.799	6.084	26.304
5	1.762	3.831	47.201	2.796	6.079	32.383
6	1.628	3.538	50.739	2.746	5.969	38.352
7	1.550	3.370	54.109	2.162	4.700	43.052
8	1.429	3.106	57.215	2.156	4.686	47.738
9	1.370	2.978	60.193	2.143	4.658	52.396
10	1.272	2.766	62.959	2.141	4.655	57.051
11	1.262	2.744	65.703	2.104	4.575	61.626
12	1.146	2.491	68.194	2.086	4.536	66.162
13	1.126	2.449	70.643	2.063	4.484	70.646

（二）消费者支持力的效度分析

二级指标消费者支持力的效度分析结果如表 8-12 所示，KMO 值为 0.831，大于0.5 的标准值；Bartlett's 球形检验显著水平为 0.000，表明各指标之间相关，因此，二级指标品牌市场表现力适合进行因子分析和主成分分析。

表 8-12 消费者支持力的 KMO 和 Bartlett's 检验结果

KMO Measure of Sampling Adequacy		0.831
Bartlett's Test of Sphericity	Approx. Chi-Square	2476.948
	df	120
	Sig.	0.000

从表 8-13 中可以看出，在对消费者支持力包含的指标进行因子分析后，我们得到，20 个三级指标可以提取七个因子，其旋转后累计方差解释比例为 79.326%，大大超过 60% 的最低标准，说明“消费者支持力”具有较高的构念效度。

表 8-13 消费者支持力的总方差解释

成分	初始特征值			提取载荷平方和			旋转载荷平方和		
	总计	方差百分比（%）	累计百分比（%）	总计	方差百分比（%）	累计百分比（%）	总计	方差百分比（%）	累计百分比（%）
1	4.997	31.228	31.228	4.997	31.228	31.228	2.200	13.748	13.748
2	1.626	10.164	41.392	1.626	10.164	41.392	2.149	13.430	27.178
3	1.486	9.288	50.680	1.486	9.288	50.680	2.132	13.323	40.501
4	1.346	8.415	59.095	1.346	8.415	59.095	2.038	12.735	53.236
5	1.224	7.648	66.743	1.224	7.648	66.743	1.623	10.145	63.381
6	1.046	6.540	73.283	1.046	6.540	73.283	1.584	9.902	73.283
7	1.022	6.043	79.326	1.022	6.043	79.326	1.389	6.043	79.326

五、因子分析

探索性因子分析（EFA）通过对每个量表在正交旋转后的公共因子、因子载荷、特征值、总方差贡献率等结果的分析，来判断每个量表的信度和效度情况。

本书运用 IBM SPSS 23.0 对样本进行探索性因子分析，分别得出每个子量表进行正交旋转后的公共因子、各因子载荷、特征值以及对总体方差贡献率等的分析结果，从而可以判断各子量表的信度和效度情况。

（一）品牌市场表现力的探索性因子分析

本节首先进行的是利用探索性因子分析克朗巴哈系数，评估品牌市场发展潜力 13 个维度的可靠性。农纳利认为，克朗巴哈系数在 0.70 以上是可接受的最小值。由表 8-14 可知，本节中的 13 因子模型的各因子的信度系数基本都大于 0.70，证明本量表具有较高的信度。

表 8-14 品牌发展潜力各测量变量的因子载荷

	成分												
	1	2	3	4	5	6	7	8	9	10	11	12	13
D11_ 1	0.711												
D11_ 2	0.786												
D11_ 3	0.794												

续表

	成分												
	1	2	3	4	5	6	7	8	9	10	11	12	13
D11_ 4	0. 763												
D11_ 5	0. 803												
D12_ 1				0. 823									
D12_ 2				0. 670									
D12_ 3				0. 785									
D12_ 4				0. 782									
D13_ 1									0. 794				
D13_ 2									0. 778				
D13_ 3									0. 778				
D14_ 1			0. 739										
D14_ 2			0. 784										
D14_ 3			0. 802										
D14_ 4			0. 760										
D15_ 1													0. 747
D15_ 2													0. 768
D15_ 3													0. 770
D21_ 1								0. 806					
D21_ 2								0. 794					
D21_ 3								0. 749					
D22_ 1		0. 798											
D22_ 2		0. 795											
D22_ 3		0. 702											
D22_ 4		0. 814											
D23_ 1											0. 772		
D23_ 2											0. 822		
D23_ 3											0. 732		
D24_ 1										0. 819			
D24_ 2										0. 817			
D24_ 3										0. 696			
D25_ 1						0. 835							
D25_ 2						0. 711							

续表

	成分												
	1	2	3	4	5	6	7	8	9	10	11	12	13
D25_ 3						0. 749							
D25_ 4						0. 813							
D31_ 1							0. 753						
D31_ 2							0. 785						
D31_ 3							0. 826						
D32_ 1					0. 823								
D32_ 2					0. 843								
D32_ 3					0. 644								
D33_ 1												0. 738	
D33_ 2												0. 796	
D33_ 3												0. 837	

（二）消费者支持力的探索性因子分析

本节利用探索性因子分析克朗巴哈系数，评估消费者支持力 7 个维度的可靠性。农纳利认为，克朗巴哈系数在 0. 70 以上是可以接受的最小值。由表 8 －15 可知，本书中的 7 因子模型的各因子的信度系数均大于 0. 70，证明本量表具有较高的信度。

表 8 －15　消费者支持力各测量变量的因子载荷

	成分						
	1	2	3	4	5	6	7
S11_ 1			0. 787				
S11_ 2			0. 799				
S11_ 3			0. 825				
S12_ 1					0. 864		
S12_ 2					0. 860		
S21_ 1	0. 842						
S21_ 2	0. 800						
S21_ 3	0. 812						
S22_ 1						0. 846	

续表

	成分						
	1	2	3	4	5	6	7
S22_ 2						0. 848	
S23_ 1		0. 821					
S23_ 2		0. 799					
S23_ 3		0. 812					
S31_ 1				0. 799			
S31_ 2				0. 821			
S31_ 3				0. 721			
S32_ 1							0. 802
S32_ 2							0. 854
S32_ 3							0. 833

第九章　中国品牌价值评估体系构建及其模型

第一节　品牌价值评估体系概述

品牌价值评估体系是应用多指标综合评估方法对中国企业品牌的价值进行综合评估而形成的评估体系。多指标综合评估方法①是把多个描述被评估事物不同方面且量纲不同的统计指标，转化为无量纲的相对评估值，并综合这些评估值以得出对该事物一个整体评估的方法系统。

具体的多指标综合评估过程如图 9－1 所示。

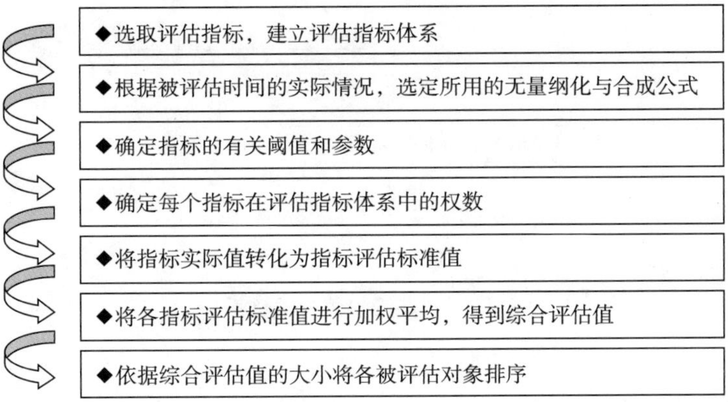

图 9－1　多指标综合评估的基本步骤

---

① 胡永宏．综合评估方法［M］．北京：科学出版社，2000.

上述七个步骤中，前四步是多指标综合评估的准备工作。

其中，第四步作为评估指标权数的确定，是品牌价值评估模型的关键之一。按照权数产生方法的不同，多指标综合评估方法分为主观赋权评估法和客观赋权评估法两大类。主观赋权评估法主要采用定性的方法，由专家或个人根据知识和经验进行主观判断而得到权重，然后再对指标进行综合评估，如层次分析法、综合评分法、模糊综合评估法、指数加权法和功效系数法等。客观赋权法则根据指标之间的相关关系或各项指标的变异系数来确定权数进行综合评估，主要有熵权法、TOPSIS 法、神经网络分析法、灰色关联分析法、主成分分析法、变异系数法、聚类分析法、判别分析法等。

上述两种赋权方法的特点不同，其中主观赋权评估法依据专家经验衡量各指标的相对重要性，有一定的主观随意性，受人为因素的干扰较大，在评估指标较多时难以得到准确的评估。① 客观赋权评估法综合考虑各指标间的相互关系，根据各指标所提供的初始信息量来确定权数能够达到评估结果的精度，但是当指标较多时，计算量比较大。②

第五步和第六步是多指标综合评估的核心，第七步实际上是多指标综合评估的结果，体现了多指标综合评估的基本功能。③

在品牌价值评估体系中，主要有三个部分，分别是品牌价值指标体系、品牌价值指标权重体系和品牌价值评估模型，如图 9－2 所示。在前期，我们已经确立了品牌价值指标体系，下面我们对品牌价值指标权重体系构建和品牌价值评估模型构建两个部分进行介绍。

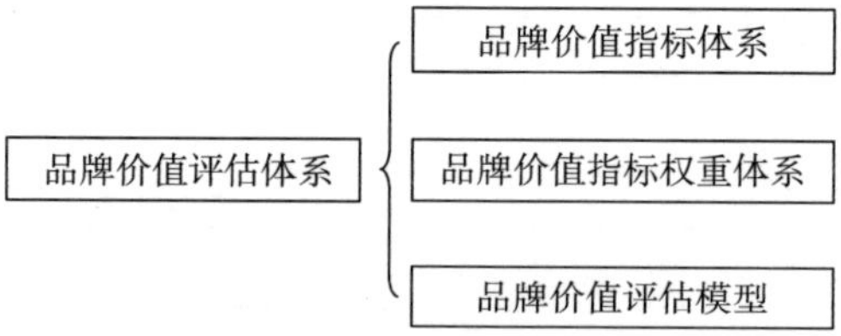

图 9－2　品牌价值评估体系

① 虞晓芬，傅玳．多指标综合评估方法综述［J］．统计与决策，2004（11）：119－121.

② 陈衍泰，陈国宏，李美娟．综合评估方法分类及研究进展［J］．管理科学学报，2004，7（2）：69－79.

③ 邱东．多指标综合评估方法的系统分析［M］．北京：中国统计出版社，1991.

第二节 品牌价值指标权重体系构建

在品牌价值指标权重体系中，权重的确定直接影响评估的结果。过去多采用灰色系统模型进行评估，权重的确定或采用德尔菲法（Delphi）与层次分析法（AHP）等主观方法，也有学者单独采用熵权法等客观方法。事实上，单纯采用主观方法确定权重，过于强调评估者的偏好，评估带有一定的倾向性；单纯采用客观方法确定权重，则权重分配主要取决于各指标评估值的差异性，往往难以满足评估的目标要求，也无法反映评估者的主观偏好，甚至背离评估者的主观愿望。为了能客观地对被评估品牌做出公正的评估，避免以往评估方法中确定指标权重时采用单一方法的局限性，在品牌价值指标权重体系中，采用以下组合权重系数：

$$W_j^* = \beta_i W_j^{sub} + (1-\beta_i) W_j^{obj}$$

式中，W_j^* 为指标 j 的组合权重系数，W_j^{sub} 为相应的主观权重系数，β_i 为主观偏好系数，W_j^{obj} 为客观权数系数，$(1-\beta_i)$ 为客观偏好系数，$\beta_i \in [0, 1]$。在这里，β_i 的具体数值由评估者根据实际情况、被评估品牌所处行业背景和评估者偏好等因素综合给出。另外，在品牌价值指标权重体系中，我们根据指标的不同层级而确定不同的 β_i 值，对于一级指标来说，我们给予一级指标较高的主观权重偏好系数，对于二级指标来说，给予中等程度的主观权重偏好系数，而对于三级指标来说，我们则给予较高的客观权重偏好系数，例如，可以取 $\beta_1 = 0.6$，$\beta_2 = 0.5$，$\beta_3 = 0.4$。

在品牌价值指标权重体系中，我们利用层次分析法和 G1 法综合确定主观权重，利用熵权法确定客观权重，如下式所示。

$$W_j^{sub} = \alpha_i W_j^{AHP} + (1-\alpha_i) W_j^{G1}$$

$$W_j^{obj} = W_j^{Entro}$$

在第一个式子中，W_j^{sub} 为相应的主观权重系数，W_j^{AHP} 为层次分析法确定的权重系数，α_i 为层次分析法确定的权重系数所占的比重，W_j^{G1} 为 G1 法确定的权重系数，$(1-\alpha_i)$ 为 G1 法确定的权重系数所占的比重，$\alpha_i \in [0, 1]$，在品牌价值指标权重体系中，我们根据不同层级的指标以及客观实际情况，选择合适的取 α_i 值。在第二个式子中，W_j^{obj} 为客观权重系数，W_j^{Entro} 为熵权法确定的权重系数，公式表明熵权法确定的权重系数即为相应的客观权重系数。

下面分别给出这两种权重的确定方法和步骤。按照以下方法和步骤，综合运用主观权重确定方法和客观权重确定方法，即可完成品牌价值指标权重体系的构建。

一、主观权重确定方法

在主观权重确定方法中，我们综合采用层次分析法和 G1 法来综合确定主观权重。

（一）层次分析法

AHP（Analytic Hierarchy Process）层次分析法是美国运筹学家 T. L. Saaty 教授于 20 世纪 70 年代提出的一种实用的多方案或多目标的决策方法，是一种定性与定量相结合的决策分析方法。常被运用于多目标、多准则、多要素、多层次的非结构化的复杂决策问题，特别是战略决策问题。由于其思路简单明了，尤其是紧密地与决策者的主观判断和推理联系起来，对决策者的推理过程进行量化的描述，可以避免决策者在结构复杂和方案较多时逻辑推理上的失误，使这种方法具有十分广泛的应用性，如在能源系统分析、城市规划、经济管理、教育管理、科研成果评估、社会科学等众多领域中都得到广泛的应用。

层次分析法的基本内容是：首先根据问题的性质和要求，提出一个总的目标。其次将问题按层次分解，对同一层次内的诸因素通过两两比较的方法确定出相对于上一层目标的各自的权系数。这样层层分析下去，直到最后一层，即可给出所有因素（或方案）相对于总目标而言的按重要性（或偏好）程度的一个排序。具体过程如下：

第一步：明确问题，提出总目标。

第二步：建立层次结构，把问题分解成若干层次。第一层为总目标；中间层可根据问题的性质分成目标层（准则层）、部门层、约束层等；最底层一般为方案层或措施层，如图 9 - 3 所示。层次的正确划分和各因素间的关系的正确描述是层次分析法的关键。

第三步：确定比较矩阵。假设当前层次上的因素为 X_1，…，X_n，相关的上一层因素为 C（可能不止一个），则可针对因素 C，对所有因素 X_1，…，X_n，通过“两两比较法”得到数值 a_{ij}，两两比较法的判断标准如表 9 - 1 所示。通过两两比较法得到的数值 a_{ij}组成的矩阵则是比较矩阵。一般来说，比较矩阵的获得都是通过专家论证或者市场调研得到的。比较矩阵的形式如表 9 - 2 所示。

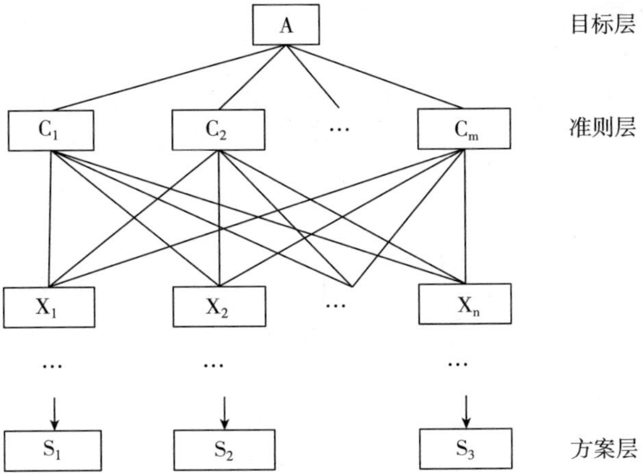

图 9－3 层次结构

表 9－1 两两比较法判断标准

相对重要程度 a_{ij}	定义	解释
1	同等重要	目标 i 和 j 同等重要
3	略微重要	目标 i 比 j 略微重要
5	相当重要	目标 i 比 j 相当重要
7	明显重要	目标 i 比 j 明显重要
9	绝对重要	目标 i 比 j 绝对重要
2，4，6，8	介于两相邻重要程度间	

资料来源：胡运权．运筹学教程（第三版）［M］．北京：清华大学出版社，2007.

表 9－2 比较矩阵

	X_1	X_2	…	X_n
X_1	a_{11}	a_{12}	…	a_{1n}
X_2	a_{21}		…	a_{2n}
…	…	…	…	…
X_n	a_{n1}	a_{n1}	…	a_{nn}

资料来源：陈洪涌．企业品牌研究［M］．北京：中国经济出版社，2007.

对于准则 C，n 个因素之间相对重要性的两两比较得到一个比较矩阵 A：

$A = (a_{ij})_{n\times n}$

比较矩阵 A 具有下列性质：

$a_{ij}>0$，$a_{ji}=\frac{1}{a_{ij}}$，$a_{ii}=1$

根据比较矩阵的性质，进行两两比较的次数不是 n^2，只需要 $n(n-1)/2$ 次即可。另外，通过比较矩阵的性质也可以得出，比较矩阵 A 也是一个对称矩阵。若判断矩阵 A 的所有元素满足：

$a_{ij}\cdot a_{jk}=a_{ik}$

则称 A 为一致性矩阵。一般来说，由于专家论证或者市场调研具有一定的主观性，最后得到的比较矩阵需要进行一致性检验。

第四步：计算权重系数。对于比较矩阵 A，记 A 的最大特征根为 λ_{max}，属于 λ_{max} 的标准化的特征向量为 $W=(W_1, W_2, W_3, \cdots, W_n)^T$，则：

$AW=\lambda_{max}W$

式中，W 的分量（W_1，W_2，W_3，…，W_n）就是对应于 n 个因素的权重系数。

对于比较矩阵的最大特征根和相应的特征向量，可利用一般的线性代数的方法进行计算。但是从实用和可操作性的角度来看，一般采用近似方法计算。主要有方根法与和积法。

1. 方根法

（1）计算 $\overline{W}_i$，其中：

$$\overline{W}_i=\sqrt[n]{\prod_{j=1}^{n}a_{ij}}\quad(i=1,\cdots,n)$$

（2）将 $\overline{W}_i$ 规范化，得到 W_i：

$$W_i=\frac{\overline{W}_i}{\sum_{i=1}^{n}\overline{W}_i}\quad(i=1,\cdots,n)$$

W_i 即是特征向量 W 的第 i 个分量。

（3）求 λ_{max}：

$$\lambda_{max}=\sum_{i=1}^{n}\frac{\sum_{j=1}^{n}a_{ij}W_j}{nW_i}$$

2. 和积法

（1）按列将 A 规范化，有：

$$b_{ij}=\frac{a_{ij}}{\sum_{k=1}^{n}a_{kj}}$$

（2）计算 $\overline{W}_i$：

$$\overline{W}_i = \sum_{j=1}^{n} b_{ij} \quad (i=1, \cdots, n)$$

（3）将 $\overline{W}_i$ 规范化，得到 W_i：

$$W_i = \frac{\overline{W}_i}{\sum_{i=1}^{n} \overline{W}_i} \quad (i=1, \cdots, n)$$

W_i 是特征向量 W 的第 i 个分量。

（4）求 λ_{max}：

$$\lambda_{max} = \sum_{i=1}^{n} \frac{\sum_{j=1}^{n} a_{ij} W_j}{n W_i}$$

第五步：一致性检验。在得到比较矩阵 A 时，有时免不了会出现判断上的不一致，因而需要利用一致性指标来进行检验。作为度量比较矩阵偏离一致性的指标，可以用：$CI = \frac{\lambda_{max} - n}{n-1}$来检验决策者判断思维的一致性。为了度量不同比较矩阵是否具有满意的一致性，还需要利用比较矩阵的平均随机一致性指标 RI。对于 1～9 阶的比较矩阵，RI 的值（见表 9－3）分别为：

表 9－3　平均随机一致性指标

n	1	2	3	4	5	6	7	8	9
RI	0	0	0.58	0.90	1.12	1.24	1.32	1.41	1.45

资料来源：胡运权．运筹学教程（第三版）［M］．北京：清华大学出版社，2007.

比较矩阵的一致性指标 CI 与同阶的平均随机一致性指标 RI 之比，称为随机一致性比率，记为：

$$CR = \frac{CI}{RI}$$

通常要求 $CR \leqslant 0.1$，此时可以认为比较矩阵具有满意的一致性，否则需要对判断矩阵进行调整。

第六步：计算组合权系数。设当前层次上的因素为 X_1，…，X_n，相关的上一层因素为 C_1，…C_m，则对每个 C_i，根据上面几步可求得一个权向量：

$$W^i = (W_1^i, W_2^i, W_3^i, \cdots, W_n^i)^T$$

如果已知上一层 m 个因素的权重分别为 a_1，a_2，…，a_m，则当前层每个因素的组合权系数为：

$$\sum_{i=1}^{m} a_i W_1^i, \sum_{i=1}^{m} a_i W_2^i, \cdots, \sum_{i=1}^{m} a_i W_n^i$$

如此一层层自上而下求下去，一直到最底层所有因素的权系数（组合权系数）都求出来为止，根据最底层系数的分布即可给出一个关于各方案优先程度的排序。

另外，若记 B_k 为第 k 层次上所有因素相对于上一层上有关因素的权向量按列组成的矩阵，则第 k 层次的组合权系数向量 W^k 满足：

$$W^k = B_k \cdot B_{k-1} \cdot \cdots \cdot B_2 \cdot B_1$$

其中，$B_1 = 1$。

第七步：得出相对于目标层的各评估方案的优先顺序。在整个递阶层次结构中所有的比较矩阵都具有满意的一致性时，则可以利用模型进行评估。

下面，以确定指标品牌成长力（D2）的各指标——品牌战略投资度（D21）、品牌成长指数（D22）、延伸新产品的接受度（D23）、品牌保护能力（D24）、品牌危机处理能力（D25）、品牌影响发展趋势（D26）的权重为例，说明该方法的应用。

首先，根据收集到的专家对这六个指标两两比较的结果计算其均值；其次，利用和积法确定最大的特征值，以及相应的标准化的特征向量；最后，进行一致性检验，如果检验不通过，则需要专家进行重新比较，如果检验通过，则可以确定这个标准化的特征向量即为这六个指标的主观权重。

以此类推，可以获得各大类以及各层次指标的主观权重。

（二）G1 法

G1 法是由我国东北大学郭亚军教授提出的一种指标赋权方法，它对层次分析法进行了改进，无须进行一致性检验，目前已经得到学术界广泛的认可和应用。其原理是专家对一系列指标的重要度顺序进行判断，然后对相邻两个指标进行相对重要度的定量判断，依据计算定理求解各个指标的权重。[①] 具体步骤如下：

1. 确定序关系

假设评估指标有 m 个，记为 $\{X_1, X_2, \cdots, X_m\}$，这 m 个指标类型是经过

① 郭亚军．综合评估理论与力法［M］．北京：科学出版社，2002.

指标类型一致化和无量纲化处理的极大型指标。若评估指标 X_i 相对于某评估准则（或目标）的重要程度大于 X_j 时，记为 $X_i > X_j$。

若评估指标 X_1，X_2，…，X_m 相对于某评估准则（或目标）具有关系式：

$X_1^* > X_2^* > \cdots > X_m^*$

则称 X_1，X_2，…，X_m 之间按“>”确立了序关系。这里的 X_i^* 表示 $\{X_1, X_2, \cdots, X_m\}$ 按照序关系“>”排定顺序后的第“i”个影响因子（$i = 1, 2, \cdots, m$）。

对于评估指标集 $\{X_1, X_2, \cdots, X_m\}$，可以按照以下步骤确立序关系：

（1）专家（或决策者）在指标集 $\{X_1, X_2, \cdots, X_m\}$ 中选出关于评估准则最重要的一个指标，标记为 X_1^*；

（2）专家在余下的 $m-1$ 个指标中，选出关于评估准则最重要的一个指标，标记为 X_2^*；

……

（k）专家在余下的 $m-k+1$ 个指标中，选出关于评估准则最重要的一个指标，标记为 X_k^*；

……

（m）经过 $m-1$ 次挑选，将剩下的一个指标标记为 X_m^*。

这样，就可以确定唯一一个指标序关系，然后需要做的就是确定相邻指标之间的重要程度。为了书写方便且不失一般性，将公式 $X_1^* > X_2^* > \cdots > X_m^*$ 记为：

$X_1 > X_2 > \cdots > X_m$

2. 确定相邻指标之间的相对重要程度

将专家判断指标 X_k 的重要程度记为 W_k，即指标权重。那么，专家对相邻指标 X_{k-1} 和 X_k 之间的重要程度之比可以使用 $r_k = \frac{X_{k-1}}{X_k}$（$k = m, m-1, \cdots, 2$）来表示。这样，就可以依照前数个指标之间的序关系，计算出各指标之间的相对重要程度。

r_k 参照郭亚军教授设计的规则赋值（见表 9-4）。

由指标相对重要性判断值 r_k 的定义，可知有如下数量约束关系：

$$r_{k-1} \geqslant \frac{1}{r_k} \quad (k = m, m-1, \cdots, 2)$$

3. 权重系数 W_k 的计算方法

当专家给出了所有 $m-1$ 个 r_k 之后，首先按下式计算最不重要指标的权重系数：

$$W_m = (1 + \sum_{k=2}^{m} \prod_{j=k}^{m} r_j)^{-1}$$

其次，按下式递推公式求出所有指标的权重系数。

$$W_{k-1} = r_k W_k \quad (k = m,\ m-1,\ \cdots,\ 2)$$

最后得到的（W_1，W_2，…，W_m）即为评估指标集 X_1^*，X_2^*，…，X_m^* 的相应的权重系数，并且它们的和为1。

表9-4　r_k 赋值规则

r_k	说明
1.0	指标 X_{k-1} 与 X_k 具有同样重要性
1.2	指标 X_{k-1} 比 X_k 稍微重要
1.4	指标 X_{k-1} 比 X_k 明显重要
1.6	指标 X_{k-1} 比 X_k 强烈重要
1.8	指标 X_{k-1} 比 X_k 绝对重要
1.1，1.3，1.5，1.7	上述两相邻判断的中间值

资料来源：郭亚军．综合评估理论与力法［M］．北京：科学出版社，2002.

下面，以确定指标品牌成长力（D2）的各指标——品牌战略投资度（D21）、品牌成长指数（D22）、延伸新产品的接受度（D23）、品牌保护能力（D24）、品牌危机处理能力（D25）、品牌影响发展趋势（D26）的权重为例，说明该方法的应用。

首先，专家需要按照步骤一和步骤二，确立这六个指标之间的相互序关系以及相对重要程度，对专家关于序关系的判定结果和相对重要度结果进行收集。关于专家序关系的判定结果有可能出现一致或者不一致的情况。针对专家关于序关系判断一致的情况，应该对其相对重要程度求均值。其次，按照步骤三求出所有指标的权重系数。对于专家关于序关系判断不一致的情况，分别按照步骤三求出在所有指标的权重系数。最后，对这些求得的六个指标权重系数进行加权求和，从而获得关于这六个指标的主观权重。

以此类推，可以获得各大类以及各层次指标的主观权重。

二、客观权重确定方法

客观权重确定方法，我们主要采用熵值法。熵值法是根据各项指标观测值所提供的信息大小来确定指标权重系数的方法。在信息论中，熵是对不确定性的一种度量。信息量越大，不确定性就越小，熵也就越小；信息量越小，不确定性就越大，熵也越大。根据熵的特性，我们可以通过计算熵值来判断一个方案的随机性及无序程度，也可以用熵值来判断某个指标的离散程度，指标的离散程度越大，该指标对综合评估的影响越大。根据信息论的定义，在一个信息通道中假设第 i 个信号的信息量为 I_i，则 $I_i = -\ln p_i$，其中 p_i 是信号 i 出现的概率，因此，如果有 n 个信号，其出现的概率分别为 p_1，p_2，…，p_n，则这 n 个信号的平均信息量为 $-\frac{1}{n}\sum_{i=1}^{n}\ln p_i$。

因此，可根据各项指标的变异程度，利用信息熵这个工具，计算出各个指标的权重，为多指标综合评估提供依据。下面利用熵值法确定指标权重系数。

信息的增加意味着熵的减少，熵可以用来度量这种信息量的大小。假设评估指标有 m 个，记为 $\{X_1, X_2, \cdots, X_m\}$，设 x_{ij} $(i=1, 2, \cdots, n;\ j=1, 2, \cdots, m)$ 为第 i 个系统中的第 j 项指标的观测数据，指标观测集为 $(x_{ij})_{n\times m}$。对于给定的 i，j 的差异与该项指标对系统的比较作用呈正相关的关系，越大则说明该项指标所包含和传输的信息就越多。用熵值法确定指标权重的步骤如下：

1. 计算第 j 项指标下，第 i 个系统的特征比重

$$p_{ij} = \frac{x_{ij}}{\sum_{i=1}^{n} x_{ij}} \quad (j=1, 2, \cdots, m)$$

2. 计算第 j 项指标的熵值

$$e_j = -k\sum_{i=1}^{n} p_{ij}\ln p_{ij} \quad (j=1, 2, \cdots, m)$$

若 $x_{1j} = x_{2j} = \cdots = x_{nj}$，则 $p_{1j} = p_{2j} = \cdots = p_{nj} = \frac{1}{n}$，从而 $e_j = k\ln n$，由于 p_{ij}之间的差异越小，e_j 越大，令 e_j 最大为 1，因此，$k = \frac{1}{\ln n}$。

3. 计算指标 X_j 的差异性系数

指标 X_j 的差异性系数为：

$g_j = 1 - e_j \quad (j=1, 2, \cdots, m)$

4. 确定各项指标的权重系数

$$W_j = \frac{g_j}{\sum_{j=1}^{m} g_j} \quad (j=1, 2, \cdots, m)$$

求得的 W_1，W_2，…，W_m 即指标集 $\{X_1, X_2, \cdots, X_m\}$ 的权重系数，且其为规范化了的权重系数。

下面，以确定指标品牌成长力（D2）的各指标——品牌战略投资度（D21）、品牌成长指数（D22）、延伸新产品的接受度（D23）、品牌保护能力（D24）、品牌危机处理能力（D25）、品牌影响发展趋势（D26）的权重为例，说明该方法的应用。

首先，需要专家对这六个指标进行打分，得到各个专家的打分结果，即形成指标集，其次按照以上的算法步骤，即可得到用熵值法获得的这六个指标的主观权重。

以此类推，可以获得各层次指标的客观权重。

第三节　品牌价值评估模型构建

前面我们已经对品牌价值指标体系和品牌价值指标权重体系进行了确定，下面我们在前面工作的基础上，构建品牌价值评估模型。在品牌价值评估模型中，需要涉及三个核心模型，包括品牌价值分值（China Brand Value Score，CBVS）模型、中国企业品牌强势度（China Brand Strength，CBS）模型和品牌价值（China Brand Value，CBV）模型。CBVS、CBS 和 CBV 是品牌价值评估体系中的核心内容，是多指标综合评估方法的输出。CBVS 和 CBV 是绝对值，CBS 是相对值，CBVS 是 CBS 和 CBV 计算的基础。CBVS 和 CBV 是用量化的形式描述中国企业的品牌价值，是各个侧面得分的合成汇总。CBVS 得分在本课题组设计的范围之内，CBV 的单位是亿元。而 CBS 是若干个 CBVS 与理想分值的对比值，说明不同品牌价值的彼此相对位置，结果用百分制表示。

品牌价值评估体系中位于最低层的数据是通过问卷调查、人工调查等方法收集上来的原始数据，这些原始数据量纲不同，而且既有定性数据，也有定量的数据。因此，在品牌价值评估体系中，这种涉及多属性指标间的相互比较，则需要对原始数据进行标准化，即必须经过数据的无量纲化处理，从而形成品牌价值体系的基础数据，即指标标准化数据。

在本部分，首先，介绍原始数据的标准化方法，其次，分别介绍 CBVS、CBS 和 CBV 这三种计算模型的构造方法。

一、指标值的标准化方法

在本课题中，对指标采用“阈值”法进行无量纲标准化。阈值法是用指标实际值与阈值相比较而得到指数值的一种无量纲化方法。本书采用 Likert 五级量表，把标准化的值进一步转化为指标标准值。

（一）定性指标值的标准化方法

在品牌价值评估体系，全部指标值均为效益型指标，即都具有正向化的含义，因此，借用功效系数法的思想设计了效益型指标的标准化方法，定性指标值的标准化公式如下：

$$k_i = \frac{x_i - \min x_i}{\max x_i - \min x_i}$$

式中，k_i 表示指标 x_i 的标准化的值，$k_i \in [0,1]$，$\min x_i$ 表示评估对象整体中指标值的最小值，$\max x_i$ 表示评估对象整体中指标值的最大值。

（二）定量指标值的标准化方法

对于定量类的指标值，如关于品牌财务表现力部分的原始数据，其标准化处理按以下步骤进行：

第一步：对规模类指标（如销售收入、净资产、净利润等）取自然对数。

第二步：就某一行业（假设 A 行业）监测企业数（设 A 行业有 N 个企业）。

第三步：计算 A 行业所有监测企业某一指标（以净利润为例）的平均值为：

$$\overline{Q} = \frac{\sum_{i=1}^{N} Q_i}{N}$$

第四步：计算 A 行业所有监测企业净利润的标准差。

$$S = \sqrt{\frac{\sum_{i=1}^{N} (Q_i - \overline{Q})^2}{N}}$$

第五步：计算 A 行业某一监测企业（假设企业为 X）净利润的统计标准值。

$$D_i = \frac{Q_i - \overline{Q}}{S}$$

第六步：对统计标准值进行阈值法无量纲化处理，其计算公式为：

$$Z_i = \frac{D_i - \min D_i}{\max D_i - \min D_i}$$

第七步：重复第五步和第六步，计算 A 行业所有监测企业某一指标（如净利润）的标准值。

第八步：重复第三步到第七步，计算A行业所有监测企业其他指标（如销售收入、净资产、近三年销售收入增长率、近三年净利润增长率、净资产利润率、总资产贡献率等）的标准值。

第九步：将企业各指标的标准值乘以该指标权重后加总，即可得到每个企业的品牌价值基础数据的标准值。

第十步：以上财务指标的选择和权重赋值均从品牌价值测评的角度出发，关于基础数据的标准值品牌价值贡献率需界定一个系数。根据不同行业品牌对企业财务绩效的贡献度设定参数K，K的取值范围为0~1，K的调整取决于品牌的盈利能力状况、品牌扩张能力、品牌的发展趋势、品牌忠诚度、行业性质等指标。

关于品牌价值评估体系的整个数据处理步骤可以用以下流程图来表示（见图9-4）。

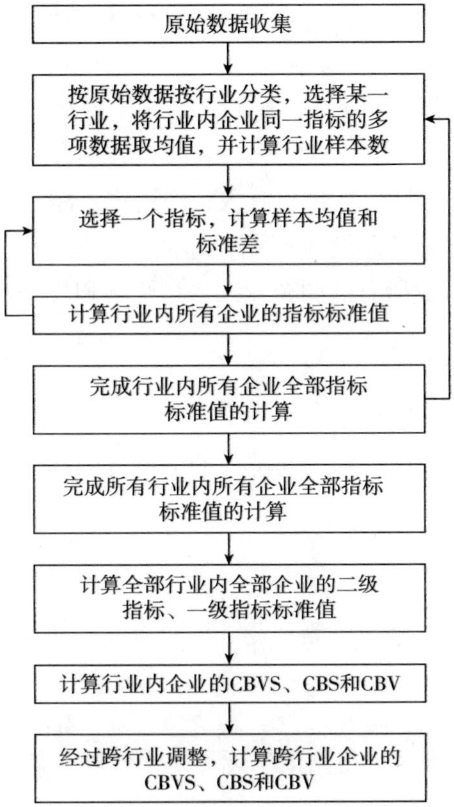

图9-4 数据处理流程

二、品牌价值分值计算模型

品牌价值分值（CBVS）可以用下面的一个多指标加权和的公式来表述：

$$CBVS = \sum_{x=1}^{4} W_x Z_x$$

式中，CBVS 表示品牌价值分值；W_x 表示第 x 个一级指标的权重；Z_x 表示第 x 个一级指标的分值。

CBVS 也可以分解为如下形式：

$$CBVS = W_1F + W_2D + W_3M + W_4C$$

式中，CBVS 表示品牌价值分值；W_x 表示第 x 个一级指标的权重；F 表示一级指标品牌财务表现力分值；D 表示一级指标品牌发展潜力分值；M 表示一级指标品牌市场表现力分值；C 表示一级指标消费者支持力分值。

更进一步，CBVS 还可以分解为包含二级指标的形式，如下：

$$CBVS = \frac{e_1}{\sum_{i=1}^{4} e_i} \times \sum_{i=1}^{3} W_i F_i + \frac{e_2}{\sum_{i=1}^{4} e_i} \times \sum_{i=1}^{3} W_i D_i + \frac{e_3}{\sum_{i=1}^{4} e_i} \times \sum_{i=1}^{3} W_i M_i + \frac{e_4}{\sum_{i=1}^{4} e_i} \times \sum_{i=1}^{6} W_i C_i$$

式中，CBVS 表示品牌价值分值；W_i 表示第 i 个指标的权重；F_i 表示品牌财务表现力二级指标 i 的分值；D_i 表示品牌发展潜力二级指标 i 的分值；M_i 表示品牌市场表现力二级指标 i 的分值；C_i 表示消费者支持力二级指标 i 的分值；e_1 表示品牌财务表现力的因子分值系数；e_2 表示品牌发展潜力的因子分值系数；e_3 表示品牌市场表现力的因子分值系数；e_4 表示消费者支持力的因子分值系数。

品牌价值二级指标分值公式如下：

$$F = W_1F_1 + W_2F_2 + W_3F_3 = \sum_{i=1}^{3} W_i F_i$$

$$D = W_1D_1 + W_2D_2 + W_3D_3 = \sum_{i=1}^{3} W_i D_i$$

$$M = W_1M_1 + W_2M_2 + W_3M_3 = \sum_{i=1}^{3} W_i M_i$$

$$C = W_1C_1 + W_2C_2 + W_3C_3 + W_4C_4 + W_5C_5 + W_6C_6 = \sum_{i=1}^{6} W_i C_i$$

品牌价值三级指标分值公式如下：

$$F_1 = W_1F_{11} + W_2F_{12} + W_3F_{13} = \sum_{i=1}^{3} W_iF_{1i}$$

$$F_2 = W_1F_{21} + W_2F_{22} = \sum_{i=1}^{2} W_iF_{2i}$$

$$F_3 = W_1F_{31} + W_2F_{32} = \sum_{i=1}^{2} W_iF_{3i}$$

$$D_1 = W_1D_{11} + W_2D_{12} + W_3D_{13} + W_4D_{14} + W_5D_{15} = \sum_{i=1}^{5} W_iD_{1i}$$

$$D_2 = W_1D_{21} + W_2D_{22} + W_3D_{23} + W_4D_{24} + W_5D_{25} + W_6D_{26} = \sum_{i=1}^{6} W_iD_{2i}$$

$$D_3 = W_1D_{31} + W_2D_{32} + W_3D_{33} + W_4D_{34} = \sum_{i=1}^{4} W_iD_{3i}$$

$$M_1 = W_1M_{11} + W_2M_{12} + W_3M_{13} + W_4M_{14} + W_5M_{15} = \sum_{i=1}^{5} W_iM_{1i}$$

$$M_2 = W_1M_{21} + W_2M_{22} + W_3M_{23} = \sum_{i=1}^{3} W_iM_{2i}$$

$$M_3 = W_1M_{31} + W_2M_{32} + W_3M_{33} + W_4M_{34} = \sum_{i=1}^{4} W_iM_{3i}$$

$$C_1 = W_1C_{11} + W_2C_{12} + W_3C_{13} + W_4C_{14} = \sum_{i=1}^{4} W_iC_{1i}$$

$$C_2 = W_1C_{21} + W_2C_{22} + W_3C_{23} + W_4C_{24} + W_5C_{25} = \sum_{i=1}^{5} W_iC_{2i}$$

$$C_3 = W_1C_{31} + W_2C_{32} + W_3C_{33} = \sum_{i=1}^{3} W_iC_{3i}$$

$$C_4 = W_1C_{41} + W_2C_{42} = \sum_{i=1}^{2} W_iC_{4i}$$

$$C_5 = W_1C_{51} + W_2C_{52} + W_3C_{53} + W_4C_{54} + W_5C_{55} + W_6C_{56} = \sum_{i=1}^{6} W_iC_{5i}$$

$$C_6 = W_1C_{61} + W_2C_{62} + W_3C_{63} + W_4C_{64} = \sum_{i=1}^{4} W_iC_{6i}$$

三、中国企业品牌强势度计算模型

品牌价值分值（CBVS）采用绝对值的形式，综合反映了品牌价值的情况，数值范围都在 1 ~ 5。为了更加清晰地表现品牌价值之间的差别，课题组引入企业品牌强势度的概念，利用相对值的形式来反映这种差别。同时为了符合使用习惯，企业品牌强势度被调整成百分制的形式，即范围在 1 ~ 100。

中国企业品牌强势度 CBS 的核心公式如下：

$$CBS=\frac{CBVS-CBVS_{min}}{CBVS_{max}-CBVS_{min}}\times 100$$

式中，CBS 表示中国企业品牌强势度；CBVS 表示品牌价值分值；$CBVS_{max}$表示品牌价值分值中的最大值；$CBVS_{min}$表示品牌价值分值中的最小值。

中国企业品牌强势度 CBS 的核心公式可以展开如下：

$$CBS=\frac{W_1F+W_2D+W_3M+W_4C-CBVS_{min}}{CBVS_{max}-CBVS_{min}}\times 100$$

式中，CBS 表示中国企业品牌强势度；W_x 表示第 x 个一级指标的权重；F 表示一级指标品牌财务表现力分值；D 表示一级指标品牌发展潜力分值；M 表示一级指标品牌市场表现力分值；C 表示一级指标消费者支持力分值；$CBVS_{max}$表示品牌价值分值中的最大值；$CBVS_{min}$表示品牌价值分值中的最小值。

更进一步，CBS 还可以分解为包含二级指标的形式，如下：

$$CBS=\frac{\frac{e_1}{\sum_{i=1}^{4}e_i}\times\sum_{i=1}^{3}W_iF_i+\frac{e_2}{\sum_{i=1}^{4}e_i}\times\sum_{i=1}^{3}W_iD_i+\frac{e_3}{\sum_{i=1}^{4}e_i}\times\sum_{i=1}^{3}W_iM_i+\frac{e_4}{\sum_{i=1}^{4}e_i}\times\sum_{i=1}^{6}W_iC_i-CBVS_{min}}{CBVS_{max}-CBVS_{min}}\times 100$$

式中，CBS 表示中国企业品牌强势度；W_i 表示第 i 个指标的权重；F_i 表示品牌财务表现力二级指标 i 的分值；D_i 表示品牌发展潜力二级指标 i 的分值；M_i 表示品牌市场表现力二级指标 i 的分值；C_i 表示消费者支持力二级指标 i 的分值；e_1 表示品牌财务表现力的因子分值系数；e_2 表示品牌发展潜力的因子分值系数；e_3 表示品牌市场表现力的因子分值系数；e_4 表示消费者支持力的因子分值系数；$CBVS_{max}$表示品牌价值分值中的最大值；$CBVS_{min}$表示品牌价值分值中的最小值。

根据前面关于企业品牌强势度的计算思路，课题组在企业品牌强势度（CBS）的基础上还提出了企业品牌强势度分指标（CBS－X），可以应用反映不同行业、不同区域内的企业在不同维度上的相对品牌强势度，也可以起到对单个企业开展诊断咨询的作用。总公式如下：

$$CBS-X=\frac{Z_x-Z_{min}}{Z_{max}-Z_{min}}\times 100$$

式中，CBS－X 表示中国企业品牌分指标强势度；Z_x 表示第 x 个一级指标的标准值；Z_{max}表示一级指标的标准值中的最大值；Z_{min}表示一级指标的标准值中的最小值。

更进一步，将 CBS－X 展开成包含三级指标的形式，如下：

$$CBS-F=\frac{\frac{e_1}{\sum_{i=1}^{3}e_i}\times\sum_{i=1}^{3}W_iF_{1i}+\frac{e_2}{\sum_{i=1}^{3}e_i}\times\sum_{i=1}^{2}W_iF_{2i}+\frac{e_3}{\sum_{i=1}^{3}e_i}\times\sum_{i=1}^{2}W_iF_{3i}-F_{min}}{F_{max}-F_{min}}\times100$$

$$CBS-D=\frac{\frac{e_1}{\sum_{i=1}^{3}e_i}\times\sum_{i=1}^{5}W_iD_{1i}+\frac{e_2}{\sum_{i=1}^{3}e_i}\times\sum_{i=1}^{6}W_iD_{2i}+\frac{e_3}{\sum_{i=1}^{3}e_i}\times\sum_{i=1}^{4}W_iD_{3i}-D_{min}}{D_{max}-D_{min}}\times100$$

$$CBS-M=\frac{\frac{e_1}{\sum_{i=1}^{3}e_i}\times\sum_{i=1}^{5}W_iM_{1i}+\frac{e_2}{\sum_{i=1}^{3}e_i}\times\sum_{i=1}^{3}W_iM_{2i}+\frac{e_3}{\sum_{i=1}^{3}e_i}\times\sum_{i=1}^{4}W_iM_{3i}-M_{min}}{M_{max}-M_{min}}\times100$$

$$CBS-C=\frac{\frac{e_1}{\sum_{i=1}^{6}e_i}\times\sum_{i=1}^{4}W_iC_{1i}+\frac{e_2}{\sum_{i=1}^{6}e_i}\times\sum_{i=1}^{5}W_iC_{2i}+\frac{e_3}{\sum_{i=1}^{6}e_i}\times\sum_{i=1}^{3}W_iC_{3i}+\frac{e_4}{\sum_{i=1}^{6}e_i}\times\sum_{i=1}^{2}W_iC_{4i}+\frac{e_5}{\sum_{i=1}^{6}e_i}\times\sum_{i=1}^{6}W_iC_{5i}+\frac{e_6}{\sum_{i=1}^{6}e_i}\times\sum_{i=1}^{4}W_iC_{6i}-C_{min}}{C_{max}-C_{min}}\times100$$

式中，CBS－F 表示品牌财务表现力强势度；CBS－D 表示品牌发展潜力强势度；CBS－M 表示品牌市场表现力强势度；CBS－C 表示消费者支持力强势度；W_i 表示相应二级指标下的第 i 个三级指标的权重；F_{1i}表示二级指标规模要素下的三级指标 i 的分值；F_{2i}表示二级指标增长因素下的三级指标 i 的分值；F_{3i}表示二级指标效率因素下的三级指标 i 的分值；D_{1i}表示二级指标品牌营销能力下的三级指标 i 的分值；D_{2i}表示二级指标品牌成长力下的三级指标 i 的分值；D_{3i}表示二级指标品牌建设力下的三级指标 i 的分值；M_{1i}表示二级指标市场占有能力下的三级指标 i 的分值；M_{2i}表示二级指标超值获利能力下的三级指标 i 的分值；M_{3i}表示二级指标品牌稳定性下的三级指标 i 的分值；C_{1i}表示二级指标品牌认知度下的三级指标 i 的分值；C_{2i}表示二级指标品牌知名度下的三级指标 i 的分值；C_{3i}表示二级指标品牌美誉度下的三级指标 i 的分值；C_{4i}表示二级指标品牌满意度下的三级指标 i 的分值；C_{5i}表示二级指标品牌忠诚度下的三级指标 i 的分值；C_{6i}表示二级指标品牌联想度下的三级指标 i 的分值；e_i 表示相应一级指标下的第 i 个二级指标的因子分值系数；F_{max} 表示品牌财务表现力分值中的最大值；F_{min} 表示品牌财务表现力分值中的最小值；D_{max} 表示品牌发展潜力分值中的最大值；D_{min} 表示品牌发展潜力分值中的最小值；M_{max} 表示品牌市场表现力分值中的最大值；M_{min} 表示品牌市场表现力分值中的最小值；C_{max} 表示消费者支持力分值中的最大值；C_{min} 表示消费者支持力分值中的最小值。

四、品牌价值计算模型

中国品牌价值（CBV）是以绝对值的形式来表现企业的品牌价值，单位为亿元。在本课题中，品牌价值计算模型是以品牌价值分值计算模型和企业品牌强势度计算模型为基础的，即 CBV 的计算是以 CBVS 和 CBS 为基础的。

不同行业的特点不同，则其行业内企业的组织形式、经营模式以及消费者知名度等方面皆不同。因而，导致不同行业内企业的品牌价值不仅与企业自身相关，而且还与其所在的行业属性相关。例如，与消费者距离比较近的、专注于消费品领域的企业可能具有较高的品牌价值；相反，与消费者距离比较远的、制造领域的企业可能其相应的品牌价值则较低一些。在以上部分，我们建立的品牌价值分值模型以及品牌强势度模型都是从行业的角度，对同一个行业内的不同企业进行评分，而品牌价值 CBV 则涉及对不同行业内众多企业的品牌价值进行综合评估。因此，我们在品牌价值 CBV 的计算模型中，综合考虑行业的性质，以及品牌价值分值与品牌强势度结果。

CBV 计算的具体步骤如下，首先，将不同行业的企业按行业进行分类；其次，对行业内的企业计算对品牌价值分值以及品牌强势度，并根据以下公式求出企业的品牌价值；最后，将不同行业内企业按品牌价值的大小进行综合排序，即可得到最终的企业的品牌价值排名。

CBV 的核心计算公式如下：

$$CBV = F(M_1, M_0, CBS, ind\_adjust\_factor)$$

$$\overline{M}_1 = \frac{1}{N}\sum_{i=1}^{i=N} M^a_{experti}$$

$$\overline{M}_0 = \frac{1}{N}\sum_{i=1}^{i=N} M^b_{experti}$$

$$M_1 = k_1\overline{M}_1$$

$$M_0 = k_0\overline{M}_0$$

由上面公式可知，CBV 是关于 M_1、M_0、CBS 和 ind_adjust_factor 的函数，在其中，a 为行业内品牌价值分值最大的企业；$M^j_{experti}$ 为第 i 个专家对企业 a 的品牌价值进行评估所得到的评估值；$\overline{M_1}$ 为 N 位专家对企业 a 的品牌价值评估所得到的品牌价值均值；b 为行业内品牌价值分值最小的企业；$M^b_{experti}$ 为第 i 个专家对企业 b 的品牌价值进行评估所得到的评估值；$\overline{M_0}$ 为 N 位专家对企业 b 的品牌价值评估所得到的品牌价值均值；M_1 和 M_0 分别为行业内品牌价值最大值和行业内品牌价值最小值；k_1 和 k_0 分别为品牌价值调整系数；ind_adjust_factor 为行业调整系数。

CBV 的核心计算公式中，函数 F（M_1，M_0，CBS，ind_adjust_factor）的具体形式是关键，其有关性质如下：

（1）$M_0 \leqslant F$（M_1，M_0，CBS，ind_adjust_factor）$\leqslant M_1$；

（2）F（M_1，M_0，CBS，ind_adjust_factor）是一个“S”形函数。

在这里，我们给出一个满足以上性质的函数形式，如下：

$$F(M_1, M_0, \text{CBS}, \text{ind\_adjust\_factor}) = M_0 + \frac{M_1 - M_0}{1 + e^{-\text{ind\_adjust\_factor} \times (\text{CBS} - 50)}}$$

以上函数的函数图像如图 9－5 所示。

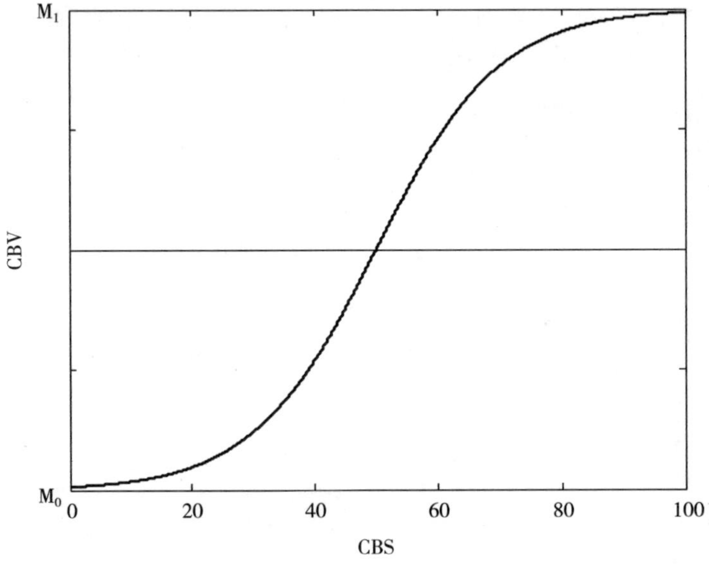

图 9－5　CBV 计算函数

如图9－5所示，首先根据专家对行业内品牌价值分值最大和最小企业的品牌价值的评估值，对其进行调整，可分别得到此行业的品牌价值上限和下限。其次根据行业内企业的品牌强势度，利用CBV计算公式得出企业相应的品牌价值。

下面，我们给出行业调整系数对品牌价值的影响分析，行业调整系数对品牌价值的影响如图9－6所示。

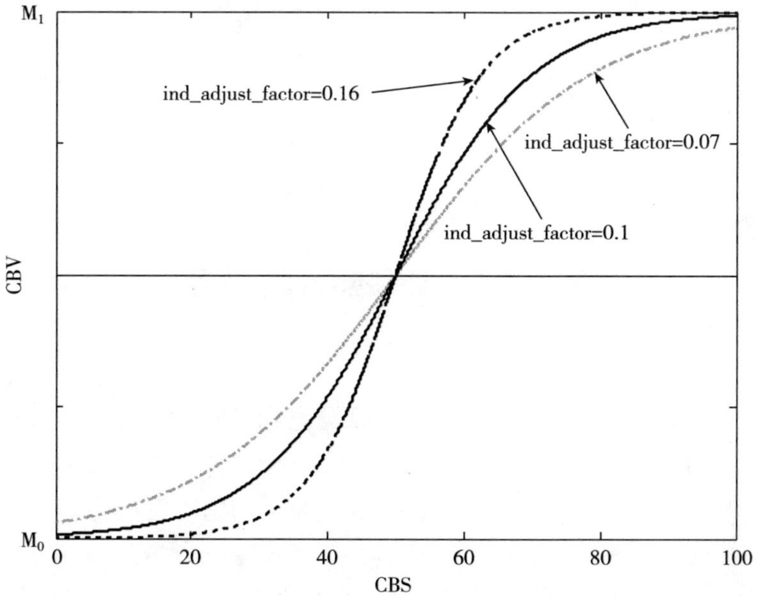

图9－6 行业调整系数对品牌价值的影响

由图9－6可知，我们给出的CBV计算公式可以通过行业调整系数的变化来模拟各种行业的情形。

第十章　中国品牌价值评估模型应用案例

第一节　样本品牌选取

项目研究的应用案例选取和消费者生活息息相关的通信行业与家电行业的六个品牌进行品牌价值测算，判断两个行业的品牌价值情况以及这六个具体品牌的总体价值排序情况，实现行业间的横向对比和行业内的纵向对比。

通信行业品牌选择：华为、OPPO 和小米。根据国际数据公司（IDC）最新发布的 2016 年全年中国季度手机跟踪报告，OPPO、华为、vivo 的出货量和市场份额占据前三甲，市场份额占到一半之多。这份报告显示位于第五位前几年大热的国产品牌小米却出现负增长，引人深思。

家电行业品牌选择：海尔、美的、格力。海尔是在改革开放的风浪中成长起来的，之后发展迅速，在不断的进步中开创创业新路，最终成为国家乃至世界的著名品牌，也是白色家电的代表性品牌。美的曾经被评为“全球最有价值 500 品牌排行榜”，是海内外均极具竞争力的品牌之一，在质量和服务方面都得到一致好评，并且是深受人们信赖的家电品牌。格力是中国具有行业标志性的品牌，是中国空调产业中唯一的一家世界知名品牌，格力空调不仅质量可靠，同时具有许多人性化设计，带给消费者更好的舒适生活体验。良好的品牌活力和影响力使格力成为家电行业最具竞争力的品牌之一。

参考专家讨论及消费者的建议，本书最终确定了两个行业的代表性品牌——通信行业的华为、小米、OPPO 以及家电行业的海尔、格力、美的。所选择的六个品牌均为近几年国内广受关注的代表性品牌，既有老牌劲旅华为、海尔，又有快速成长的后起之秀 OPPO、美的作为研究对象，以期获得较好的对比效果。

第二节 指标权重测算

为了对基于消费者的品牌价值评估指标权重体系进行测算，我们首先基于专家的打分问卷，利用 G1 法获得各指标之间的主观权重系数。其次，为了测算各指标的客观权重，我们基于消费者问卷数据，通过熵权法确定各指标的客观权重系数。最后，经过组合赋权法，获得基于消费者的品牌价值评估指标的综合权重。

一、G1 法确定指标主观权重

为了对基于消费者的品牌价值评估指标权重体系进行测算，我们向品牌评价领域的相关专家和学者发放了专家打分问卷，最后共收集 27 份专家问卷。利用专家的打分问卷，我们可以通过 G1 法获得各指标之间的主观权重系数。

下面我们以财务表现力（A）、品牌发展潜力（B）、品牌市场表现力（C）和消费者支持力（D）四个一级指标为例，来具体说明如何利用主观权重 G1 法获得各个指标的主观权重。

在 27 份专家问卷中，选择排序“A > B > C > D”的有 1 个，$\gamma_2 = 1.6$；相应地，$\gamma_3 = 1.2$，$\gamma_4 = 1.1$，因此：

$w_4 = (1 + \gamma_3 \cdot \gamma_4 + \gamma_4)^{-1} = (1 + 1.2 \times 1.1 + 1.1)^{-1} = 0.18$

$w_3 = \gamma_4 \cdot w_4 = \gamma_4(1 + \gamma_3 \cdot \gamma_4 + \gamma_4)^{-1} = 1.1 \times (1 + 1.2 \times 1.1 + 1.1)^{-1} = 0.20$

$w_2 = \gamma_3 \cdot w_3 = \gamma_3 \cdot \gamma_4(1 + \gamma_3 \cdot \gamma_4 + \gamma_4)^{-1} = 1.2 \times 1.1 \times (1 + 1.2 \times 1.1 + 1.1)^{-1} = 0.24$

$w_1 = \gamma_2 \cdot w_2 = \gamma_2 \cdot \gamma_3 \cdot \gamma_4(1 + \gamma_3 \cdot \gamma_4 + \gamma_4)^{-1} = 1.6 \times 1.2 \times 1.1 \times (1 + 1.2 \times 1.1 + 1.1)^{-1} = 0.38$

所以，在序关系“A > B > C > D”下，相应的指标权重为：

$(w_1, w_2, w_3, w_4) = (0.38, 0.24, 0.20, 0.18)$

类似地，我们可以求出在其他序关系下相应的指标权重，在序关系“A > C > D > B”下，相应的指标权重为 $(w_1, w_3, w_4, w_2) = (0.37, 0.24, 0.20,$

0.19)；在序关系"D > B > A > C"下，相应的指标权重为（w_4，w_2，w_1，w_3）=（0.42，0.26，0.18，0.14）；在序关系"B > D > C > A"下，相应的指标权重为（w_2，w_4，w_3，w_1）=（0.40，0.27，0.18，0.15）；在序关系"C > A > D > B"下，相应的指标权重为（w_3，w_1，w_4，w_2）=（0.41，0.26，0.18，0.15）；在序关系"D > C > B > A"下，相应的指标权重为（w_4，w_3，w_2，w_1）=（0.37，0.24，0.19，0.19）。

然后，对不同序关系下的指标权重进行线性加权，加权系数为选择相应序关系的专家数量占专家总数的比重，因此，各一级指标的综合主观权重系数为：

$$(W_1^{sub}, W_2^{sub}, W_3^{sub}, W_4^{sub}) \mid ABC = \frac{1}{27}\times(0.38, 0.24, 0.20, 0.18) + \frac{2}{27}\times(0.37, 0.19, 0.24, 0.20) + \frac{1}{27}\times(0.18, 0.26, 0.14, 0.42) + \frac{4}{27}\times(0.15, 0.40, 0.18, 0.27) + \frac{6}{27}\times(0.26, 0.15, 0.41, 0.18) + \frac{13}{27}\times(0.19, 0.19, 0.24, 0.37) = (0.22, 0.21, 0.26, 0.31)$$

根据以上步骤，依次求出各二级指标和三级指标的主观权重系数，如表 10－1 所示。

表 10－1　G1 法确定的品牌价值评价指标主观权重

一级指标	主观权重	二级指标	主观权重	三级指标	主观权重
A 财务表现力	0.22	A1 规模因素	0.35	A11 销售收入	0.42
				A12 净资产	0.27
				A13 净利润	0.30
		A2 增长因素	0.40	A21 近三年销售增长率	0.51
				A22 近三年净利润增长率	0.49
		A3 效率因素	0.25	A31 净资产利润率	0.56
				A32 总资产贡献率	0.44
B 品牌发展潜力	0.21	B1 品牌营销能力	0.45	B11 营销创新度	0.33
				B12 营销执行力	0.26
				B13 品牌定位成功度	0.17
				B14 品牌传播效率	0.14
				B15 品牌运作能力	0.10

续表

一级指标	主观权重	二级指标	主观权重	三级指标	主观权重
B 品牌发展潜力	0.21	B2 品牌成长力	0.23	B21 品牌战略投资度	0.37
				B22 品牌成长指数	0.22
				B23 延伸新产品的接受度	0.17
				B24 品牌保护能力	0.10
				B25 品牌危机处理能力	0.09
				B26 品牌影响发展趋势	0.06
		B3 品牌建设力	0.30	B31 品牌关系能力	0.25
				B32 品牌文化建设	0.38
				B33 品牌社会责任	0.16
				B34 品牌战略规划	0.21
C 品牌市场表现力	0.26	C1 市场占有能力	0.49	C11 市场占有率	0.41
				C12 市场覆盖率	0.26
				C13 新产品市场渗透率	0.15
				C14 品牌产品销售量	0.10
				C15 品牌总资产周转率	0.08
		C2 超值获利能力	0.29	C21 品牌溢价率	0.43
				C22 品牌资产报酬率	0.31
				C23 品牌销售利润率	0.26
		C3 品牌稳定性	0.22	C31 销售收入增长率	0.39
				C32 品牌盈利变化率	0.28
				C33 品牌价值变化率	0.17
				C34 品牌成长年龄	0.16
D 消费者支持力	0.31	D1 品牌认知度	0.37	D11 品牌的主观熟悉程度	0.39
				D12 品牌形象认知度	0.26
				D13 品牌符号认知度	0.22
				D14 品牌认知层次	0.13
		D2 品牌知名度	0.23	D21 品牌知名状态	0.37
				D22 品牌传播评价	0.27
				D23 品牌识别系统	0.16
				D24 无提示知名度	0.12
				D25 提示后知名度	0.08

续表

一级指标	主观权重	二级指标	主观权重	三级指标	主观权重
D 消费者支持力	0.31	D3 品牌美誉度	0.17	D31 品牌信任程度	0.41
				D32 品牌认同程度	0.31
				D33 品牌品质承诺	0.28
		D4 品牌满意度	0.10	D41 品牌产品满意度	0.55
				D42 品牌服务满意度	0.45
		D5 品牌忠诚度	0.08	D51 品牌溢价性	0.27
				D52 品牌偏好性	0.25
				D53 再次购买率	0.17
				D54 行为忠诚度	0.14
				D55 顾客推荐率	0.10
				D56 缺货忠诚率	0.08
		D6 品牌联想度	0.05	D61 功能联想	0.42
				D62 品牌个性联想	0.29
				D63 品牌独特性	0.17
				D64 组织联想	0.12

二、熵权法确定指标客观权重

下面我们利用熵权法计算各评价指标的客观权重。熵权法的数据来源于实地调研获得的消费者调查问卷。对六种品牌各个指标下的数据分别求其均值，得到表 10－2 中的数据，也就是熵权法里的指标观测值。为了保证精确性，我们保留小数点后六位有效数字。

表 10－2　熵权法的指标观测值

三级指标	华为	小米	OPPO	海尔	格力	美的
A11	4.080868	3.875740	3.899408	3.644970	3.919132	3.662722
A12	4.396450	3.353057	3.355030	3.856016	4.009862	3.751479
A13	4.357002	3.441815	3.378698	4.047337	4.076923	3.869822
A21	3.917160	3.548323	3.372781	3.546351	3.684418	3.475345
A22	4.489152	4.402367	4.337278	4.485207	4.451677	4.410256
A31	1.635108	1.692308	1.692308	1.666667	1.688363	1.704142

续表

三级指标	华为	小米	OPPO	海尔	格力	美的
A32	4. 122288	3. 889546	4. 280079	3. 524655	3. 873767	3. 723866
B11	3. 708087	3. 102564	3. 140039	3. 358974	3. 396450	3. 372781
B12	3. 779093	3. 467456	3. 112426	3. 692308	3. 650888	3. 447732
B13	4. 078895	3. 921105	3. 731755	3. 785010	3. 785010	3. 605523
B14	4. 027613	3. 323471	3. 232742	3. 725838	3. 771203	3. 654832
B15	3. 972387	3. 033531	3. 043393	3. 773176	3. 798817	3. 658777
B21	4. 161736	3. 161736	3. 138067	3. 725838	3. 773176	3. 644970
B22	3. 950690	2. 998028	2. 982249	3. 682446	3. 755424	3. 603550
B23	3. 639053	2. 696252	2. 714004	3. 368836	3. 378698	3. 228797
B24	4. 228797	3. 284024	3. 297830	3. 938856	3. 956607	3. 777120
B25	3. 930966	3. 404339	3. 345168	3. 678501	3. 644970	3. 562130
B26	3. 838264	3. 451677	3. 806706	3. 719921	3. 769231	3. 749507
B31	4. 061144	3. 502959	3. 518738	3. 974359	3. 883629	3. 788955
B32	4. 268245	3. 670611	3. 499014	3. 759369	3. 857988	3. 725838
B33	3. 783037	3. 727811	3. 725838	3. 457594	3. 544379	3. 487179
B34	4. 165680	3. 571992	3. 445759	3. 652860	3. 686391	3. 591716
C11	4. 428008	4. 372781	4. 291913	4. 272189	4. 078895	4. 183432
C12	4. 108481	3. 810651	3. 682446	3. 761341	3. 781065	3. 573964
C13	4. 112426	3. 510848	3. 374753	3. 930966	3. 911243	3. 712032
C14	4. 163708	3. 678501	3. 414201	3. 960552	3. 873767	3. 658777
C15	3. 102564	3. 140039	3. 358974	3. 396450	3. 725838	3. 773176
C21	3. 467456	3. 112426	3. 692308	3. 650888	3. 682446	3. 755424
C22	3. 921105	3. 731755	3. 785010	3. 785010	3. 368836	3. 378698
C23	3. 323471	3. 232742	3. 725838	3. 771203	3. 938856	3. 956607
C31	3. 033531	3. 043393	3. 773176	3. 798817	3. 678501	3. 644970
C32	3. 161736	3. 138067	3. 725838	3. 773176	3. 678501	3. 414201
C33	3. 708087	3. 102564	4. 428008	4. 372781	4. 291913	3. 445759
C34	3. 779093	3. 467456	4. 108481	3. 810651	3. 682446	4. 291913
D11	4. 078895	3. 921105	4. 112426	3. 510848	3. 374753	3. 682446
D12	4. 027613	3. 323471	4. 163708	3. 678501	3. 414201	3. 374753
D13	3. 972387	3. 033531	3. 102564	3. 140039	3. 358974	3. 414201
D14	4. 161736	3. 161736	3. 467456	3. 112426	3. 692308	3. 930966

续表

三级指标	华为	小米	OPPO	海尔	格力	美的
D21	3. 950690	2. 998028	3. 921105	3. 358974	3. 510848	3. 374753
D22	3. 546351	3. 684418	3. 475345	3. 692308	3. 678501	3. 414201
D23	4. 485207	4. 451677	4. 410256	3. 785010	3. 140039	3. 358974
D24	1. 666667	1. 688363	1. 704142	3. 725838	3. 112426	3. 692308
D25	3. 524655	3. 873767	3. 723866	3. 773176	3. 731755	3. 785010
D31	3. 358974	3. 396450	3. 372781	3. 682446	3. 232742	3. 725838
D32	3. 692308	3. 650888	3. 447732	3. 374753	3. 043393	3. 773176
D33	3. 785010	3. 785010	3. 605523	3. 785010	3. 138067	3. 725838
D41	3. 725838	3. 771203	3. 654832	3. 725838	3. 102564	4. 428008
D42	3. 773176	3. 798817	3. 658777	2. 998028	3. 467456	4. 108481
D51	3. 783037	3. 727811	3. 725838	3. 684418	3. 921105	4. 112426
D52	4. 165680	3. 571992	3. 445759	3. 652860	3. 323471	4. 163708
D53	4. 428008	4. 372781	4. 291913	4. 272189	3. 033531	3. 102564
D54	4. 108481	3. 810651	3. 682446	3. 761341	3. 161736	3. 467456
D55	4. 112426	3. 510848	3. 374753	3. 930966	2. 998028	3. 921105
D56	3. 499014	3. 759369	3. 857988	3. 725838	3. 684418	3. 475345
D61	3. 725838	3. 457594	3. 544379	3. 487179	4. 372781	4. 291913
D62	3. 445759	3. 652860	3. 686391	3. 591716	3. 810651	3. 682446
D63	4. 291913	4. 272189	4. 078895	4. 183432	3. 510848	3. 374753
D64	3. 682446	3. 761341	3. 781065	3. 573964	3. 678501	3. 414201

按照熵权法的求解步骤，可以得到各个三级指标的客观权重系数，如表 10－3 中的第三列所示。

表 10－3　各指标的组合权重系数计算

三级指标	主观权重系数（W_j^{sub}）	客观权重系数（W_j^{obj}）	组合权重系数（W_j^*）
A11 销售收入	0. 032340	0. 003271	0. 017806
A12 净资产	0. 020790	0. 019455	0. 020123
A13 净利润	0. 023100	0. 017393	0. 020247
A21 近三年销售增长率	0. 044880	0. 004826	0. 024853
A22 近三年净利润增长率	0. 043120	0. 000299	0. 021710

续表

三级指标	主观权重系数（W_j^{sub}）	客观权重系数（W_j^{obj}）	组合权重系数（W_j^*）
A31 净资产利润率	0.030800	0.000392	0.015596
A32 总资产贡献率	0.024200	0.008420	0.016310
B11 营销创新度	0.031185	0.007312	0.019249
B12 营销执行力	0.024570	0.008245	0.016408
B13 品牌定位成功度	0.016065	0.003186	0.009626
B14 品牌传播效率	0.013230	0.011764	0.012497
B15 品牌运作能力	0.009450	0.023423	0.016437
B21 品牌战略投资度	0.017871	0.020802	0.019337
B22 品牌成长指数	0.010626	0.024277	0.017452
B23 延伸新产品的接受度	0.008211	0.026093	0.017152
B24 品牌保护能力	0.004830	0.018361	0.011596
B25 品牌危机处理能力	0.004347	0.005980	0.005164
B26 品牌影响发展趋势	0.002898	0.002484	0.002691
B31 品牌关系能力	0.015750	0.006672	0.011211
B32 品牌文化建设	0.023940	0.008030	0.015985
B33 品牌社会责任	0.010080	0.002647	0.006364
B34 品牌战略规划	0.013230	0.007799	0.010515
C11 市场占有率	0.052234	0.001539	0.026887
C12 市场覆盖率	0.033124	0.003880	0.018502
C13 新产品市场渗透率	0.019110	0.009687	0.014399
C14 品牌产品销售量	0.012740	0.008446	0.010593
C15 品牌总资产周转率	0.010192	0.011986	0.011089
C21 品牌溢价率	0.032422	0.008161	0.020292
C22 品牌资产报酬率	0.023374	0.007071	0.015223
C23 品牌销售利润率	0.019604	0.012671	0.016138
C31 销售收入增长率	0.022308	0.018803	0.020556
C32 品牌盈利变化率	0.016016	0.011868	0.013942
C33 品牌价值变化率	0.009724	0.036108	0.022916
C34 品牌成长年龄	0.009152	0.010361	0.009757
D11 品牌的主观熟悉程度	0.044733	0.011465	0.028099
D12 品牌形象认知度	0.029822	0.016594	0.023208
D13 品牌符号认知度	0.025234	0.018141	0.021688

续表

三级指标	主观权重系数（W_j^{sub}）	客观权重系数（W_j^{obj}）	组合权重系数（W_j^*）
D14 品牌认知层次	0.014911	0.023873	0.019392
D21 品牌知名状态	0.026381	0.018869	0.022625
D22 品牌传播评价	0.019251	0.001991	0.010621
D23 品牌识别系统	0.011408	0.040942	0.026175
D24 无提示知名度	0.008556	0.273432	0.140994
D25 提示后知名度	0.005704	0.001710	0.003707
D31 品牌信任程度	0.021607	0.005613	0.013610
D32 品牌认同程度	0.016337	0.010524	0.013431
D33 品牌品质承诺	0.014756	0.008852	0.011804
D41 品牌产品满意度	0.017050	0.022206	0.019628
D42 品牌服务满意度	0.013950	0.019094	0.016522
D51 品牌溢价性	0.006696	0.003131	0.004914
D52 品牌偏好性	0.006200	0.016366	0.011283
D53 再次购买率	0.004216	0.051771	0.027994
D54 行为忠诚度	0.003472	0.013672	0.008572
D55 顾客推荐率	0.002480	0.023786	0.013133
D56 缺货忠诚率	0.001984	0.002968	0.002476
D61 功能联想	0.006510	0.020222	0.013366
D62 品牌个性联想	0.004495	0.001935	0.003215
D63 品牌独特性	0.002635	0.018670	0.010653
D64 组织联想	0.001860	0.002462	0.002161

三、组合赋权法确定指标组合权重

表 10-3 中的第二列为利用 G1 法确定的主观权重系数。需要注意的是，表中第二列的数据是经过调整的主观权重系数，也就是说列中的权重系数表示的是对应的三级指标在总的指数中所占的权重。

表 10-3 中第四列的数据表示三级指标相应的组合权重系数。利用组合权重系数计算公式：

$$W_j^* = 0.5W_j^{sub} + 0.5W_j^{obj}$$

可以得到相应的组合权重系数。

表10－3中的组合权重系数表示各个三级指标的相对重要程度。然而，为了直观起见，还需要换算成一级指标、二级指标以及三级指标的组合权重系数。换算的方法是采用与表10－3中主观权重系数相反的步骤。下面以表10－3中一级指标财务表现力（A）、二级指标规模因素（A1）和三级指标销售收入（A11）的组合权重系数为例说明其计算过程。

表10－3中，前七个三级指标的组合权重系数相加如下：

0.017806＋0.020123＋0.020247＋0.024853＋0.021710＋0.015596＋0.016310＝0.14（保留两位小数）

即可得一级指标财务表现力（A）的组合权重系数。二级指标销售收入（A1）的组合权重系数计算过程如下：

（0.017806＋0.020123＋0.020247）/0.14＝0.42（保留两位小数）

即表10－3中前三个三级指标的组合权重系数相加，然后再除以相应的一级指标财务表现力（A）的组合权重系数，可以得到。表10－3中三级指标销售收入（A11）的组合权重系数计算过程如下：

0.017806/（0.14×0.43）＝0.30（保留两位小数）

即表10－4中相应的组合权重系数除以一级指标品牌支持力（A）和二级指标品牌认知度（A1）的乘积，可以得到。

表10－4 各评价指标的组合权重

一级指标	组合权重	二级指标	组合权重	三级指标	组合权重
A 财务表现力	0.14	A1 规模因素	0.42	A11 销售收入	0.30
				A12 净资产	0.35
				A13 净利润	0.35
		A2 增长因素	0.34	A21 近三年销售增长率	0.53
				A22 近三年净利润增长率	0.47
		A3 效率因素	0.23	A31 净资产利润率	0.49
				A32 总资产贡献率	0.51
B 品牌发展潜力	0.19	B1 品牌营销能力	0.39	B11 营销创新度	0.26
				B12 营销执行力	0.22
				B13 品牌定位成功度	0.13
				B14 品牌传播效率	0.17
				B15 品牌运作能力	0.22

续表

一级指标	组合权重	二级指标	组合权重	三级指标	组合权重
B 品牌发展潜力	0.19	B2 品牌成长力	0.38	B21 品牌战略投资度	0.26
				B22 品牌成长指数	0.24
				B23 延伸新产品的接受度	0.23
				B24 品牌保护能力	0.16
				B25 品牌危机处理能力	0.07
				B26 品牌影响发展趋势	0.04
		B3 品牌建设力	0.23	B31 品牌关系能力	0.25
				B32 品牌文化建设	0.36
				B33 品牌社会责任	0.15
				B34 品牌战略规划	0.24
C 品牌市场表现力	0.20	C1 市场占有能力	0.40	C11 市场占有率	0.32
				C12 市场覆盖率	0.23
				C13 新产品市场渗透率	0.18
				C14 品牌产品销售量	0.13
				C15 品牌总资产周转率	0.14
		C2 超值获利能力	0.26	C21 品牌溢价率	0.39
				C22 品牌资产报酬率	0.29
				C23 品牌销售利润率	0.32
		C3 品牌稳定性	0.34	C31 销售收入增长率	0.31
				C32 品牌盈利变化率	0.20
				C33 品牌价值变化率	0.34
				C34 品牌成长年龄	0.15
D 消费者支持力	0.47	D1 品牌认知度	0.20	D11 品牌的主观熟悉程度	0.31
				D12 品牌形象认知度	0.25
				D13 品牌符号认知度	0.23
				D14 品牌认知层次	0.21
		D2 品牌知名度	0.43	D21 品牌知名状态	0.11
				D22 品牌传播评价	0.05
				D23 品牌识别系统	0.13
				D24 无提示知名度	0.69
				D25 提示后知名度	0.02

续表

一级指标	组合权重	二级指标	组合权重	三级指标	组合权重
D 消费者支持力	0.47	D3 品牌美誉度	0.08	D31 品牌信任程度	0.35
				D32 品牌认同程度	0.35
				D33 品牌品质承诺	0.30
		D4 品牌满意度	0.08	D41 品牌产品满意度	0.54
				D42 品牌服务满意度	0.46
		D5 品牌忠诚度	0.15	D51 品牌溢价性	0.07
				D52 品牌偏好性	0.16
				D53 再次购买率	0.41
				D54 行为忠诚度	0.13
				D55 顾客推荐率	0.19
				D56 缺货忠诚率	0.04
		D6 品牌联想度	0.06	D61 功能联想	0.45
				D62 品牌个性联想	0.12
				D63 品牌独特性	0.36
				D64 组织联想	0.07

第三节 品牌价值指数与品牌价值测算

一、品牌价值指数测算

依据上一章的品牌价值评估模型里的品牌价值指数公式，经计算，可分别得到手机行业和家电行业的品牌价值指数与分指标数值，如表 10－5 和表 10－6 所示。

表 10－5 手机品牌价值指数与分指标分值

企业品牌	品牌价值指数（百分制）	财务表现力分值（5 分制）	品牌发展潜力分值（5 分制）	品牌市场表现力分值（5 分制）	消费者支持分值（5 分制）
华为	64.82	3.9349	3.9718	3.7110	3.2869
小米	56.42	3.5125	3.2868	3.4658	3.0792
OPPO	58.86	3.5101	3.2274	3.8390	3.1531

表 10－6　家电品牌价值指数与分指标分值

企业品牌	品牌价值指数（百分制）	财务表现力分值（5 分制）	品牌发展潜力分值（5 分制）	品牌市场表现力分值（5 分制）	消费者支持分值（5 分制）
海尔	67.27	3.6167	3.6730	3.8982	3.6314
格力	63.36	3.7426	3.6994	3.8386	3.2764
美的	66.16	3.5794	3.5741	3.7314	3.6593

根据表 10－5 和表 10－6 的数据，两个行业的品牌价值指数排名以及分指标排名如表 10－7 至表 10－16 所示。品牌价值指数排名第一的手机品牌是华为，此外，华为品牌除了市场表现力以较小的差距仅次于 OPPO，其他维度均列于首位，表现出了强劲的品牌市场表现力、品牌发展潜力和消费者支持力。OPPO 品牌位列第二，除了在品牌市场表现力方面表现突出，其在消费者支持力方面也表现较好。小米品牌虽然位列第三，但在品牌价值指数上与 OPPO 相差不大，并且小米品牌在品牌财务表现力、品牌发展潜力两方面优于 OPPO，显示出了较好的发展潜力。

表 10－7　手机品牌——价值指数排行

排名	品牌名称	品牌价值指数（百分制）
1	华为	64.82
2	OPPO	58.86
3	小米	56.42

表 10－8　手机品牌——财务表现力分值排行

排名	品牌名称	财务表现力分值（5 分制）
1	华为	3.9349
2	小米	3.5125
3	OPPO	3.5101

表 10－9　手机品牌——品牌发展潜力分值排行

排名	品牌名称	品牌发展潜力分值（5 分制）
1	华为	3.9718
2	小米	3.2868
3	OPPO	3.2274

表 10-10　手机品牌——品牌市场表现力分值排行

排名	品牌名称	品牌市场表现力分值（5 分制）
1	OPPO	3. 8390
2	华为	3. 7110
3	小米	3. 4658

表 10-11　手机品牌——消费者支持力分值排行

排名	品牌名称	消费者支持力分值（5 分制）
1	华为	3. 2869
2	OPPO	3. 1531
3	小米	3. 0792

表 10-12　家电品牌——价值指数排行

排名	品牌名称	品牌价值指数（百分制）
1	海尔	67. 27
2	美的	66. 16
3	格力	63. 36

表 10-13　家电品牌——财务表现力分值排行

排名	品牌名称	财务表现力分值（5 分制）
1	格力	3. 7426
2	海尔	3. 6167
3	美的	3. 5794

表 10-14　家电品牌——品牌发展潜力分值排行

排名	品牌名称	品牌发展潜力分值（5 分制）
1	格力	3. 6994
2	海尔	3. 6730
3	美的	3. 5741

表 10－15　家电品牌——品牌市场表现力分值排行

排名	品牌名称	品牌市场表现力分值（5 分制）
1	海尔	3.8982
2	格力	3.8386
3	美的	3.7314

表 10－16　家电品牌——消费者支持分值排行

排名	品牌名称	消费者支持力分值（5 分制）
1	美的	3.6593
2	海尔	3.6314
3	格力	3.2764

由表 10－12 至表 10－16 可知，位于品牌价值指标第一的家电品牌是海尔，美的紧随其后，但具体到各个维度来看，美的在消费者支持力维度表现优于海尔，在品牌财务表现力、品牌发展潜力以及品牌市场表现力上，海尔比美的表现强势。格力虽然位列家电品牌价值指数排行的最后一名，但其在品牌财务表现力、品牌发展潜力两个维度上均以较小的优势位列第一，显示出一定的未来发展潜力。

二、品牌价值测算

依据跨行业的品牌价值计算模型，可以分别得出手机行业以及家电行业内不同品牌的品牌价值。

下面首先计算手机行业不同品牌的品牌价值。通过咨询综合品牌专家的意见以及根据手机行业内企业的实际情况，得到 $M_1 = 2000$、$M_0 = 400$，手机行业的行业调整系数 ind_adjust_factor = 0.2，根据品牌价值的计算公式可得品牌价值，如表 10－17 所示。

表 10－17　手机行业品牌价值　　单位：亿元

企业品牌	品牌价值
华为	1556
小米	923
OPPO	1107

下面计算家电行业不同品牌的品牌价值。通过咨询综合品牌专家的意见以及根据家电行业内企业的实际情况，得到 $M_1=1500$、$M_0=500$，家电行业的行业调整系数 ind_adjust_factor = 0.18，根据品牌价值的计算公式可得品牌价值，如表 10－18 所示。

表 10－18　家电行业品牌价值　　单位：亿元

企业品牌	品牌价值
海尔	1074
格力	900
美的	1025

综上所述，可以得到跨行业不同品牌的价值排行，如表 10－19 所示。

表 10－19　不同品牌的价值排行　　单位：亿元

排名	企业品牌	品牌价值
1	华为	1556
2	OPPO	1107
3	海尔	1074
4	美的	1025
5	小米	923
6	格力	900

在品牌价值的计算中，通过加入行业调整系数使不同行业的企业品牌的品牌价值具有可比性，这样的跨界对比也能更直观地让我们看到不同行业的品牌发展以及不同品牌间品牌价值的相对强弱，对于行业和企业的品牌升级、跨界合作都有重要意义。

参考文献

Aaker, D. A.. Managing Brand Equity: Capitalizing on the Value of a Brand Name [M]. New York: The Free Press, 1991.

Aaker, D. A.. Measuring Brand Equity Across Products and Markets [J]. California Management Review, 1996, 38 (3): 102 – 120.

Agarwal, M. K., Rao, V. R.. An Empirical Comparison of Consumer – based Measures of Brand Equity [J]. Marketing Letters, 1996, 7 (3): 237 – 247.

Agrawal, D., Schorling, C.. Market Share Forecasting: An Empirical Comparison of Artificial Neural Networks and Multinomial Logit Model [J]. Journal of Retailing, 1996, 72 (4): 383 – 407.

Ahmed H. Tolba. Integrating Customer – Based Brand Equity with Brand Market Performance: An Empirical Investigation of the U. S. Automotive Industry [D]. Department of Marketing School of Business, The George Washington University, 2006.

Ailawadi, K. L., Bradlow, E. T., Draganska, M., et al.. Empirical Models of Manufacturer – retailer Interaction: A Review and Agenda for Future Research [J]. Marketing Letters, 2010, 21 (3): 273 – 285.

Ambler, Tim. Marketing: The Trouble with Finance [A] // In Financial Times Handbook of Management [C]. FT Press, 2004.

Avi Goldfarb, Qiang Lu, Sridhar Moorthy. Measuring Brand Value in an Equilibrium Framewor [J]. Marketing Science, 2009 (1): 69 – 86.

Batra, R.. Marketing Issues and Challenges in Transitional Economies [Z]. William Davidson Institute Working Papers, 1997, 5 (4): 3 – 35.

Bekmeier – Feuerhahn, S.. Marktorientierte Markenbewertung: Eine Konsumenten –

und unternehmensbezogene Betrachtung [M]. Wiesbaden: Gabler, 1998.

Brasco, T. C.. How Brand Names are Valued for Acquisitions [A] //In: Leuthesser L. (ed.). Defining, Measuring and Managing Brand Equity [C]. Marketing Science Institute, 1988: 88 - 104.

Carol J. Simon, Mary W. Sullivan. The Measurement and Determinants of Brand Equity: A Financial Approach [J]. Marketing Science, 1993, 12 (1): 28 - 52.

Churchill, Jr., G. A.. A Paradigm for Developing Better Measures of Marketing Constructs [J]. Journal of Marketing Research, 1979 (16): 64 - 73.

Collard, M.. Musicians Utilizing Social Media to Increase Brand Awareness, Further Promote Their Brand and Establish Brand Equity [D]. California: University of Southern California, 2012.

Coulter, R. A., Price, L. L. and Feick, L.. Rethinking the Origins of Involvement and Brand Commitment: Insights from Postsocialist Central Europe [J]. Journal of Consumer Research, 2003, 30 (2): 151 - 169.

Crimmins, J.. Better Measurement and Management of Brand Value [J]. Journal of Advertising Research, 1992 (31), July/August: 11 - 19.

Damodaran, A.. Investment Valuation: Tools and Techniques for Determining the Value of Any Asset [M]. New York: John Wiley & Sons, 2012.

Danaher, P. J., Wilson, I. W., Davis, R. A.. A Comparison of Online and Offline Consumer Brand Loyalty [J]. Marketing Science, 2003, 22 (4): 461 - 476.

David A. Aaker, Robert Jacobson. Special Issue on Brand Management: The Financial Information Content of Perceived Quality [J]. Journal of Marketing Research, 1994, 31 (2): 191 - 201.

David A. Aaker. Managing Brand Equity [M]. New York, N. Y.: Free Press, 1991.

Dillon, W. R., Madden, T. J., Kirmani, A. and Mukherjee, S.. Understanding What's in a Brand Rating: A Model for Assessing Brand and Attribute Effects and Their Relationship to Brand Equity [J]. Journal of Marketing Research, 2001, 38 (4): 415 - 429.

Eckhardt, G. M., Houston, M. J.. To Own Your Grandfather S Spirit: the Nature of Possessions and Their Meaning in China [J]. Asia Pacific Advances in Consumer Research, 2001 (4): 251 - 257.

Epstein, Marc J., Westbrook, Robert A.. Linking Actions to Profits in Strategic Decision Making [J]. MIT Sloan Management Review, 2001, 42 (3): 39-49.

Fader, P. S., Schmittlein, D. C.. Excess Behavioral Loyalty for High-Share Brands: Deviations from the Dirichlet Model For Repeat Purchasing [J]. Journal of Marketing Research, 1993, 30 (4): 478-493.

Farquhar, P. H.. Managing Brand Equity [J]. Journal of Advertising Research, 1990 (8): 10.

Feldwick, P.. Do We Really Need "Brand Equity"? [J]. Journal of Brand Management, 1996, 4 (1): 9-28.

Fiona Stewart. "Taking Care" of a Brand Needs a Broader Outlook [J]. Marketing, 2002, 8 (1): 20.

Fischer, M., Herman, A. and Huber, F.. Return on Customer Satisfaction, Wie rentable sind Massnahmen zur Stei-gerung der Zufriedenheit [A] //In: M. Fischer., A. Herman and F. Huber. Zeitschrift fur Betriebswirtschaft [C]. 2001, 71 (10): 1161-1190.

George Allen. Place Branding: New Tools for Economic Development [J]. Design Management Review, 2007, 18 (2): 60-68.

Gupta, Sunil, Lehmann, Donald R. and Stuart, Jennifer A.. Valuing Customers [J]. Journal of Marketing Research, 2004, 41 (1): 7-18.

Gyrd-Jones, R. I., Kornum, N.. Managing the Co-created Brand: Value and Cultural Complementarity in Online and Offline Multi-stakeholder Ecosystems [J]. Journal of Business Research, 2013, 66 (9): 1484-1493.

Ha, K. N.. Marketing Expenses, Brand Equity, and a Firm's Financial Value [D]. Washington: Washing University of Washington, 2012.

Haigh, D.. Brand Valuation: Measuring and Leveraging Your Brand [Z]. Institute of Canadian Advertising, May 2000.

Hart, H. S., Micken, K. S., Ⅲ, I. C.. Symbols for Sale at Least for Now: Symbolic Consumption in Transition Economies [J]. Advances in Consumer Research, 2002, 29 (1): 25-30.

Hirose, Y.. The Report of the Committee on Brand Valuation [R]. The Ministry of Economy, Trade and Industry of the Government of Japan, 2002-06-24.

Hoeffler, S., Keller, K. L.. The Marketing Advantages of Strong Brands [J]. Journal of Brand Management, 2003, 10 (6): 421 –445.

Hoyer, W. D. , Brown, S. P. . Effects of Brand Awareness on Choice for a Common, Repeat – Purchase Product [J] . Journal of Consumer Research, 1990, 17 (2): 141 –148.

Huang, B. . Brand Value and New Product Quality: Measurement, Theory, and Evidence [D] . Michigan: Michigani University of Michigan, 2010.

Hui, M. K. , Tse, D. K. . What to Tell Consumers in Waits of Different Lengths: An Integrative Model of Service Evaluation [J] . Journal of Marketing, 1996, 60 (2): 81 –90.

Interbrand. World Greatest Brands [M] . London: Macmillan Press Ltd. , 1996.

Julie A. Higgins, Donna L. Pastore. Brand Equity & College Athletics: Investigating the Effects of Brand Uncertainty Situations on Consumer – Based Brand Equity [D]. Columbus: The Ohio State University, 2006.

Kaiser, H. F. , Rice, J. . Little Jiffy, Mark IV [J] . Educational and Psychological Measurement, 1974, 34 (1): 111 –117.

Kamakura, W. A. , Russell, G. J. . Measuring Brand Value with Scanner Data [J]. International Journal of Research in Marketing, 1993, 10 (1): 9 –22.

Kapferer Jean Noel. Strategic Brand Management: Creating and Sustaining Brand Equity Long Term [M] . London: Kogan Page, 1997.

Keller, K. L. . Strategic Brand Management [M] . NJ: Prentice Hall, 1998.

Keller, K. L. . Conceptualizing, Measuring, and Managing Customer – Based Brand Equity [J] . Journal of Marketing, 1993, 57 (1): 1 –22.

Keller, K. L. and Aaker, D. A. , The Effects of Sequential Introduction of Brand Extensions [J] . Journal of Marketing Research, 1992, 29 (1): 35 –50.

Keller, Kevin L. . Strategic Brand Management: Building, Measuring and Managing Brand Equity [M] . New York: Pearson, 2013.

Keller, Kevin L. , Lehmann, Donald R. . How Do Brands Create Value? [J] . Marketing Management, 2003, 12 (3): 26 –31.

Kern, W. . Bewertung von Warenzeichen [A] //Betriebswirt – schaftliche Forschung und Praxis [C] . 1962 (1): 17 –31.

Krishnamurthi, L. , Raj, S. P. . An Empirical Analysis of the Relationship Between Brand Loyalty and Consumer Price Elasticity [J] . Marketing Science, 1991, 10

(2): 172 – 183.

Kusum L. Ailawadi, Donald R. Lehmann and Scott A. Neslin. Revenue Premium as an Outcome Measure of Brand Equity [J] . Journal of Marketing, 2003, 67 (October): 1 – 17.

K. L. Keller. Strategic Brand Management [M] . Beijing: Beijing Prentice Hall and Renmin University of China Press, 1998: 44.

Lal, R., Narasimhan, C.. The Inverse Relationship Between Manufacturer and Retailer Margins: A Theory [J] . Marketing Science, 1996, 15 (2): 132 – 151.

Lall, R. A., Khurana, V.. Brand Valuation [EB/OL]. http: //www. naukri. com, 2002.

Lee, S. H.. A Comparison of Two Approaches to Measuring Brand Equity in the Hotel Industry [D] . Phoenix: Arizona State University, 2014.

Leslie De Chernatony, Susan Drury. Identifying and Sustaining Service Brands' Values [J] . Journal of Marketing Communications, 2004 (10): 73 – 93.

Leuthesser, L.. Defining, Measuring and Managing Brand Equity: A Conference Summary, Cambridge [R] . MA: Marketing Science Institute, 1988: 88 – 104.

Lewis C. Winters. Brand Equity Measures: Some Recent Advances [J] . Marketing Research, 1991, 3 (3): 70 – 73.

Liang, J., Kanetkar, V.. Price Endings: Magic and Math [J] . Journal of Product & Brand Management, 2006, 15 (6): 377 – 385.

Mahajan, V., Vithala, R. and Srivastava, R.. Development, Testing, and Validation of Brand Equity under Conditions of Acquisition and Divestment [A] //In: Maltz, E. (ed.). Managing Brand Equity: A Conference Summary, Report No. 91 – 110, Marketing Science Institute [C] . Cambridge, MA, 1991: 14 – 15.

Motameni, R., Shahrokhi, M.. Brand Equity Valuation: A Global Perspective [J]. Journal of Product & Brand Management, 1998, 7 (7): 275 – 290.

Mullen, M., Mainz, A.. Brands, Bids and Balance Sheets: Putting a Price on Protected Products [J] . Acquisition Monthly, 1989, 24 (4): 26 – 27.

Munish Kumar Tiwari. Separation of Brand Equity and Brand Value [J] . Global Business Review, 2010, 11 (3): 421 – 434.

Myers, C. A.. Managing Brand Equity: A Look at the Impact of Attributes [J]. Journal of Product & Brand Management, 2003, 12 (1): 39 – 51.

Oliver, Richard L. . Satisfaction: A Behavioral Perspective on the Consumer [M]. Irwin/McGraw - Hill, 1997.

Ourusoff, A. , Panchapakesan, M. . Who Said Brands Are Dead? [Z]. Brandweek, 1993.

Park, C. S. . Estimation and Prediction of Brand Equities Through Survey Measurement of Consumer Preference Structures [D] . Palo Alto: Stanford University, 1992.

Paul Temporal, Martin Trott. Romancing the Customer: Maximizing Brand Value Through Powerful Relationship Management [J] . Journal of Consumer Marketing, 2003, 20 (4): 372 - 384.

Paul Temporal. Advanced Brand Management: From Vision to Valuation [M] . Hoboken: John Wiley & Sons, 2002.

Philip Kotler, David Gertner. Country as Brand, Product, and Beyond: A place Marketing and Brand Management Perspective [J] . Journal of Brand Management, 2002, 9 (4): 249 - 261.

Pokorny, G. . Building Brand Equit and Customer Loyalty [J] . Journal of Electric Perspectives, 1995, 12 (4): 51 - 64.

Pruyn, A. , Riezebos, R. . Effects of the Awareness of Social Dilemmas on Advertising Budget - setting: A Scenario Study [J] . Journal of Economic Psychology, 2001, 22 (1): 43 - 60.

Raider Harmo. Brand Equity Assessment: Interbrand Brand Value Effect on Investor Decisions [D]. New Brunswick: University of New Brunswick, 2004.

Rainisto, S. K. . Success Factors of Place Marketing: A Study of Place Marketing Practices in Northern Europe and the United States [J] . Helsinki University of Technology, 2003, 4 (4): 206 - 207.

Randolph E. Bucklin, Sunil Gupta and Sangman Han. A Brand's Eye View of Response Segmentation in Consumer Brand Choice Behavior [J] . Journal of Marketing Research, 1995, 32 (1): 66 - 74.

Reilly, R. S. . Valuing Intangible Assets [R] . 1999.

Repenn, Wolfgang. Handbuch der Markenbewertung und - verwertung: Pfändung von Marken, Sicherungsübertragung, Kauf und Verkauf von Marken, Lizenzen, Bilanzierung von Markenwerten, Markenwert - Tabelle [Z] . Wiley - VCH, 1998.

Research International. Equityenginemanual [R] . US: 1996: 34 - 48.

Reza Motameni, Manuchehr Shahrokli. Brand Equity Valuation: A Global Perspective [J]. The Journal of Product and Brand Management, 1998, 7 (4): 275 –290.

Richard Elliott, Larry Percy. Strategic Brand Management [M]. England: Oxford University Press, 2006.

Richard Jones. Finding Sources of Brand Value: Developing a Stakeholder Model of Brand Equity [J]. Brand Management, 2005, 13 (1): 10 –32.

Roos, G.. Valuing Brands: A Presentation to the Brand Finance Forum [EB/OL]. http: //www. doc88, 2005.

Sander, M.. Die Bestimmung und Steuerung des Wertes von Marken: eine Analyseaus Sicht des Markenin – haber [M]. Heidelberg: Physica – Verlag, 1994.

Sander, M.. Markenbewertung auf Basis der Hedo – nischen Theorie [R]. 1995.

Sattler, H., Högl, S., Hupp, O.. Evaluation of the Financial Value of Brands [EB/OL]. http: //www. doc88. com/p –9199961944452. html, 2002.

Schultz, D. E.. Understanding and Measuring Brand Equity [J]. Marketing Management, 2000, 9 (1): 8.

Seetharaman, A., Nadzir, Z. A. B. M. and Gunalan, S.. A Conceptual Study on Brand Valuation [J]. Journal of Product & Brand Management, 2001, 10 (4): 243 –256.

Shocker, Allan D., Weitz Barton. A Perspective on Brand Equity: Principles and Issues [J]. Summary of Marketing Science Institute Conference, 1988 (8): 88 –104.

Simon, C. J., Sullivan, M. W.. The Measurement and Determinants of Brand Equity: A Financial Approach [J]. Marketing Science, 1993, 12 (1): 28 –52.

Smith, Gordon V., Parr, Russell L.. Intellectual Property: Licensing and Joint Venture Profit Strategies (3rd Edition) [M]. New Jersey: Wiley Press, 2005.

Sonnier, G., Ainslie, A.. Estimating the Value of Brand – image Associations: The Role of General and Specific Brand Image [J]. Journal of Marketing Research, 2011, 48 (3): 518 –531.

Srinivasan, V., Chan Su Park and Dae Ryun Chang. An Approach to the Measurement, Analysis, and Prediction of Brand Equity and Its Sources [J]. Management Science, 2005, 51 (9): 1433 –1448.

Sriram, S., Subramanian Balachander and Manohar U. Kalwani. Monitoring the Dynamics of Brand Equity Using Store – Level Data [J]. Journal of Marketing, 2007, 71 (April): 61 – 78.

Sriram, S.. Essays on the Dynamics of Brand Equity [D]. West Lafayette: Purdue University, 2004.

Srivastava, R. K., Shervani, T. A., Fahey, L.. Market – Based Assets and Shareholder Value: A Framework for Analysis [J]. Journal of Marketing, 1998, 62 (1): 2 – 18.

Srivastava, R. K., Shocker, A. D.. Brand Equity: A Perspective on Its Meaning and Measurement, Report [R]. Working Paper No. 91 – 124, Cambridge, MA: Marketing Science Institute, 1991.

Stobart, P.. Alternative Method of Brand Valuation [A]. In: Murphy (ed.), Brand Valuations: Establishing a True and Fair View [C]. London: The Interbrand Group, 1989: 35 – 49, 93.

Torres, A., Bijmolt, T. H. A., Tribó, J. A., et al.. Generating Global Brand Equity Through Corporate Social Responsibility to Key Stakeholders [J]. International Journal of Research in Marketing, 2012, 29 (1): 13 – 24.

T. – H. Hsu, L. – C. Hung and J. – W. Tang. An Analytical Model for Building Brand Equity in Hospitality Firms [J]. Annals of Operations Research, 2012, 195 (1): 355 – 378.

Villas – Boas, J. M.. Consumer Learning, Brand Loyalty, and Competition [J]. Marketing Science, 2004, 23 (1): 134 – 145.

Webster, F. E.. Understanding the Relationships among Brands, Consumers, and Resellers [J]. Journal of the Academy of Marketing Science, 2000, 28 (1): 17 – 23.

Woo Goon Kim and Hong – Bum Kim. Measuring Customer – based Restaurant Brand Equity: Investigating the Relationship Between Brand Equity and Firms' Performance [J]. Cornell Hotel and Restaurant Administration Quarterly, 2004 (45): 155 – 161.

Zaltman, G.. How Customers Think: Essential Insights into the Mind of the Market [M]. Boston: Harvard Business School, 2003.

Zimmermann, R., Klein – Bölting, U., Sander, B. and Murad – Aga, T.. Brand Equity Review©, Brand Equity Excellence©, 2001, Volume 1, BBDO Group

Germany, Düsseldorf, Germany.

白光. 品牌资本运营通鉴 [M]. 北京：中国统计出版社，1999.

柴俊武，万迪昉. 品牌资产的界定及其评估模型评介 [J]. 南开管理评论，2005，8 (1)：42－46.

陈衍泰，陈国宏，李美娟. 综合评估方法分类及研究进展 [J]. 管理科学学报，2004，7 (2)：69－79.

谌飞龙，龚艳萍. 我国品牌发展格局分布及其内在产业协调性分析——基于 Interbrand 和 BrandZ 品牌价值榜的比较 [J]. 兰州学刊，2014 (7)：156－163.

[美] 戴维·阿克. 管理品牌资产 [M]. 吴进操，常小虹译. 北京：机械工业出版社，2012.

单福鑫. 基于顾客的品牌资产测量与管理 [D]. 扬州：扬州大学硕士学位论文，2008.

范秀成，冷岩. 品牌价值评估的忠诚因子法 [J]. 科学管理研究，2000，18 (5)：50－56.

范秀成. 品牌权益及其测评体系分析 [J]. 南开管理评论，2000 (1)：9－15.

方芳. 卡地亚：培养顾客——品牌问题解决之道——卡地亚香港及中国大陆地区董事总经理 Nigel Luk 先生访谈 [J]. 中国新时代，2002 (16)：63.

[美] 菲利普·科特勒，凯文·莱恩·凯勒. 营销管理（第 12 版）[M]. 梅清豪译. 上海：上海人民出版社，2007.

符国群. Interbrand 品牌评估法评介 [J]. 外国经济与管理，1999 (11)：37－41.

龚艳萍，谌飞龙. 品牌价值评估的理论演进与实践探索 [J]. 求索，2014 (3)：24－30.

郭红生. 刍议地域农产品品牌危机管理 [J]. 商业时代，2005 (32)：7，41.

郭亚军. 综合评估理论与力法 [M]. 北京：科学出版社，2002.

韩旭. 品牌价值评估方法的改进与案例研究 [D]. 成都：西南交通大学硕士学位论文，2014.

何佳讯，胡颖琳. 何为经典？品牌科学研究的核心领域与知识结构——基于 SSCI 数据库（1975－2008）的科学计量分析 [C]. 2009JMS 中国营销科学学术年会暨博士生论坛论文集，2010：807－824.

何佳讯. 基于顾客的品牌资产测量研究进展——量表开发、效度验证与跨文化方法［J］．商业经济与管理，2006（4）：53－58.

胡晓明，李明旭，刘春联．基于HIROSE模型的品牌价值评估实证分析——以我国电子行业为例［J］．经济管理，2007（22）：25－29.

胡晓云．品牌价值评估研究：理论模型及其开发应用［M］．杭州：浙江大学出版社，2013.

胡永宏．综合评估方法［M］．北京：科学出版社，2000.

纪中一．基于Interbrand模型的品牌价值评估研究［D］．杭州：浙江财经大学硕士学位论文，2015.

蒋廉雄，朱辉煌，卢泰宏．区域竞争的新战略：基于协同的区域品牌资产构建［J］．中国软科学，2005（11）：107－116.

金艳梅．基于财务指标的企业品牌价值研究［D］．兰州：兰州大学硕士学位论文，2011.

［美］凯文·莱恩·凯勒．战略品牌管理［M］．李乃和等译．北京：中国人民大学出版社，2003.

李光明．品牌价值评估（ISO 10668）介绍［J］．中国资产评估，2013（11）：29－32.

李海婴，杜娟．中国建筑陶瓷品牌战略选择［J］．中国市场，2006（19）：10.

李江天，田翠翠．品牌价值评估方法研究——一个综合竞争价值的探讨［J］．江苏商论，2007（27）：234－236.

李丽，倭芳．品牌评价方法的理论分析［J］．中国资产评估，2005（5）：41－43.

李向辉，周刺天．品牌资产引擎视角下的品牌价值模型及其应用研究［J］．商业研究，2007（11）：120－124.

李雪黛．基于修正后Interbrand模型的品牌价值评估［D］．兰州：兰州财经大学硕士学位论文，2015.

李业，王九星．基于消费者角度的品牌资产评估：研究现状与思考［J］．商场现代化，2006（18）：122－123.

李永刚．企业品牌、区域产业品牌与地方产业集群发展［J］．财经论丛，2005（1）：22－27.

李友俊，崔明欣．品牌价值构成及灰色评估［J］．商业时代，2005（24）：47－48.

梁红波．基于大数据技术的企业品牌价值评估分析［J］．财会通讯，2014（26）：75－76.

刘尔奎．从品牌的价值构成要素谈我国企业品牌评估的方法［J］．经济论坛，2000（11）：17－19.

刘凤丽．基于A公司企业价值评估市场法的案例研究［D］．沈阳：辽宁大学硕士学位论文，2014.

刘丽，周静．基于产业集群农产品区域品牌建设的几点思考［J］．农业研究，2006（11）：52－53.

龙妍静．基于消费者视角的电子商务品牌价值评估方法研究［D］．北京：北京交通大学硕士学位论文，2014.

卢泰宏，黄胜兵，罗纪宁．论品牌资产的定义［J］．中山大学学报（社会科学版），2000（4）：17－22.

卢泰宏，吴水龙，朱辉煌，何云．品牌理论里程碑探析［J］．外国经济与管理，2009（1）：32－42.

卢泰宏．品牌资产评估的模型与方法［J］．中山大学学报（社会科学版），2002，42（3）：88－96.

陆娟．品牌资产价值评估方法评介［J］．统计研究，2001（9）：34－37.

路鹏．基于顾客的农机品牌资产评估实证研究——以国内拖拉机市场为例［D］．北京：中国农业大学硕士学位论文，2007.

马蕾雅．阿里巴巴品牌价值评估研究［D］．保定：华北电力大学硕士学位论文，2015.

马骁，肖阳．基于产业集群类型的区域产业品牌发展研究［J］．价值工程，2008（3）：19－22.

马小闳．我国品牌价值评估方法探讨［J］．企业技术开发（学术版），2008，27（6）：74－76.

毛政，卿惠，周发明．评价品牌竞争力的模糊模型及运用［J］．湖南农业大学学报（社会科学版），2004，5（4）：44－45.

潘苏彦．大型公立医院品牌价值评估方法及应用研究［D］．北京：北京理工大学博士学位论文，2016.

秦仲篪．基于品牌生命周期的品牌价值评价［J］．财经界（学术），2008（2）：22－24.

邱东．多指标综合评估方法的系统分析［M］．北京：中国统计出版社，1991.

阮咏华．品牌价值内涵探讨及评估应关注的问题［J］．中国资产评估，2014（4）：14－19.

邵建平，任华亮．区域品牌形成机理及效用传导对西北地区区域品牌培育的启示［J］．科技管理研究，2008（3）：133－134，144.

邵文斌．换个角度看中国移动品牌价值的波动［J］．广告大观（综合版），2010（11）：21－23.

邵文斌．品牌价值评估的方法与实践［EB/OL］．https：//wenku. baidu. com/view/edf3641152d380eb62946d99. com.

沈占波，刘国锋，赵宪军．论品牌竞争力外显性指标体系构建［J］．商场现代化，2005（7）：100.

苏勇，陈小平．品牌通鉴［M］．上海：上海人民出版社，2003.

孙丽辉．基于中小企业集群的区域品牌形成机制研究——以温州为例［J］．市场营销导刊，2007（3）：54－58.

孙仕杰．国产手机品牌价值评价与建设问题研究［D］．沈阳：辽宁师范大学硕士学位论文，2014.

汪海粟，吴祺．关于品牌价值评估基本问题的几点思考［J］．中国资产评估，2013（4）：19－25.

王成荣，李诚．品牌价值的理论模型及其测量［J］．销售与市场（管理版），2010（9）：32－35.

王成荣．品牌价值的评价与管理研究［D］．武汉：华中科技大学博士学位论文，2005.

王成荣．品牌价值评价与管理（第二版）［M］．北京：中国人民大学出版社，2011.

王翠琳，许菡，张蔚然．品牌价值理论研究述评——基于我国1995～2013年的品牌研究成果［J］. 特区经济，2014（10）：231－232.

王金凤．品牌价值问题探讨［J］．经济经纬，2004（6）：120－122.

王镠莹．21世纪品牌价值理论研究的新发展：文献评述［J］．理论界，2007（6）：59－60.

王敏轶．品牌价值形成机理与测评方法研究［D］．长沙：中南大学硕士学位论文，2003.

王晓灵．品牌价值的结构、影响因素及评价指标体系研究［J］．现代管理科学，2010（11）：95－97.

王莺莺．基于多元视角的饭店品牌价值评估研究［D］．郑州：河南大学硕士学位论文，2015.

文婕．威廉·汉林：品牌价值评估需要统一的标准［J］．中国品牌，2014（10）：34－35.

吴芳，康键，蔡华利等．国内外品牌评价及标准化现状［J］．标准科学，2016（3）：34－37.

吴琪，张蕾娣．中国品牌全球化的三大难题［J］．经理人内参，2005（19）：38－40.

吴琪，朱彤．图解顾客需求［J］．哈佛商业评论（中文版），2003（3）：40－49.

夏娟．品牌价值评估方法的比较分析［J］．对外经贸，2012（5）：102－103.

谢燕操．基于Interbrand模型的品牌价值评估研究［D］．广州：暨南大学硕士学位论文，2015.

星亮．日本的品牌价值评价模型评介［J］．北京邮电大学学报（社会科学版），2008，10（5）：37－42.

熊凯．功能性饮料品牌资产研究［D］．成都：西南财经大学硕士学位论文，2008.

徐爱军，孙俊华．品牌管理中的品牌价值评估方法探讨［J］．重庆工学院学报，2006，20（7）：39－41.

薛可．品牌扩张：延伸与创新［M］．北京：北京大学出版社，2004.

闫彦珍．大数据时代基于Interbrand模型的品牌价值评估［J］．时代金融，2015（20）：233，236.

杨海波．基于顾客的品牌资产模型实证研究［D］．长春：吉林大学硕士学位论文，2007.

［日］刈屋武昭．視点価値創造のための戦略的事業リスク経営［Z］．日本貿易会月報，2004.

［日］刈屋武昭．ブランド評価と価値創造—モデルの比較と経営戦略への適用［Z］．东京：日経広告研究所，2005.

佚名．企业竞争力监测结果分析总报告［A］//中国企业竞争力报告（2012）［C］．北京：社会科学文献出版社，2012.

于春玲，王海忠，赵平．品牌权益理论及其实证研究评述［J］．财经问题研究，2005（7）：14－18.

于春玲，赵平．品牌资产及其测量中的概念解析［J］．南开管理评论，2003（1）：10－13，25.

于淑莲．基于经营视角的企业品牌价值评估研究［D］．南京：南京财经大学硕士学位论文，2014.
虞晓芬，傅玳．多指标综合评估方法综述［J］．统计与决策，2004（11）：119－121.
原峰．企业品牌价值评估方法改进研究［D］．合肥：安徽财经大学硕士学位论文，2015.
张传忠．品牌价值的评估方法略论［J］．价格理论与实践，2002（9）：29－31.
张传忠．品牌资产价值评估中的边界［J］．商业经济与管理，2002（12）：10－13.
张洁慧．市场途径中比率乘数及其修正研究［J］．中国证券期货，2011（12）：205－206.
张君．基于顾客的品牌资产评估［D］．北京：中国农业大学硕士学位论文，2005.
张蕾．康师傅品牌价值评估探析［D］．成都：西南财经大学硕士学位论文，2014.
张丽娜．品牌资产及其评估方法研究［D］．昆明：云南大学硕士学位论文，2015.
张世贤．品牌战略管理［M］．北京：经济管理出版社，2011.
张挺，苏勇，张焕勇，曹振华．论区域品牌的营销［J］．管理现代化，2005（6）：35－37.
张喜元．品牌价值评估的标准化［J］．中国技术监督，2012（11）：53－55.
赵红，赵宇彤，王众．品牌资产与品牌价值关联模型的实证研究［J］．数学的实践与认识，2012，42（13）：68－78.
钟珺．基于五星模型的民族县域旅游品牌营销研究——以龙胜各族自治县为例［D］．桂林：桂林理工大学硕士学位论文，2010.
周常兰．基于HIROSE模型的服装上市公司品牌价值评估［J］．现代管理科学，2014（3）：112－114.
周海．品牌价值评估方法［J］．中国流通经济，2001（2）：44－47.
周晓东，张胜前．品牌资产评估方法的分析与比较［J］．经济师，2004（4）：252，254.
朱瑞庭，许林峰，李节．品牌价值的理论、模型及其评估［J］．商业时代，2003（13）：44－45.